学教评一体化的情慧语文教学

周华章 编著

XUEJIAOPING YITIHUA DE
QINGHUI YUWEN JIAOXUE

中山大学出版社
SUN YAT-SEN UNIVERSITY PRESS

·广州·

图书在版编目（CIP）数据

学教评一体化的情慧语文教学/周华章编著 . -- 广州：中山大学出版社，2024.9. -- ISBN 978 - 7 - 306 - 08112 - 4

Ⅰ. G633.302

中国国家版本馆 CIP 数据核字第 2024L6B486 号

出　版　人：王天琪

策划编辑：张　蕊

责任编辑：王　璞

封面设计：曾　斌

责任校对：杨曼琪

责任技编：靳晓虹

出版发行：中山大学出版社

电　　话：编辑部 020 - 84110283，84113349，84111997，84110779，84110776

　　　　　发行部 020 - 84111998，84111981，84111160

地　　址：广州市新港西路 135 号

邮　　编：510275　传　　真：020 - 84036565

网　　址：http://www.zsup.com.cn　E-mail：zdcbs@ mail.sysu.edu.cn

印　刷　者：广东虎彩云印刷有限公司

规　　格：787mm×1092mm　1/16　18.5 印张　360 千字

版次印次：2024 年 9 月第 1 版　2024 年 9 月第 1 次印刷

定　　价：50.00 元

前　　言

从"巷战"视角到"无人机"视域

现代战争有四种视角：巷战、狙击手、无人机和军事卫星。巷战最为惨烈，时时处于高度紧张和焦虑之中，因为常常找不到攻击的方向；狙击手事先埋伏在高处，居高临下地守株待兔，对攻击对象一目了然，因而常能以一敌百，但也无法避免伤亡；无人机平时待在安全的机库中，一旦发现敌情就迅速上前精准打击，在进行事半功倍的攻击之后又能以迅雷不及掩耳之势撤回，即使被击落也不会有人员损失；军事卫星则高悬太空，对地面上的战争状况及背后的敌对阵营位置看得一清二楚，因而能对战争局势做出宏观研判。

与此相似，语文教师大致上也处于这四种塔式层级。一开始都会像"巷战"一样终日忙碌，常常迷惘而不知所措；经过多年实践、阅读、观摩和反思之后，一些出色者会跻身"狙击手"层级；再持之以恒进行多年的语文教学实践与思考之后，其中的一些优秀者会达到"无人机"的高度；经过更长时间的积淀之后，极少数出类拔萃的语文教师会逐渐达到"军事卫星"的高度，以其睿智的见解和卓越的成就引领语文课程高质量发展的方向……

回首我 30 余年的语文教学实践经历，前 10 年基本上处于"巷战"状态，中间 10 年逐渐加入"狙击手"行列，近 10 年则艰难地向"无人机"视域奋进。

懵懂的"巷战"岁月

1990 年夏末，怀着初为人师的喜悦，我开始了长达 11 年的乡村语文教师生涯。

　　为了赢得学生的喜爱，我反复研读每篇课文及教学参考书上相关的课文解读，备课本上记录了密密麻麻的研读心得。然后，在课堂上向学生们一五一十地讲述这些研读心得。当时的我笃信：合格的语文教师就是将教参上的专家解读意见事无巨细地告诉学生，越细致越好。于是，在随后的教案检查中，我因为备课最为详尽而受到校长的表扬。

　　但我很快发现，孩子们对我废寝忘食的精心付出似乎并不买账，甚至有部分学生在日记中流露出对这种语文课的厌倦。

　　我不甘心自己的努力竟然不受学生欢迎，在请教了很多同行之后，发现大家都认可这种转告专家结论式的教学。我认准了一位教学效果出众的前辈，调好课整整听了她一个月的课，终于基本弄清楚了一篇课文从解题、作者介绍、时代背景，到段落大意、艺术手法、中心思想等方面的规范套路。与其他教师相比，她之所以更受学生欢迎，在于上课时激情投入，课后还肯花时间手把手地个别辅导。

　　我看在眼里，暗暗要求自己务必赢得学生的喜爱。回忆起我自己的学生时代，最喜欢的语文活动有课前三分钟轮流口语训练，每天随心所欲地写日记，经常分享经典作品片段……如法炮制之后，很快，我的语文课成了最受班级学生欢迎的课，我几乎所有业余时间都花在语文教学的准备之中。

　　然而，随后纷至沓来的各种考试很快令我苦不堪言。因为我光顾着把课讲得形象生动，偏重于激发学生对语文的兴趣，而忽视了对考情的研究，更没有像其他老师那样严令学生记背应试内容。

　　偏僻的乡村中学缺乏名师引领和购书渠道，即便是县新华书店也未见有可供参考的专业书籍。迫于压力，我只能像多数前辈一样，想方设法地让学生在题海中苦练。那时候资料有限，所有训练题都要靠自己一笔一画在蜡纸上刻写，然后亲自印刷。无数个寂静的深夜，只有沙沙沙的刻钢板的声音激励着勤奋的我；无数个忙碌工作后的假日，我仍在书桌前全神贯注地批阅作业。

　　虽然教学成绩很快就名列前茅，班级里的优秀学生多次在竞赛和中考中脱颖而出，5年后的教师节我还从县委书记手中接过了优秀教师的荣誉证书，但仍有很多困惑一直纠缠着我，让我寝食难安，比如学生花那么多时间与精力学习的课文跟理科例题之间有什么关系？怎样才能有效提高学生的阅读能力？写作教学的着力点究竟是什么？怎样的帮助才是学生最需要的？学生的语文成绩究竟跟哪些因素相关？怎样在发展学生终身受益的语文能力和训练应试能力之间找到平衡点？……

　　这个阶段的我仿佛身处错综复杂的"巷战"之中，很想有所建树，但总是找不到着力点，我陷入了焦虑和无助中。

清晰的"狙击手"视角

一个偶然的机会，我调入了江门市实验中学，从此开始了一段崭新的职业生涯。

虽然该校当时建校仅9年，但教学质量在当地首屈一指。与先前的乡村初中相比，这里教研氛围浓郁，师资力量雄厚，最难得的是有一个藏书颇丰的图书馆。我步入了专业发展的快车道，认真参与每一次教研活动，不放过每一次学习机会，一有空就扎进图书馆畅游书海……许多前所未见的资源扑面而来，我如同久旱的禾苗，如饥似渴地汲取各种精神养分。

通过观摩胡明道老师的单元阅读教学法，我明白了"看我走—扶你走—让你飞"三部曲的精妙；通过现场看魏书生老师展示"四遍八步读书法"，我膜拜于他深入浅出的"民主与科学"教育思想；通过研读中学语文素质教育丛书，我感受到于漪老师"追求综合效应"的魅力，钦佩于钱梦龙老师"三主四式"导读的艺术，折服于宁鸿彬老师"思维训练"之路，惊叹于张富老师"跳摘"的教学模式，陶醉于洪镇涛老师的"学习语言"之门，迷恋于蔡澄清老师的点拨教学法，流连于洪宗礼老师的语文教育之"链"，憧憬于欧阳代娜老师所呼唤的"整体改革"……

至此，我由衷认同法国雕塑家罗丹的那句名言："美是到处都有的，对于我们的眼睛，不是缺少美，而是缺少发现。"随着阅读的深入，我越发觉得自己孤陋寡闻，也越发有了深入研读更多名师书籍的紧迫感。研读名师书籍让我倍觉获益匪浅之余，我常常应用名师们的智慧改善自己的语文教学，明显感觉有了竹笋拔节式的提升。

这时，我遇到了职业发展中一位关键人物——原江门市中学语文教研员曹殿成老师。首次见面，他就语重心长地告诫我："根深才能叶茂，厚积方能薄发。专业阅读不能东一榔头西一棒槌，要有个五年计划，每一学期盯准一位名家系统深入地阅读，还应当阅读系列专著。"在曹老师的引领下，我系统钻研了叶圣陶、吕叔湘、张志公、郑桂华、王荣生、魏书生、余映潮、黄厚江、李镇西、程红兵、荣维东、邓彤等名家的作品。随着阅读的深入，我既惭愧又庆幸。惭愧的是，这么多经验丰富的语文名家，我以前怎么没有认识，导致走了那么多弯路；庆幸的是，终于在迷惘中碰到了这些指路明灯！我感觉先前的迷雾正在一点点散去，我的语文之路逐渐清晰起来。

随后，我得到曹老师全方面的训练和点拨，从备课磨课、竞赛展示、论文写作，到课题研究、专题讲座、试题命制，都有了脱胎换骨的优化。

2004年的一次研讨课，为了体现2001年版新课标思想，我在执教《塞翁失马》一课前，心血来潮地加入让学生们现场提出质疑的环节。尽管台下有300多位老师听课，学生们还是像炸了锅似的兴奋异常，一下子提出了47个疑问。始料未及的我匆匆敷衍了几句之后，就按照预先设计的思路上完了课。自我感觉良好的我随后被曹老师批得狗血淋头。他一针见血地指出："既然学生提出了那么多疑问，说明他们真正感兴趣的是这些问题，就应当抛开原来的设计，顺着学生的思路走，这样才是真正尊重他们的主体地位。"从那时起，我才顿悟语文教学应当从着眼于教转向服务于学，课堂不是教师展示个人才艺的舞台，而是学生增长智慧的场所。

2006年的一个周末，当我作为江门市教师代表抽到广东省现场教学竞赛的篇目——丰子恺散文《山中避雨》之后，曹老师约我到办公室磨课。在我阐述完初步构思之后，他很不满意，因为他认为教学参考书对于文本的解读是有偏颇的。这对于当时的我来说不啻一记惊雷：我之前奉为圭臬的教师用书竟然也要怀疑？经过深入研读，我不得不心悦诚服于他的见解。于是，在随后的全省大赛中，我凭着独到的见解和扎实的功底荣获了一等奖第二名。这次展示活动让我不再迷信权威，更领悟到独立思考的必要性。

在曹老师的引荐下，我得到广东省中学语文教研员冯善亮老师的悉心指导。当时第八轮课改方兴未艾，全国各地语文教学洋溢着勇于创新的气息，各种语文教学流派空前活跃，各种语文教育方式花样百出。冯老师深有感触地说："语文教学不宜追求时尚，要回归常态，尊重常识，关注学程开发。"他这种要在浮躁氛围中保持理性和定力的告诫多年来一直警示着我时刻保持冷静，切忌随波逐流。

随后，冯老师带着我参考优秀课例，梳理教研成果，编制质量监测试题，编辑省中语会会刊，承担送教重任……人们常说："读万卷书，不如行万里路，行万里路，不如名家指路。"在冯老师的指导下，我迅速从普通教师中突围而出，感觉对语文学科的认识更加清晰了。在更全面的语文教学实践中，我越发理解了冯老师的谆谆告诫：语文阅读的教学不应止步于"读懂一例"，而应当致力于"会读一类"；要以评价贯穿教学活动的全程，力求学教评一体化，实现以评促教、以评促学；教师阅读不应只局限于国内名家，还要读国外的教育专著，打开思路……

两位恩师的指引，促使我经常回看自己的课堂实录，审视自己的语文教学实践。于是，我在课堂上说的话减少了，学生说得更多了，能让学生做到的绝不代劳，能让学生完成的绝不包办；凡事直指目标，致力于帮助学生在增长知识、提升能力的过程中培养良好的学习习惯和思维方式。

理性的"无人机"战术

2009 年秋，我被选拔为江门市蓬江区中学语文教研员。正当我踌躇满志准备大干一场之际，令我始料未及的是，第一次进校视导就被上了一课。

那是一所教学评价一般的学校，生源条件较差，年长的教师偏多。那节 45 分钟的课，教师足足讲了 40 分钟。在随后的评课环节，科组教师对这节课一片赞誉，但听后我忍不住建议少教多学，精心设计问题，多给学生思考的时间与空间。我话音刚落，科组长竟一脸不屑地说："你这一套在我们这里是行不通的，我们的学生必须要教师多讲！"

我心中一震，意识到教研员并非自带光环，必须在"想清楚，说明白"的基础上"做到位"，用过硬的专业素养发挥应有的辐射引领作用。于是，我挑选该年级中成绩最差的班级，3 天后亲自上了一节同一内容的课，教师讲授总共不足 15 分钟，留出更多时间让学生安静思考、激烈讨论、多向交流，教师作为"平等中的首席"，最后再进行总结归纳。这节课朴实而高效，听课的学校领导和科组教师们纷纷表示深受启发。

自此，凡是要求教师们做到的，我先做到；凡是希望大家改变的，我先亲自示范。要想让地方教师们从善如流，不仅要说清楚"最好如何做"，还要有理有据地剖析其中的学理依据。为此，我开始探索一套让一线教师们易学好用的语文教学经验。

2010 年广东省语文优秀教学经验交流会后，深圳市宝安区的倪岗老师在听完我汇报作文重写的教学方法后，很惊奇地说："一篇作文至少写两遍的做法有点像国外英文过程性写作。"我连忙查找相关资料，并借鉴郑桂华教授关于写作教学的看法，提出了"以过程化训练优化初中写作教学"的主张，即从宏观上设计"三年一盘棋"式的写作规划，中观上规范化写作训练，从写前指导、初稿评议、二稿升格到二稿评议、定稿发表的全过程，微观上根据每节课的教学目标设计拾级而上的助学环节。我带领骨干教师设计了初中阶段 36 个单元的写作常规训练和 14 次考场作文训练资料，供全区使用。随着新课标和新教材的推行，我三次改版升级这套资料，并于 2017 年出版了首部专著《初中作文教学中的过程化训练研究》。

后来，在学习何更生教授写作教学心理学、陈隆升老师关于学情视角的阐释、冯善亮老师"学教评一体化"的主张、邓彤老师"处方式"写作教学、荣维东教授交际语境写作等名家理论的基础上，我于2020年出版了第二部专著《学情视角的初中写作教学之过程化训练》。我参与编制的写作教学成果荣获广东省教学成果一、二等奖，并在专业期刊上发表了相关教学论文86篇，多篇成果被人大复印报刊资料全文转载。一些写作教学成果曾受邀在广东省内所有地级市和浙江、福建、贵州、北京等地展示，每次都得到了同行们的热情赞誉。

冯善亮老师倡导基于课程标准的学教评一体化理念，坚持"教什么＝学什么＝评什么"。基于此，他提出了"立足学情，开发学程"的观点。我深以为然，并带领广东省名教师工作室团队和地方语文教师们开展了多年的相关研究，积累了丰富的教学案例。在此基础上提出了"情慧语文"的理念，追求从重视知识能力到强调形成运用核心素养的语文智慧，鼓励学生通过语文学习，培养形成更加积极健康的情感态度价值观。

每年中考、高考之后，总有好事者请试题文本的作者亲自解题，借以质疑命题的合理性。我认为这其中存在"内行"与"外行"的问题。就创作而言，作者是内行；就应试而言，作者则是外行。考生的情况则刚好相反。

在多年复习备考的基础上，我逐渐领悟到，应当让学生从应试者身份升级为"评卷人""教练员""命题者"甚至"评判专家"的角色，不仅要注重常规解题训练，还要重视答卷的评析、解题思路的溯源、命题规律的梳理和试题得失的研究，只有这样，才能帮助学生们从"做对一题"到"会做一类题"，在"举三反一"的基础上学会"举一反三"，从毫无把握的"生手"修炼成胜券在握的"行家"。多年的实践结果证明，我区初中语文复习备考在采用了坚决摈弃题海战术，注重基于数据分析的精准施教、适度训练和及时反思的做法后，各项数据一直在全市名列前茅。

我深知"独行速，众行远"的道理，也清晰地认识到"铁打的校园、流水的师生"这一规律。只有当每个学校都有充当"发动机"的领军人物和骨干成员时，才能带动全区教师又好又快地专业发展。为此，在充分摸清全区教师队伍现状的基础上，我将其分为不同层级，多年来坚持"帮新教师扶梯子，替不足者想法子，给骨干者出点子，为优秀者搭台子"的教师分类培养机制，具体包括对业务竞赛、论文写作、读书分享、课例示范、课题研究、试题命制、复习备考七支队伍的分类培养。近几年来，我区初中语文教师获评正高级教师3人、省特级教师2人、广东省和江门市名教师工作室主持人各 1 人、市级以上优秀教师 31 人次、市级以上赛课一等奖 17 人次。经我指导的优秀教师共发表论文 120 余篇，走出蓬江区赴省内外交流展示的教师达 210 余人次……

　　2022 年新课标的颁布让我更清晰地看到专业发展的方向，其与时俱进的新理念也促使我带领团队成员以"无人机"的视角审视语文教育。专业发展永远在路上，我的成长之路还很漫长，我将继续快乐而充实地奋进在语文教育的康庄大道上。

　　（此文主要内容发表于核心期刊《语文学习》2023 年第 1 期"名师"栏目，姑且作为前言。）

目　　录

第一章　理论建构

第二章　推广探索

第一章

学

理论建构

第一节　情慧语文的内涵概说及观点阐释

义务教育阶段的语文课程致力于让学生一方面学会运用国家通用语言文字与他人交流，逐渐掌握顺畅沟通的语用技能；另一方面以沉浸式学习的方式吸收古今中外的优秀文化，提高思想文化修养，促进自身精神成长。基于上述理解，我们提出了"情慧语文"的理念。

一、情慧语文的内涵概说

《义务教育语文课程标准（2022年版）》（以下简称"新课标"）明确指出："语文课程致力于全体学生核心素养的形成与发展，为学生学好其他课程打下基础；为学生形成正确的世界观、人生观、价值观，形成良好个性和健全人格打下基础；为培养学生求真创新的精神、实践能力和合作交流能力，促进德智体美劳全面发展及学生的终身发展打下基础。"我们所倡导的情慧语文致力于落实课程目标，"情"重在情感态度与价值观的培养，偏重于人文性；"慧"注重在掌握知识形成能力的过程中逐渐积累学用语文的智慧，偏重于工具性。"情""慧"兼顾既是语文教育的目标，也是重要的教育内容，并贯穿于语文教育教学全过程中。

（一）情意的熏陶与完善是语文教育的重要任务

由于应试教育的影响，有利于提高考试分数的知识和技能得到高度重视，甚至被抽离出来强化训练。鉴于此，我们注重挖掘教材中的人文因素，不仅将统编语文教材体系中有关思想情意教育的资源充分开发出来，还经常以"1＋X"群文阅读和整本书阅读的方式有意识地补充更多同类的素材，让学生在学习过程中透彻地理解、认同教材内容，进而在生活和实践中学以致用。

当然，我们不仅要关注专家结论，更要关注专家思维。我们摒弃灌输告知式的道德知识的讲授，努力让学生通过对语言文字的理解，披文入情，设身处地地理解作者在特定的处境中以个性化的语言表达特殊的感受。为了帮助学生由感性到理性地深入理解文本，我们经常精心创设语境，帮助学生与作者和文本对话，真正读懂特定语境中作者的心声。

（二）智慧的启迪与培育是语文教育的主要目的

学校教育的必要性主要在于专业和内行的教师能帮助学生们少走弯路，以最高效的时间、精力和投入赢得更多的收获。语文教育当然要学习语言的知识理解和运用规律以形成语用技能，但更重要的是在一个个具体的语言文字运用案例中参透内在的原理，进而达到让学生活学活用、举一反三的目的，形成语用的智慧。

具体而言，语用智慧涵盖听、说、读、写、思诸方面。如快速把握说者的意图，精准归纳其讲话的要点和策略；敏捷地理清思路，得体清晰地表情达意；准确理解文本的内涵和条理，赏析其写作的方式和方法；养成厚积薄发的习惯，言辞畅达地言事说理；全面地看透事件的现象和本质，辩证全面地分析问题……

二、情慧语文的观点阐释

基于30余年的语文教育实践，我们所倡导的情慧语文主要包括如下主张。

（一）情慧语文讲究过程训练

新课标将义务教育阶段的语文教育分为四个学段，其中初中阶段的语文教材就由36个循序渐进的教学单元组成。因为"冰冻三尺，非一日之寒"，开展教育务必要长远规划，在日积月累中稳步落实和不断优化。情慧语文强调依托过程化训练落实情感熏陶和智慧培养的任务。

1. 宏观：三年一盘棋

建造高楼大厦要先绘制好图纸。在每一届初中新生到校之初，都应当基于课程标准和现行教材，为学生精心设计好三年六个学期的语文教育培养目标及识字与写字、阅读与鉴赏、表达与交流、梳理与探究等语文实践活动的总体规划。

现行统编本语文教材根据"双线组元"的原则，已经精心设计好了人文主题和语文要素序列。前者指课文大致按照内容类型组合，如"四时景致""挚爱亲情""修身正己""科学探索""人生之舟"等，36个单元涵盖青少年所应涉猎的方方面面；后者是将基本的语文知识、必需的语文能力、适当的学习策略和学习习惯等构成语文素养的要素均衡地分布在各个教学单元之中。因此，我们应当本着"用课文教语文课程"的原则，对初中三年语文教育要达到的"情""慧"培养目标进行统筹规划,深入挖掘每个单元在整个课程体系中的独特教学价值,逐一落实,循序渐进。

与阅读教学相应,写作教学任务的设计也应当落实三年规划。我们在三年的语文教育开始之初,就要从每阶段训练题目、技能训练点、参考范文、内容主题和年度目标等角度设计好训练序列。七年级重点培养学生的写作兴趣和良好的写作习惯,在此基础上初步培养写人记事的能力;八、九年级主要进行文体写作、改编式写作和作文程式训练。

2. 中观:夯实各单元

宏观目标和规划的稳步落实离不开单元教学的扎实开展。基于整个教材体系,我们要在认真研读现行教材和《教师教学用书》的基础上,参透编者意图,精准把握每个单元的核心教学价值,合理确定每个单元的训练目标,进而选择合适的教学内容和教学策略。

如七年级上学期第二单元主要由4篇课文、写作指导《学会记事》和综合性学习《有朋自远方来》三部分组成。根据单元提示、课前预习、课后练习和《教师教学用书》,不难得知本单元应在前一单元基础上"继续重视朗读",还要"在整体感知全文内容的基础上,体会作者的思想情感","要从字里行间细细品味"不同的情感。因此,本单元不仅要立足课文感受作者关于亲情的情感,借以丰富和充实自己的情感体验,还要由表及里地在训练朗读技能的同时,由感性到理性地品味语言把握情感基调和领悟语言风格的智慧。写作教学应以"理解记事的意义和知识,学会记事"为主要目标,设计好写前准备、初稿写作、初稿评议、修改升格、写后分享等一次完整写作训练的规范过程。综合性学习则围绕活动主题,通过读、写、听、说、思、评等系列活动,在培养重视友谊、珍惜友情的良好情感的同时,训练学生综合运用语文要素,积累学用语文的智慧。

只有当每个单元的教学都真正落实好了编者意图,学生的"情"与"慧"才能逐步形成,并逐渐完善。

3. 微观:走好每一步

《道德经》云:"千里之行,始于足下。"每节课的重点除了精心设计,还在于稳步实施。每节课都应该弄清四个问题,并扎实落实制定的计划。

(1)要带学生去哪里?上一节课如写一篇文章,教学目标恰似中心思想。教学目标直接决定着教学内容的取舍、教学策略的选择、教学环节的安排和教学评价的标准。一般应从课标要求、单元目标、教材特点和学情实际等维度合理设定教学目标。具体目标可以灵活多变,但万变不离其宗的是教学目标务必从思想感情的熏陶和学用语文的智慧培养两个角度确定。

（2）学生现在在哪里？关于应该达到的学习目标，大多数学生现实的起点水平是怎样的？应当通过课堂观察、作业反馈、个别访谈、成绩数据、侧面了解等途径，全面而切实地把握。把握的重点应以学习态度、学习方式、基础水平、发展潜力等为主。

（3）如何帮他们实现？一节课之所以要上，当然是为了帮助学生在情智上获得提升。要选择最优化的教学素材、教学策略和教学活动，让学生们在自主思考和合作交流的基础上充分展示，进而准确诊断学情和对症下药。

（4）何以得知到哪里？教学目标具有"导教、导学、导测评"功能，要根据教学目标设计评价量表，至少在活动前后两次依表对照测量，前者旨在发现学生与既定目标之间的差距；后者意在发现学生经过一节课的学习之后的变化，也为后续教学活动提供依据。

（二）情慧语文重视理性反思

竹子生长速度快，生命力旺盛，得益于时不时来一次"小结"。经常性的反思之所以重要，是因为常规教育教学常常是线性发展的，很难做到让学生们"入耳""走心"，更遑论活学活用了。为了让阅读过的课文主题内化为学生的情感、态度、价值观，训练过的语文技能积淀为语文智慧和素养，我们务必经常引导学生们进行理性反思。

1. 化间接经验为情意体验

人的经验分为直接经验和间接经验两种。前者来自亲身经历和亲自体验，仅占经验总量的5%左右；后者源于阅读、听讲、观摩等视听活动，约占95%左右。受生活阅历、活动范围、接触视野等所限，学生们的直接情感经验往往有限，因此，精心挖掘学习材料中的思想情感要素显得格外重要。但要想这类情感要素真正内化，理性反思不可或缺。

如学习史铁生《秋天的怀念》一文时，应该让学生理解课文中身受双重煎熬的母亲的艰难、身患残疾的作者的思路历程和"好好儿活"这句话的深刻内涵。学生如果只是贴标签式地记住讨论结果，或者只是旁观式地浅尝辄止，那么课文中蕴含的情感教育因素只能刻板地留在纸上，缺乏活生生的感染力和生命力，很难发挥本文的情感教育功能。我们应当引导学生展开一系列思考活动：一般的妈妈如果面临类似的绝境会怎么反应？身患残疾的作者经历了怎样的心理变化？我们应该怎样看待自己的母亲？如果身处逆境该怎样"好好儿活"……

只有设身处地反思，由人及己地展开联想和想象，学生们才有可能感同身受，真正获得文中人物特有的情感体验，进而把这种情感吸纳为间接经验，并在自己的生活实践中采取正确的情感态度。

2. 从学习后的反思收获语文智慧

人与人的差异很大程度上表现为思维能力的高下。只有有意识地引导学生完成每一个典型例子的学习后进行理性反思，才能帮助他们获得语文学习的经验和规律，进而集腋成裘式地积累和掌握学用语文的智慧。

如学习蒲松龄的《狼》一文，可以先让学生们给"这是两只_____的狼"填空并说明理由，畅所欲言并言成理后反思：刚才我们是怎么分析狼的个性特点的？有什么语文学习的经验？师生互动之后明确——找出所有描写狼的语句，分类梳理概括后归纳其特点。接着，就用这个经验分析屠户的形象，分析完成后，再次梳理强化艺术形象的分析思路，课后用于分析其他的艺术形象。这种学习活动结束时的反思，由于是基于学生的感性认识，他们易于消化，便于帮助他们提升。

习题的讲解历来是复习备考活动的重点内容，但很多老师只是就题论题，满足于找出"这一题"的答案即止，使例题的功能没能充分发挥。如果辅以理性反思，往往能收到"解一题，知一类"的效果。如老师拿到一道试题后，养成追问的习惯：这道题考的是什么知识和能力点？一般有几种题型？应该怎样"内行"地思考？正确的答案有哪几个点？该如何赋分？典型的学生答案失误在哪里？应该如何补救才能改进？做这道题我们得到了哪些学习经验？尤其是最后一问，是对整个思维过程的反思，能使学生的思路由"一道题"上升为"一类题"，持之以恒，就能实现"举一反三"。

（三）情慧语文依托服务学情

教师教的，恰恰是学生想学的；学生感到困难的，刚好是教师着力解决的；学生在教师的指导下进步明显，因而积极地跟随教师参与学习活动，相信教师能帮助自己稳步发展……这些就是我们所倡导的师生共振状态。师生共振的前提是教师始终关注学情——准确地探知学生的困惑，恰当地搭建支架，有效地启发点拨。

新课标明确要求务必"凸显学生主体地位"。情慧语文特别讲究一切教育教学活动都要贴近学情、因应学情和为了学情，真正实现"以情育情，以慧启慧"。

教师在进行教学设计时，首先应采用任务分析法预设"我要带学生去哪里"，从课标要求和学情特点两个维度确定教学目标。由于教学目标具有"导教、导学、导测评"的功能，每一个教学目其实都对应经过一段时间的语文学习后学生能达到的水平，因此，每条教学目标前其实省略了"学生能"三个字，而且谓语动词都应当清晰、具体、可测量。我们要尽量摒弃"感知、了解、认识、体会"等模糊、抽象的词语，选用"说出、列举、复述、阐明"等可以甄别优劣的动词。其次，应分析学生"现在已经在哪里"，通过预习反馈、作业分析、成绩数据、个别访谈、侧面了解、课堂观察等方式，摸清学生的差异层次和起始水平。再次，从目标依次倒推学生们应当具备的前提水平，据此设定学生从起点到终点之间的关键环节点。最后，从起点到终点，根据关键环节点设计主要教学阶段及其相应的教学活动。

在教学时，教师要坚持"能让学生完成的任务绝不代替"的原则，先精心设计思考范围大的主问题，让学生自主思考，进而组织学生之间的互动，最后在师生多向互动的基础上再展示教师预先准备好的知识。教师作为"平等中的首席"，切勿率先表态发言，即使准备了知识完备、内容丰富的PPT，也必须在学生们充分发言之后以参考意见的方式出示。否则就会造成变"人灌"为"电灌"的不良局面。为了确保学生得到必要的训练，教师提问应尽量避免使用是非问、正反问、选择问的方式，而选用特指问的句式，并要求言之成理，请学生给出充分的理由。学生有了思维的时间、空间，才能得到应有的训练。

教学评价应贯穿于教学过程中，教师应当针对学生们的表现，及时反馈，最大限度地发挥"以评促学，以评优学"的功能。因此，对于学生的回答或表现，教师先要耐心倾听和认真观察，准确把握其真实水平和意图；进而予以梳理和归纳，将学生的意图条理化；接着再加以点拨和引导，启发学生沿着正确的思路"再走一步"。

（四）情慧语文追求语境创设

新课标明确指出："语文是一门学习语言文字运用的综合性、实践性课程。"这里所谓的"运用"绝不是脱离现实的纯粹的文字游戏，而是落到实处，为了更好的生活和工作而应用。因此，情慧语文追求创设语言文字理解和运用的真实语境。

1. 理解语言文字力求还原语境

文本通常是特定的作者在特定的处境中"情动于中而形于外"的产物。要想准确地理解文本的意蕴，通常需要联系写作背景、作者心境、环境氛围等因素，设身处地地把玩、赏析、品味。

比如解读杨绛的散文《老王》，其中老王最后一次上门令"我"惊恐，"我"唯愿他早点离开，略带戏谑的语言历来令人费解；此外，末句"那是一个幸运者对不幸者的愧怍"也难以准确把握。其实，如果联系写作时作者正处于人生低谷、老王穆斯林的民族习俗、老王的临终期待和杨绛的被动应付等背景，就不难理解。杨绛作为一个文弱女性，垂死的老王的突然到来确实令她自然而然地心生惧意；老王临终时无疑是把杨绛一家当作人世间的最后一丝情感慰藉，但杨绛付钱的举动无疑让老王对真诚温情的渴望遭到打击，这是令多年后写作时的"我"惭愧的，因而以书面语"愧怍"郑重标识；"我"在人生低谷时遇到了好人老王，无疑是"幸运者"，渴望以心换心的老王无疑是带着深深的遗憾离世的，所以是"不幸者"。

2. 运用语言文字坚持创设语境

如果说"听""读"是输入信息，重在理解和读懂；那么，"说""写"就是输出信息，重在学以致用，清楚表达。要想更好地服务于将来的生活、工作，务必坚持创设仿真的语言交际语境。

交际语境一般应关注真实的听众或读者、交际目的、交际内容和交际方式等要素。传统的写作教学因为缺乏真实的交际语境而备受诟病。一旦明确了"给谁听/读""为什么说/写""说/写什么"和"如何说/写"这些问题，传统写作教学面临的无病呻吟、无的放矢、无动于衷等困境往往就能迎刃而解。

比如同样是关于"初中生该不该带手机回学校"的话题，教师如果给校长写一封信，可能要态度诚恳地说服校长允许学生在校园内合理使用手机；如果在校会上面对全校师生发表演讲，可能要有理有据地分析校园里初中生使用手机的利弊；如果是在班级内就这个话题展开辩论，就要看是站在正方一边，还是为反方辩护；如果以学长身份面对刚进校的初一新生讲话，就要现身说法地提出言而有据的建议了……总之，根据受众的不同，应当灵活选择相应的表达内容，并采取不同的表达方式。

综上所述，情慧语文不仅将把学生培养成为"情""慧"双全的社会主义建设者和接班人视为终极目标，还以"情""慧"兼顾的教育活动为重要载体，帮助学生们在语文智慧的学习和运用中不断完善其情感态度和价值观，实现工具性和人文性的相得益彰，真正发挥语文学科应有的育人功能。

第二节　学教评一体化的整本书阅读教学策略

《义务教育语文课程标准（2022 年版）》首次将整本书阅读列为学习任务群之一，并要求指导学生"借助多种方式分享阅读心得，交流研讨阅读中的问题，积累整本书阅读经验，养成良好阅读习惯，提高整体认知能力，丰富精神世界"。整本书阅读在语文教学中的地位因此变得更加不可或缺。但在初中阶段的一线教学中，整本书阅读教学仍存在种种缺憾，亟待优化。

一、初中整本书阅读教学的常见缺憾及归因

（一）浅尝辄止

一些地区的试题仅仅简单地考查名著的陈述性知识，如作者作品、主要人物、关键情节、写作特色等"压缩饼干"式知识。出于功利性目的，一些教师就仅仅让学生牢记梳理出来的所谓"备考宝典"，甚至根本不让学生阅读原著，导致考试分数可能很高，但学生对于原著却没有什么印象。

（二）用力过猛

一些老师出于自身对整本书阅读的热爱，致力于将学生往阅读纵深处引领，甚至出现了压缩统编教材教学时间、将整本书阅读列为更重要的课程内容等现象。此外，部分老师会拔高整本书阅读要求，以高中生甚至本科生的阅读要求"揠苗助长"，导致多数学生"吃不了""跟不上"。

（三）导向偏误

有些教师片面理解 2022 年新课标要求，将整本书阅读的关注点放在原著影视欣赏、原著片段表演、原著内容改编等方面，忽略了引导学生扎实通读原著，导致学生对原著只有模糊的整体印象，缺乏深入其中的切身感受。

二、学教评一体化的整本书导读优化策略

（一）UbD 教学设计理论

现实生活中，几乎所有的项目投标都遵循着"展示项目成果—确定验收

标准—设计实施过程"这三个阶段，UbD（理解为先）教学设计理论与此类似。该理论由美国课程专家格兰特·威金斯与杰伊·迈克泰格提出，其实质是一种逆向设计理论模式，主张教学设计应分为三个阶段：明确预期学习结果—确定恰当评估方法—规划相关教学过程。其设计模板如表 1-1 所示。

表 1-1　UbD 教学设计理论

阶段一：明确预期学习结果	学习迁移：学生能自主地将所学内容迁移运用到什么地方？	
	理解意义	深入持久地理解：学生将会理解什么？
		核心问题：学生将不断地思考什么？
	掌握知能：学生该掌握的知识和技能是什么？	
阶段二：确定恰当评估方法	真实情境任务：从哪些具体表现可以评估学生的理解程度？	
	其他评估：通过其他哪些方式评估学生达成阶段一的目标？	
阶段三：规划相关教学过程	前测：教师将采用何种前测方法确定学生已有的水平？	
	教学活动：是否达成三种类型的目标？是否体现了最佳的教学实践？对学生是否具有吸引力？	
	教学监控：教师如何监控学生的学习进程？学生如何获得反馈？	

传统教学存在偏重于输出端"教"，而弱化接收端"学"的缺点，逆向设计能更好地保证教学的有效性，在学教评一体化的基础上实现教学效果最优化。

（二）基于 UbD 教学设计理论的整本书导读优化策略

1. 明确预期学习结果

事实上，无论是宏观上对初中学段设定教学目标，还是微观上每个课时的教学设计，都是为了帮助学生更好更快地实现学习目标，而学习目标是对经过一段时间学习后学习结果的预期。UbD 教学设计理论提出应从如下三个方面明确预期学习结果。

（1）学习迁移。

威金斯认为，当学习者能够理解可迁移的概念和过程，并将理解的内容与掌握的知识技能应用到有意义的情境时，他才能获得长期的成就。"理解"的本质是迁移的能力，亦即掌握相关大概念。[2] 通过阅读整本书，学生应当能够在"举三反一"的基础上理解相关大概念，并能在新的情境中运用大概念。如统编版本语文七年级下学期教材要求学生通过阅读《海底两万里》，掌握"快速阅读"这一大概念，教师应想方设法让学生通过阅读掌握"聚精会神""快速默读""扩大视域""抓住关键"等快速阅读的要领，并能自如运用于其他阅读实践中。

（2）理解意义。

学生要学会"理解"的关键就是要学习专家的思考方式，逐渐培养专家思维，而不能像传统教学那样偏重于识记而并不理解的专家结论。教师应基于特定学段学生的认知水平和思维能力，在准确摸清学情的基础上，根据多数学生能理解的程度设计一系列核心问题。如导读老舍的《骆驼祥子》，为了帮助学生感同身受地透彻理解"当时社会里底层民众根本无法凭自身努力找到出路"这一核心问题，可以设计一组拾级而上的问题，如"祥子'三起三落'的原因是什么""作者描写老马、二强子和祥子三位人力车夫的用意是什么""祥子有可能避免悲惨的人生吗"等，引导学生由感性到理性理解作品的意义。

（3）掌握知能。

教学设计务必考虑学生通过学习能掌握的知识和形成的技能。如阅读施耐庵的《水浒传》，学生不仅应当熟练识记几位主要好汉的事迹、梁山聚义的主要发展阶段、主要人物关系等相关知识，还要能通过自主阅读、同伴交流和教师指导等方法掌握必备的解读技能，诸如概括人物形象的归纳法与演绎法、分析环境描写作用的"应然"与"实然"相结合的策略、分析情节安排与中心思想的关系等。

2. 确定恰当评估方法

正如现实生活中项目建设确定了中标单位后就要商定验收标准一样，在教学中制定多数学生都能达到的标准至关重要。一般可以从如下两个方面设计相应的评估方法。

（1）真实性任务。

①低通路迁移，即新的情境任务与课内学习任务相似度高，难度较低的迁移。这种迁移多属于学科内、校园内的真实性任务。如将阅读《骆驼祥子》所掌握的"圈点与批注"相关知识与技能，和阅读《钢铁是怎样炼成的》所掌握的摘抄和做笔记技能应用于其他名著的阅读，将分析祥子堕落的内因与外因相结合的思维方法用于分析《钢铁是怎样炼成的》中保尔的蜕变、《儒林外史》中匡超人的堕落、《简·爱》中简·爱的变化。低通路迁移由于迁移难度较低，便于学生增强成就感，激发进一步阅读的兴趣。②高通路迁移，即新的情境任务与课内学习任务相似度低，难度较高的迁移。这种迁移多属于校园外、生活化的真实性任务。教师可以设计"穿越式"任务，如"祥子当初如果不是进了北京城而是来到今天的广州，他会过得好

吗?""如果你有一个表妹,你希望她像《简·爱》中的海伦,还是简·爱?""如果你们家要聘请一位保姆,你选长妈妈,还是衍太太?"可以设计"角色式"任务,如"如果你目睹了镇关西的恶行,你该怎么做?""如果你遇到潜艇在礁石上搁浅这样的难题,你有什么好的脱险方法?""如果你是祥子,你有什么办法避开悲剧命运?"还可以设计"冲突式"任务,如"为什么宋江给李逵喝毒酒,李逵竟然不反抗?""为什么宋江高票当选最受读者喜爱的好汉,又位列最让读者反感的好汉前三名?"高通路迁移要求学生灵活运用阅读整本书所获得的知识与技能,创造性地分析与解决问题。

(2)其他评估方式。

①评价量表。无论是整本书的宏观阅读,还是课时阅读,都可以用量表予以评价。评价量表一般包括评价项目、指标表现和等级等内容。应当根据预设的学习结果设计评价指标及其等级表现,并以此贯穿于整个学习过程,确保学教评一体化。如表1-2就可以用于对整本书阅读的思维能力和理解能力的评价。②思维导图。思维导图是表达发散性思维的有效图形思维工具,运用图文并重的技巧,把各级主题的关系用相互隶属与相关的层级图展现出来,把主题关键词与图像、颜色等建立记忆链接。思维导图能将学生阅读整本书后零散的收获结构化,体现其阅读水平和理解程度。既可以用纸笔绘制思维导图,也可以利用专业软件制作电子版思维导图。③微型论文。微型论文要求学生围绕一个具体问题,在阅读基础上紧扣整本书内容,有理有据地阐述自己的阅读见解。"麻雀虽小,五脏俱全。"微型论文能培养学生严谨的学术思维和学术精神。微型论文一般应包括自由选题、开题论证、论文写作、论文答辩和论文分享等环节。论文选题直接决定其质量和价值,因此教师务必引导学生选择有趣味、有空间、有意思的论题。如"究竟是谁把杨志逼上梁山?""武松会拳打镇关西吗?""祥子与小福子结合能避免悲惨结局吗?""斯诺为何会荣膺'中国人民的美国朋友'这一称号?"。④读书报告。与微型论文聚焦于一点不同,读书报告侧重于全面展示学生的阅读心得,可以从情节内容、艺术形象、结构特点、语言风格、写作手法、创作意图等方方面面,畅谈阅读收获,这样更能全方位了解学生的阅读水平,以便诊断真实的阅读学情。⑤纸笔测试。教师根据预定的学习结果,根据"学什么就测什么,怎么学就怎么测"的原则,设计体现不同思维层级的试题测试学生的阅读水平,也是一种比较常用且有效的评估方法。

表1-2 评价量表

项目	优秀	良好	中等	待进步
思维能力	能在阅读中积极主动地发现问题，并想办法解决问题	能在阅读中提出问题，并尝试解决问题，但有待帮助	能提出一些问题，但只是等他人解疑答难	不能提出问题，也不能解决他人的问题
理解能力	能理解内容，体会情感，感受阅读乐趣，热爱读书	能体会阅读的内容和情感，能按要求完成阅读任务	能按要求了解内容，但对情感体会不深	不能了解阅读内容，不能体会书中情感

3. 规划相关教学过程

学教评一体化的关键在于确保学生需要学的、教师应该教的、实际教学的内容与全程相应评价的高度一致性。这其实是教学活动的基本要求。一本书的导读一般短则几天，长则几个月。应当在紧扣预期学习结果的基础上，在不同教学阶段分别有所侧重。

（1）读前：激趣定向，规划定标。

多年的教学实践反复证明：除《西游记》《水浒传》等少数名著因故事情节曲折、人物形象鲜明、影视资料丰富等原因为学生喜闻乐见外，多数名著并不能令学生乐于开卷；即便是学生喜欢读的名著，学生们也往往只是停留于那些有趣的情节和人物上，并不能深入透彻地理解名著的内涵。因此，在刚接触一本书时，应在激发学生的阅读兴趣和引导学生制订阅读规划方面下功夫。

心理学研究表明，初中生的学习兴趣分为外在兴趣与内在兴趣两种。前者主要来自家长的奖励、教师的评价、同学的竞争、学习内容或方式的趣味性等外部因素，易于调动但难以持久发挥作用；后者主要源自学生对学习活动意义的理解、对前途理想的自我期许、对自我角色的认同、好奇心强的年龄特点等，难以形成但能持久发挥作用。基于此，一方面，要想方设法地调动学生的内在兴趣；另一方面，通过富有激励性的学习活动促使学生积极地参与整本书阅读活动，如设计有挑战性的学习任务、开展竞争与合作并重的学习活动、探讨具有开发价值的情境问题，如作者创作的背景与名著的价值等。

《礼记》云："凡事预则立，不预则废。"整本书阅读需要较长时间才能完成，只有合理规划阅读全过程才能逐一落实、确有实效，否则很容易造成"三天打鱼，两天晒网"的不良局面。为此，教师既要大致划分每个阶段阅读整本书的进程，又要以评价量表、思维导图、读书报告等方式预先告知学生每个阶段验收的标准，让学生对即将开展的整本书阅读活动心中有数。

（2）读中：片段示范，授法促读。

有必要帮助学生从关注"写了什么"这些表层信息，到把握"为什么写""怎么写的""为什么这样写"等深层信息，促使学生阅读向纵深迈进，有必要选取精彩片段，在自主研读与师生交流中让学生领悟阅读方法，为后续的深入阅读搭建学习框架。

如《水浒传》中英雄排座次之后，宋江酒后授意乐和唱出"望天王降诏早招安"的心声，遭到武松、李逵和鲁智深当众反对的片段。教师可以引导学生由浅入深地思考如下问题：武松、李逵和鲁智深反对招安的表现有什么不同？他们反对招安的深层原因是什么？这反映出他们有什么共同点和不同点？宋江处理三位好汉的次序和方式有什么讲究？反映了宋江的什么特点？这个片段在全书中有什么作用？我们分析上述问题可以获得哪些语文学习的经验？

阅读教学不应止步于"读懂这一例"，而应当追求"会读这一类"，学生只有掌握读懂文本的规律，才能举一反三，逐渐形成成熟读者所必备的专家思维。如上例关于《水浒传》片段的问题，可以让学生领悟阅读务必字斟句酌，应当以"听其言观其行"的方法全面分析人物形象，可以通过横向与纵向比较，抓住人物的共性和个性，并应结合全书理解片段在内容和结构上的价值。

（3）读后：多维展示，评价交流。

经过一段时间对整本书的阅读，学生或多或少有所收获。这恰如在海滩上捡到了许多美丽的贝壳，如果不用绳索将其串联，往往很容易丢失。阅读整本书之后，教师应当通过丰富灵活的展示活动，让学生及时梳理阅读所得，在交流与评价中进一步提升学生对名著的理解。

为了充分发挥"以评促学优学"功能，各种展示活动的评价应注重如下三点：①紧扣学习目标。如果用写文章类比教学活动，那么教学目标恰如文章的中心思想，必须围绕中心取舍材料并确定详略，与此同理，所有教学活动都必须有助于教学目标的达成。对学习活动的评价是整个教学活动的必备环节，必须紧紧围绕预定的学习结果进行评价。②紧扣评价标准。既然之前已经制定了从宏观到微观不同层面的评价量表，就应当始终以评价量表等标准评价学生所展示的学习结果，判定其层次，这样才能确保学教评一体化。

否则极易导致教学活动的随意和低效。③坚持助学立场。评价活动能让学生通过自评、互评和教师评价，获得各方面的反馈意见，进而判定自己的学习水平。过程性评价如同常规体检，旨在发现不足以明确后期努力方向。因此，教师要从有效帮助学生的角度多予以激励、点拨和引导。

综上所述，整本书阅读作为拓展型学习任务群之一，已经成为新课标的重要内容，鉴于一线教学中的种种缺憾，可以基于 UbD 教学设计理论从根本上予以改进，通过学教评一体化有效实现整本书阅读教学的最优化。

参考文献：

［1］威金斯，麦克泰格. 追求理解的教学设计［M］. 2 版. 闫寒冰，等译. 上海：华东师范大学出版社，2016.

［2］刘徽. 大概念教学：素养导向的单元整体设计［M］. 北京：教育科学出版社，2022.

（本节发表于核心期刊《语文教学与研究》）

第三节　学教评一体化的写作教学优化策略

写作教学长期以来都是初中语文教学的"老大难"问题："老"在由来已久，耗费了大量时间与精力却往往事倍功半；"大"在作文占据着语文教学的半壁江山，不容忽视；"难"在教师难教，学生难学，难见成效。基于30 余年写作教学实践，我们发现写作教学中常有如下缺憾。坚持学教评一体化的写作理念能有效优化写作教学。

一、写作教学的常见缺憾

（一）罔顾学情需求

有一些教师的写作教学仍然偏重写作知识与技能的系统讲授，而忽视了上课学生的写作需求。不能针对学生现有写作水平中的短板有效优化，只是"下载网上课件""沿用往届资料""照搬他人教案"，导致出现学生普遍反映"老师教的我都会了，我不会的老师没教"等不良局面，进而造成写作教学的低效。

（二）忽略教学评估

有些教师有意无意地弱化了评价这个教学中的关键因素，要么只是对中心、选材、结构、语言等方面进行粗略点评，导致多数学生不认为那是在评价自己的作文；要么就只是在初稿后分类评价，突出了共性而忽视了个性。由于教学评价的缺失，很多学生心目中缺乏"好作文"的标准，更难以充分参与到自评与互评活动中。

（三）忽视用以致学

知识分为陈述性知识、程序性知识和策略性知识等类别。对于写作而言，后两种更为关键。但有些教师往往只是津津乐道于陈述性知识，在"是什么""为什么"这些无法直接转化为写作技能的静态知识上兜圈子。即便结合例文领悟写法，也没能深入挖掘"怎么写""为何这样写"等实操性强的关键知识，造成了"悟"写法与"用"写法脱节。

（四）弱化进阶过程

有些教师不清楚语文学科"实践性"的课程性质，以为写作技能"一教就会，一讲就懂，一练就通"，没有注重"反复抓，抓反复"，往往止步于初稿的评议而不注重修改优化，导致学生似懂非懂，到了写作时还是不能熟练运用所接触到的丰富写作技法。

二、学教评一体化写作教学优化策略

与传统教学方式偏重于教师讲授完善的知识体系不同，UbD教学设计理论强调学教评一体化，注重以目标导引整个学习过程。应用于写作教学，能明显提升教学成效。

（一）学教评一体化的写前指导课

1. 预设学习结果

美国教育家韦伯提出DOK（知识深度）理论，将思维按深度分为四个层级，即平常思维（回忆与再现）、概念思维（技能与概念）、策略思考（策略性思维）、批判性思维（拓展性思维）。写作能力不仅基于平常思维和概念思维，更取决于策略思考和批判性思维。UbD教学设计理论主张从掌握知识与技能到实现迁移的角度预设学习结果。实践证明，教师只有致力于教学生从"写好一篇"到"会写一类"，写作教学才能真正实现有效甚至高效。

安徽师范大学何更生教授从心理学角度指出，学生写作能力的形成是写作内容知识、写作技能知识和写作策略性知识三种知识习得和转化的结果。任何一次写前指导都应当在摸清学情起点基础上，从写作知识、写作技能和写作策略等角度，确定经过本次写作训练活动后多数学生应当达到的新的能力水平，并以此为中心贯穿于训练全过程。如统编版教材七下第三单元写作训练"抓住细节"，应当使学生达成如下学习目标：①知识目标。结合例文，理解细节的内涵及价值。②技能目标。能掌握细节描写的运用要领。③策略目标。能根据表情达意需要，恰当运用细节描写增强表达效果。

2. 确定评价标准

无论是教师还是学生，都需要通过设定具体可行的评价标准以优化教学活动，而且评价标准应当自始至终都清晰地主导并随时矫正教学活动。我们仍以上述"抓住细节"的训练任务为例，应当以评价量表等方式将评价标准具体化、层级化，以更好地发挥"以评促教，以评促学"功能。

评价量表应紧扣预设的学习结果，逐项落实以便于有效评估。基于写作教学的特殊性，评价量表一般宜从常规指标和特别指标两个角度设置，常规指标指一篇作文的中心、选材、结构、语言和卷面等基本要素，特别指标指一次训练所应集中突出的训练点。如依据上述预定学习结果可以制定如下评价量表。（见表1-2）

表1-2 评价量表

指标类型	评价指标	4★	3★	2★	1★
常规指标	切合题意，立意明确，中心突出				
	材料具体生动，有真情实感				
	结构完整，注意照应，详略得体				
	语言通顺，规范流畅				
	卷面整洁，书写工整				
特别指标	理解细节内涵，能说出细节运用要领				
	细节真实、生动、典型				

评价量表制定的方式方法很多，如表1-2可以按星级具体罗列优、良、中、差四种等级的表现；还可以根据知识目标、技能目标和策略目标进一步

细分评价量表。总之，师生应当能根据评价量表清晰地知晓学习的方向、不同层级的标准，从而像在有导航引领之下驾车一样，始终不会迷路，快捷高效地到达训练终点。

3. 规划教学过程

目标分析法主张从最终目标倒推实现过程中所必经的关键节点，步步落实直至起点水平。如"抓住细节"的最终目标是"能根据表情达意需要，恰当运用细节描写增强表达效果"，前一级目标是"能透彻理解细节描写的内涵、价值及运用要领"，再往前倒推应该是"知道细节描写的定义、运用实例及运用要领的具体内容"，据此可以确定前提是透彻弄清楚细节描写的定义，结合熟悉的范例明确细节描写的意义并梳理运用要领。七年级下学期学生在细节描写上并非零起点，多数学生应当对细节描写有所知悉。因此，在"以终为始，逆向设计"的基础上，教师应从学生的起点水平出发，规划拾级而上的教学过程，还应当在学生容易失误的关键节点设置教学重点。

如上述"抓住细节"写前指导的训练过程可以设计如下。

活动一：师生对话，摸清起点。（旨在对话中把握多数学生的初始水平）

活动二：剖析范例，理解要领。（旨在以典型范例明确细节描写的价值与运用要领）

活动三：活学活用，交流点拨。（旨在通过及时运用检验理解程度，及时反馈提升）

活动四：及时反思，学以致用。（旨在对照评价量表，进一步灵活运用）

（二）学教评一体化的写后指导课

1. 诊断学情需求

每节课都应当是为一群特定的孩子量身打造的，务必贴合上课学生的需求。与写前指导相比，写后指导因为基于学生初稿开展，需要更强的针对性。因此，写后指导课教学目标的确定必须在写前指导课既定目标的基础上，根据初稿所呈现的主要缺憾进行灵活调整。如果初稿呈现出多种不足，教师应当本着"伤其十指，不如断其一指"的原则，选择主要问题予以矫治，因为一节课毕竟时间精力有限；至于次要问题，还可以在后续训练中逐步解决。

如教师收到学生《＿＿＿＿＿＿的那一刻》作文初稿后，发现如下不足：①详略失当，"那一刻"匆匆带过；②缺少细节，内容不够具体、生动；③补题不当，阻碍了行文的展开；④语言表达能力弱，语病较多；⑤卷面书写不佳。一节课无法解决所有问题，因此，教师可以将问题最严重的①②列为本次写后指导课突破的焦点。将教学目标确定为：①进一步明确细节描写的内涵、价值及运用要领；②能根据量表互评与自评初稿，并修改初稿；③明确补题的原则，掌握补题的要领。

除了研读学生作文初稿，教师还可以与学生直接交流弄清构思过程，借以诊断其思维方式的不足；还可以组织学生自评互评，借以发现其思维方法的不足。

2. 确定评估方法

学教评一体化要求"以评促教，以评促学"，因此，写后指导课的评估方式也必须根据教学目标加以调整，尤其要把握如下三点。

（1）针对初稿缺憾。

随着写后指导课教学目标的确定，相应的评价标准也必然要指向矫正初稿的不足。比如上述《抓住细节〈_____的那一刻〉》写后指导课的评价量表，特别指标可以相应增加补题的相关指标，达标要求是"能正确补题"，良好等级则是"能以补题展现良好的写作功底，并能顺利展开写作"，优秀等级则要求"补题出色，能给读者以出类拔萃的印象"。

（2）强调知能进阶。

写后指导课当然要基于写前指导课，在写作知识与技能等方面有更高的要求。上述写作任务就"特别指标"一栏应有如下进阶差异。（见表1-3）

表1-3　进阶差异

写前指导课	写后指导课
理解细节内涵，能说出细节运用要领	透彻理解细节的内涵，能熟练说出细节运用的要领
细节真实、生动、典型	根据表情达意需要，细节描写真实、生动、典型、妥帖，并能阐述运用的理由

（3）实践操作性强。

评价量表有明显的"定向、定标、定级"功能，应当便于师生在写作实践活动中对标使用。根据评价对象不同，评价量表可以分为成果评价量表和认知评价量表。前者重在评价外在的成果或作品的质量，后者对成果或作品反映的内在认知水平进行评价。为了便于应用，可以将不同等级的赋分与相应的指标描述一一对应。

3. 实施升格活动

教学有法，但无定法，贵在得法。写后指导课的思路可以根据需要灵活设计，但如下三个环节不可或缺。

（1）初稿得失评议。

事实证明，学生及时获知自己初稿相较于其他同学的表现，往往能以更大的热情投入下一步的写作活动中，反之则容易陷入"事不关己"的懈怠之中。因此，教师应结合具体的初稿示例，让学生了解自己初稿的优点与不足。只谈优点，容易让学生忘乎所以；只谈不足，难免让学生觉得沮丧委屈。尤其值得注意的是，切忌只是就中心、选材、语言、结构、卷面等问题泛泛而谈，那会让学生觉得自己受到冷落，应以列举名单、出示例文及其作者等方式，让学生知悉自己的初稿确实得到教师的关注。

（2）升格策略梳理。

《义务教育语文课程标准（2022年版）》明确指出"语文课程是一门学习国家通用语言文字运用的综合性、实践性课程"。其实践性特点提醒我们，学生的任何一项语文技能的形成都不是一蹴而就的，需要在反复的实践中加深理解和逐步掌握。虽然学生在写前指导课中已经就细节描写的内涵、价值和运用要领等进行了学习，但初稿还是存在种种不足。这是非常正常的，恰恰反映了反复训练的必要性。

升格初稿一般有三个要点：①病文诊断。挑选不甚如意的病文或片段，分析其缺失之处，确定修改升格应着力的焦点，并结合表达中心的需要让学生明确其中的原因。②例文悟法。从初稿中挑选相对成功的全文或片段，结合评价标准，分析其成功之处，并梳理写作技法的要领。③活用提升。弄清楚"应该在哪里修改""为什么要这么修改"等问题之后，应在当次课上给学生修改的时间和空间，修改之后结合评价量表等指标展示评议，让学生得到及时点评和指导。

（3）及时尝试升格。

打铁需趁热。当学生通过写后指导课对写作知识、写作技能和写作策略等有了进一步的理解之后，就应该布置初稿升格的训练任务，让学生及时实现学以致用。为了避免学生因"炒冷饭"式的简单重写而产生厌倦感，教师可以从如下方面激发学生升格初稿的兴趣：①变换主题。对于初稿已经达标的学生，可以让他们更换其他主题，用同样的写作技法重新构思成文。②另选素材。可以让学生选择与初稿素材完全不同的内容重新构思写作。③改变写法。可以让学生在保持初稿主题、素材情况下，以变换人称、转换写法、改变顺序、改换文体等方式尝试"新瓶装旧酒"。凡此种种，旨在让学生在

"一材多用"中掌握写作规律。

综上所述，鉴于写作教学中实际存在的种种缺憾，教师可以基于学教评一体化的教学理念有效提升写作教学效果。关键在于借助 UbD 教学设计理论，以终为始，逆向设计，顺向实施，全程强化学习结果导向和教学评价引导，确保写作教学活动卓有成效。

参考文献：

［1］威金斯，麦克泰格. 追求理解的教学设计［M］. 2 版. 闫寒冰，等译. 上海：华东师范大学出版社，2016.

［2］刘徽. 大概念教学：素养导向的单元整体设计［M］. 北京：教育科学出版社，2022.

［3］何更生. 作文教学心理学［M］. 北京：中国科学文化出版社，2003.

［4］中华人民共和国教育部. 义务教育语文课程标准［C］. 北京：北京师范大学出版社，2022.

（本节发表于核心期刊《中学语文教学参考》）

第四节 从"知识技能"导向
到"核心素养"导向

《普通高中语文课程标准（2017 年版）》明确指出，语文核心素养包含四个方面：语言建构与运用、思维发展与提升、审美鉴赏与创造、文化传承与理解。这标志着语文教学关注的重点已由《义务教育语文课程标准（2001年版）》颁行之前的"双基"和颁行之后的"三维目标"转向学科核心素养。鉴于不少语文教师还存在致力于让学生在教师"串讲"基础上熟记词汇解释、文言译文和教参结论的传统教学方式，本节拟以《咏雪》为例，阐述根据选文特点培养学生的学科核心素养的策略，以就教于方家。

一、语言建构与运用

（一）疏通文义：融会贯通

1. 在反思中积累理解文言的经验

文言是以先秦汉语为基础形成的一种古代汉语书面语，在词汇、语法方面都明显有别于现代汉语。一些教师习惯于"逐字逐句，字字落实"地讲授，甚至让学生熟读、记诵译文，以此扫除文言阅读障碍。对此，王荣生教授一针见血地指出："翻译本身不是目的，目的是通过翻译加深对文言和文言文的理解。"作为初中生接触的第一篇文言文，对《咏雪》的教学应重在指导学生读懂文义，积累文言学习的方法与经验。

为了帮助学生逐渐掌握文言翻译的方法，教师可以采用由感性到理性的训练思路——先让学生结合课下注释、查阅文言词典、勾连小学学过的文言文、联系成语和古诗词、与同学讨论等方法初通大意；然后，在质疑问难和重点语句剖析的基础上，让学生领悟"留""替""调""补""删"五字诀的含义，进而在之后的文言文学习中学以致用；最后，在学生具有感性认识的基础上，引导他们理性反思理解文言语句的使用方法，在彼此勾连、古今联系的过程中实现融会贯通。

2. 在复述中锻炼理解文意的方法

将选文的内容复述出来，能很好地检验学生对文意理解的程度。复述一般有简单复述、详细复述和创造性复述三种。简单复述要求长文短读，将选文的主要信息概括出来即可。详细复述要求学生抓住事件六要素，用自己的语言再现整个故事的来龙去脉。创造性复述则要求以选文为基础，结合复述者的创造对文意进行扩充，可以根据合理的想象在空白处添加合宜的细节，可以采用与选文不同的记叙顺序，可以选择不同的视角讲述故事——如改《咏雪》的第三人称为第一人称，从谢安、胡儿或谢道韫等角度叙事……总之，想方设法地激发学生的阅读兴趣的同时，摸清其对选文理解的起始水平，为进一步的指导奠定基础。

（二）语言品析：咬文嚼字

黄厚江老师主张"用语文的方法教学语文"，倡导在阅读教学中尽量避免用图片、视频、实物干扰学生对文学作品的欣赏。笔者认为，咬文嚼字是语文教师的看家本领，应当属于黄老师所说的"语文的方法"。

《咏雪》一文虽然仅有 89 字，但值得玩味再三的语句却不少。

可以深挖关键语句的内涵。如第一句中的"寒雪日"言简意赅地交代了故事发生的特定自然环境，也为下午谢道韫答案之妙埋下伏笔；"讲论文义"则点明了故事的交际语境，不是"形而下"的庸俗话题，而是贵族之家"形而上"的高雅论题，也为下文二人对答的优劣高下限定了背景。再如第二句中"欣然"足见施教者谢太傅乐此不疲的教育态度，与下文"大笑乐"遥相呼应，暗示了谢太傅对二人答案的评定立场。

可以在"增删调换"中比较优劣。如"白雪纷纷何所似"若换为"雪何所似"，则索然无味，失去了"讲论文义"的韵味；若改为"雪似盐乎""雪是否似盐""雪似盐，抑或柳絮"——类似的是非问、正反问、选择问恰恰是一线教师习以为常的提问方式——则禁锢了受教者的思维；以"何"字特指设问就可以实现思考空间的开放性，同时"白雪纷纷"是以情境设喻，非常贴合"文义"的需要。

王荣生教授认为："学习文言文，研习谋篇布局的章法，体会炼字炼句的艺术，是两个重点。"对文言文中精彩的"炼字炼句"处的含英咀华，能帮助学生"举三反一"，逐渐强化语言建构与运用的素养。

二、思维发展与提升

一些教师或出于对教学效率的误解，或习惯"立足于教"，往往偏重于讲授文本解读的结论而忽视文本解读的过程与方法，采取"告知"的方式强调教学参考书上的"专家结论"，甚至让学生笔录下来熟读成诵。这种教学方式看似牢固快捷，其实教学效果堪忧。

绘本《鱼就是鱼》里有这样一个发人深思的情节：一条鱼与一只蝌蚪从小生活在一个狭小闭塞的池塘里，蝌蚪长成青蛙，历经千山万水后回到池塘，向从未离开过的鱼讲述自己的见闻。结果随着青蛙的描述，鱼的头脑中呈现出各种各样稀奇古怪的形象。所谓"鸟"，是一条鱼长出了羽毛、翅膀和尖嘴，在水面上飞来飞去地捉蝴蝶；所谓"奶牛"，是一条大鱼长出了巨角、丰乳和蹄子；所谓"老人小孩"，不过是拄着拐杖的大鱼牵着小鱼直立行走……为什么会有这么大的差异？因为青蛙所描述的形象，对青蛙而言全是直接经验，对鱼而言却都成了间接经验。直接经验越少的人，对世界的理解越有可能是歪曲、错误的。因此，要想方设法地让学生亲自深入文本，获得直接经验，之后再由经验丰富的教师授予间接经验，从"专家结论"追溯探析背后的"专家方法"和"专家思维"，在"举三反一""闻十知一"的训练中实现思维发展与提升，变得越来越"内行"。

如在《咏雪》中，胡儿的答案为什么不如谢道韫的对答？教师不宜直接告知学生，而应当给学生充分的思考时间，耐心地引导学生展开互动交流。李海林教授在《"搞活动"是语文课堂的基本教学形态》中指出，教的目标主要不在"懂"而在"会"，教的内容也就不应该是"认知"，而应该是"体验"。

在学生畅所欲言之后，教师作为"平等中的首席"，应当通过梳理、补充，让学生明确其中的道理。胡儿"撒盐空中差可拟"的回答，至少反映了三点不足：一是极不自信，从"差"可见；二是不符合"讲论文义"的交际语境，因为"柴米油盐"乃是老百姓关心的话题；三是"撒盐空中"暴露了胡儿不恤劳动成果的特点，情感态度价值观存在缺憾。反观谢道韫的回答"未若柳絮因风起"，优胜处至少有三点：一是自信满满，从"未若"不难看出；二是"柳絮因风起"富有诗情画意，契合"讲论文义"的交际情境；三是"柳絮"是暖春特有景致，洋溢着春天的气息，以春景比喻"寒雪日"景象，体现了少女特有的乐观积极的人生态度。

因此，教师要引导学生从枯燥的文字中放飞联想和想象的翅膀，在比较和反思中感受文字背后的思维逻辑，从中训练思维的深刻性、灵活性、独创性、批判性、敏捷性和系统性。

三、审美鉴赏与创造

法国大雕塑家罗丹说："美是到处都有的，对于我们的眼睛，不是缺少美，而是缺少发现。"这段脍炙人口的名言同样适用于《咏雪》一文，我们认为此文至少有如下三方面审美因素值得发掘。

（一）语言美

选文言简义丰，可谓"增一字则嫌多，减一字则嫌少"，不愧为传世经典。精彩之处包括以"内集"概写把家里人聚集一堂，以"骤"字形容屋外寒雪又大又急，以"大笑乐"蕴褒贬于无形之中。"兄子"仅以二字明示为"胡儿"，"兄女"却先讲答案，后不吝笔墨以17字补笔交代其父家与夫家。篇幅用墨其实暗含着作者的态度。

（二）人物美

选文语言虽简短，人物形象却跃然纸上，各具风韵。谢安的循循善诱、雍容大度、宽厚爽朗，胡儿的单纯憨直、谦逊有礼，谢道韫的自信乐观、机智优雅，都在寥寥数笔中活灵活现，让读者如见其人，如闻其声。

（三）意境美

选文中值得称道的意境至少有三重：一为眼前实景，"寒雪"诉诸触觉，"雪骤"状其频率，"白雪纷飞"绘其情态，给人立体的直观感受；二为联想虚景，"撒盐空中"重在形似，强调雪之"白"、雪之"骤"，"柳絮因风起"重在形神兼具，突出"文义"范；三为教育场景，谢安原本"讲论文义"，却因时制宜地进行了情境教学，提问的表情和问法都极富激励性，对待两个"儿女"的回答也不置可否，仅以"大笑乐"暗示，保护了孩子们的自尊心，让读者不禁对晋代特有的宽松开明的社会风尚心驰神往。

四、文化传统与理解

《咏雪》虽短，相关的文化信息却极为丰富，值得拓展探究。

文化史中"咏絮之才"流芳百世。《三字经》中"蔡文姬，能辨琴。谢道韫，能咏吟。彼女子，且聪敏"，曹雪芹《红楼梦》中的判词"可叹停机德，堪怜咏絮才"，都提及谢道韫的"咏絮之才"。北宋大名鼎鼎的司马光在《客中初夏》"更无柳絮因风起"显然也化用了谢道韫的咏絮名句。唐代边塞诗派代表人物岑参的经典名句"忽如一夜春风来，千树万树梨花开"，也极有可能受到谢道韫的"咏絮"佳句启发，同样以温暖春景比喻纷纷寒雪。

在男尊女卑的封建社会，正史中竟然也能找到关于谢道韫的传记。《晋书·列女传·王凝之妻谢氏》中，有对谢道韫一生重要事迹的记录，如"王凝之妻谢氏，字道韫，安西将军奕之女也。聪识有才辩。叔父安尝问：'《毛诗》何句最佳?'道韫称：'吉甫作颂，穆如清风。仲山甫永怀，以慰其心。'安谓有雅人深致……凝之弟献之尝与宾客谈议，词理将屈，道韫遣婢白献之曰：'欲为小郎解围。'乃施青绫步鄣自蔽，申献之前议，客不能屈。"除了"咏雪"的故事之外，还记录了谢道韫智对《毛诗》、自请解围、嫌怨夫婿、折服乱兵、折服太守等事迹，字里行间充满了钦佩欣赏。后人因此盛传谢道韫才识可比李清照，胆识不输花木兰。

此外，谢安"东山再起"的传奇人生与淝水之战的盖世奇功、谢太傅高明的家庭教育艺术、王谢两大家族门当户对的联姻方式、言尽而意无穷的文末补笔……都带有鲜明的中华文化气息，令人流连忘返。

综上所述，正如驾驶员的驾车技术不能仅仅依赖驾校教练的讲解活动，而要依靠驾驶员亲自驾车逐渐养成，学生的语文核心素养也不能仅靠教师讲授就一蹴而就，必须靠学生在教师的精心指导下亲自参与到各种语文学习实践，全方位地逐步实现语言建构与运用、思维发展与提升、审美鉴赏与创造、文化传承与理解。在循序渐进的学习过程中，教师应充分挖掘选文中的语文素养训练资源，让学生拾级而上，不断增强语文核心素养。

参考文献：

[1] 王荣生. 文言文教学教什么 [M]. 上海：华东师范大学出版社，2014：7 – 10.

[2] 黄厚江. 语文的原点 [M]. 南京：江苏教育出版社，2011：71 – 95.

[3] 王荣，李海林. "搞活动" 是语文课堂的基本教学形态 [J]. 中学语文教学，2009（5）：35 – 38.

（本节发表于核心期刊《语文教学与研究》）

第五节　教读课尤须从止步于"教一例"到致力于"知一类"

2016 年版新编教材精心构建了一个教读课文、自读课文与课外阅读"三位一体"的阅读体系。著名特级教师胡明道曾以"看我走""扶你走"与"放你飞"三部曲形象比喻教读课文、自读课文与课外阅读三者的教学指导重点。在阅读教学过程中，要想真正地落实"课内得法，课外得益"的理念，那么承担着最重要的"得法""悟法"任务的教读课不能仅仅满足于让学生读懂"这一例"，务必致力于从"教一例"到"知一类"。

基于上述认识，有感于近 30 年的阅读教学实践和课堂观察，笔者认为可以从如下角度优化教读课。

一、剖析思维的结论

很多教师非常重视读懂"这一例"，但往往在弄清楚文章"写了什么""为什么写"等问题后就草草收兵，没能引导学生就这些师生多向交流之后的结论深入剖析，总结学习语文的经验与教训，难以达到"举一反三"的效果。要能趁热打铁，就着势头引领学生探究结论背后的"所以然"，才能收到以此类推、事半功倍的成效。

比如经过激烈的思维交锋之后，关于七上第五单元蒲松龄的《狼》一文的阅读启示一般有四种意见：①邪不能胜正，无论邪恶势力多么强大，最终必将被战胜；②对于像狼那样的恶人，不能心存侥幸，要敢于战斗，善于战斗；③聪明反被聪明误；④与强大的对手竞争，要占据有利地形，抓住有利时机，果断出击，攻其不备。至此还只是教读"这一例"，要实现"用教材教语文"，还需进一步追问：这些结论分别是基于哪个角色的角度得出的？以后思考阅读感悟有什么经验？经过新一轮深入思考、交流、辨析，终于有了新的发现：结论①综合考虑了狼和屠户，结论②与结论④是立足于屠户角度的经验之谈，结论②则是从狼的角度谈教训。可见，横看成岭侧成峰，以后遇到新的阅读材料，首先要判断有几种视角，然后基于不同视角进行解读。最后这类关于语文学习经验的结论的教学，其价值远远超过前面那些对于文章本身解读的结论，因为前面的解读仅限于对"这一例"的理解，之后的思考则是解读"这一类"文本的宝贵经验，是关于方法的知识，具有"闻一知十"的迁移功能。

二、反省思维的过程

很多时候，对于师生思考、交流、互动的思维过程的回顾与反省，有助于学生获得语文学习的经验，理解其规律。

如为了理解七下第三单元杨绛的《老王》文末"那是一个幸运的人对不幸者的愧怍"，笔者引导学生从原文中找出杨绛与老王交往的重点语句，从中概括二人的特点，进而分析"老王眼中的杨绛"和"杨绛眼中的老王"，还引述了老王作为回民的风俗习惯——临终前要拿着最珍贵的礼物，与亲友们一一告别。经过循序渐进地讨论，学生们终于达成共识：老王将杨绛一家人当作最亲近的人，并以自己心目中最贵重的礼物表达情意；但自命清高的杨绛却照例以钱表达谢意，完全没有顾忌老王的伤感和遗憾，不是对等的尊重和情感，所以在"多年以后"醒悟了才有"愧怍"之说。至此，"这一例"具体的问题较为圆满地得以解决，但若止步于此，则甚为可惜，还必须再往前走一步，引导学生反思刚才我们是如何按部就班解决疑难问题的。经过学生之间、师生之间的多向交流，学生终于明白：一方面要反复研读文本，答案就蕴含在文本之中；另一方面，还需参考一些文本之外的背景性知识，以求更加全面地理解。以后阅读文学作品时就可以"依葫芦画瓢"，如法炮制。

再如分析七上第六单元安徒生《皇帝的新装》一文中皇帝的形象特点。在较为全面地把握了皇帝的个性之后，我们引导学生们回顾刚才的思维路径，进而梳理出阅读文学作品、概括人物形象特点的两种思路：一是演绎法，即先谈谈对人物的初读总体印象，再从原文中找出相应的语句加以印证和补充；二是归纳法，即先找出文中关于该人物的所有描写的语句，然后归类分析其主要特点。学完"这一例"之后，以后遇到"这一类"文章，学生都可以内行地分析人物的个性特征。

三、归纳思维的方法

语文学科核心素养涵盖语言建构与运用、思维发展与提升、审美鉴赏与创造、文化传承与理解四大方面。教读课尤其要注重思维方法的训练。

（一）思维的"放"与"收"

在颇具思维空间的问题的讨论中，教师宜先尽情放飞学生的思维，尽可能多地让学生展现思维水平，然后再辨析其优劣，并分析"所以然"。这样既能训练学生思维的广度和深度，又能锻炼思维的准确度和思辨性。比如分析七上第五单元郑振铎的《猫》的主题思想，我们先让学生畅所欲言谈阅读感悟，得到如下几种结论：①凡事要实事求是，明白判断，不要不加调查，主观武断；②只凭个人好恶、私心和偏见做事，常常会出错，甚至造成无法补救的严重过失；③要仁爱，不要残忍；④身处不利处境时，更要自尊自强，否则更可能招致不幸。如果就此罢手，学生往往不知所措，所以必须再进一步：不仅如上文所述那样让学生明白不同视角决定不同的结论，而且要让学生从情感倾向、详略安排、对比衬托等方面仔细分析，准确把握作者的写作意图。恰似射箭，虽然上述观点都射中箭靶，但只有①②才算射中了靶心，体现了作者本意。

（二）思维的"顺"与"逆"

此处的"顺"是指按人们习惯的思维方式正向地思考问题，"逆"则反之，从不同寻常的角度逆向思维。比如在理解鲁迅的《藤野先生》一文为什么要通过"帮'我'添改讲义""纠正解剖图""关心'我'的解剖实习""询问中国女人裹脚的详情"这四件事表现藤野先生的人物特点时，既可以顺向思考每件事有什么侧重之处，分别表现了藤野先生怎样的个性品质；也可以逆向思考如果去掉任何一件有什么不好，从而领悟每个片段对于完整地塑造人物不可或缺的作用。

（三）思维的"横"与"纵"

横向思维偏重于由此及彼的联想，力求在丰富的同类案例中触类旁通；纵向思维侧重由表及里地深入思考，力求抽丝剥茧地透过现象洞悉本质。比如品味朱自清的《春》中"花下成千成百的蜜蜂嗡嗡地闹着"一句，既可以联想名句"红杏枝头春意闹"和鲁迅的《雪》中"有许多蜜蜂忙碌地飞着，也听得他们嗡嗡地闹着"，想象春花繁盛、蜂争粉蕊的逼真景象，体味一字风骨的妙处；也可以从蜜蜂的数量、声响、状态、姿态等角度细细品味和想象，再现繁花似锦、蜂围蝶阵的动人景象。再如理解郦道元的《三峡》中"空谷传响，哀转久绝"一句中"绝"字的意思，一方面可以横向联系本文中所描述的"沿溯阻绝""绝𪩘多生怪柏"，或联系林嗣环的《口技》一文"忽然抚尺一下，群响毕绝""微笑，默叹，以为妙绝"、吴均的《与朱元思书》中"奇山异水，天下独绝"等句，甚至联系成语"恩断义绝""络绎不绝""断子绝孙"来理解；另一方面可以纵向探究"绝"字的本义、引申义、比喻义，因形溯义可知其本义为"断丝也，断之则为二"，引申为"横越""穷、极""极致"。这样纵向与横向相结合，既有彼此例句的勾连比较，又有汉字源流的分析对照，再具体情况具体分析，往往能准确地把握该词语的意思。

（四）思维的"粗"与"细"

思维的"粗"是指初读文本之后获得的初步的整体感受和概括认识，思维的"细"则指具体到重点语句的细节探微和局部品味。著名特级教师宁鸿彬在执教《皇帝的新装》时，曾让学生就"一个＿＿＿＿的皇帝"这个副标题填写修饰词。学生填写的"愚蠢""爱美""虚伪""不可救药""无能""无知"等词语，就是对文章内容和人物特点的粗略把握。宁老师进而要求学生"结合课文做些解释"，其实就是要求学生深入文本细节深思熟虑。弄清主人公的特点之后，宁老师进而要求学生"用一个字概括这篇童话的故事情节"，是第二次要求学生运用"粗"的思维，意在从整体上把握要义；进而要求学生自圆其说，从文本中找寻佐证的理由和依据，其实是第二次引导学生运用"细"的思维。如果学会由整体到局部、由粗及细地思考，往往能更好地提高阅读质量。

阅读教学的目标之一就是培训学生逐渐成长为内行的阅读者。虽然新编教材着力构建了"教读、自读、课外阅读""三位一体"的阅读教材体系，但得法、悟法的关键在于教读课。因此，教读课在引导学生们弄清楚"这一篇""写了什么""为什么写"等问题之后，切不可鸣金收兵，尤其需要从对思维结论的辨析、对思维过程的反省和对思维方法的归纳中总结语文学习的经验，梳理语文思维的规律，真正实现"教一例，知一类"，最终达成叶圣陶所倡导的"语文教材无非是个例子，凭着这个例子要使学生能够举一反三，练成阅读和作文的熟练技能"。

参考文献：

［1］胡明道. 胡明道讲语文［M］. 北京：语文出版社，2007：36－57.

［2］俞万所. 一堂好课的阅读历程：读宁鸿彬老师《皇帝的新装》教学实录［J］. 中学语文教学，2009（2）.

［3］全国中语会. 叶圣陶吕叔湘张志公语文教育论文选［M］. 北京：开明出版社，1995：6－7.

（本节发表于核心期刊《中学语文教学参考》）

第六节　初中语文以读促写的
常见缺憾及优化对策

以读促写是一线教师在写作指导时常用的一种教学策略，因为阅读之于写作的意义，恰似"源"之于"流"。作者的写作经验有直接经验和间接经验两种，前者仅占5%而后者占95%，间接经验主要源自阅读。同时，阅读经典范文，能很好地促使学生逐渐领悟写作之"道"，从写作的"门外汉"渐渐修炼成"行家里手"，张中行先生也曾深有感触地说："仿作是儿童的学步车，扶着它走，目的是终于有一天，能够离开它蹦蹦跳跳。"但在教学一线，很多教师在运用以读促写的教学策略时，常常由于各种原因出现这样那样的缺憾。

一、初中语文以读促写的常见缺憾及归因

（一）漫无目的

一些教师的以读促写活动缺乏明确的目标，看起来整节课都在训练阅读和写作，但到底为什么要读这些阅读材料，这些阅读对于写作有什么必要性，不仅在执教者的教学设计上语焉不详，在说课环节中执教者也大多支支吾吾说不清晰。以写文章类比，一堂课的教学目标恰似一篇文章的中心思想，作者务必根据主题的需要取舍材料、确定详略、运用写法、遣词造句，教学目标决定着教学内容的选定、教学环节的安排、教学方法的选择和教学评价的方式。此类教师显然没有意识到教学目标对于一节课而言的"灵魂"价值，更没有认识到教学内容和教学方法必须紧紧围绕教学目标。由于缺乏目标意识，这类以读促写活动必然是低效、随意的。

（二）浅尝辄止

有些教师在引导学生以读促写时，仅仅将其当作课堂的一个环节，走个"过场"，没有发挥读写结合应有的功能。如为了引出某种写作技法，只是列举一篇或多篇例文中用过该技法的片段，让学生说说其表达效果，便一笔带过，然后要求学生在写作中运用该技法。其实，多年的实践经验反复警示我们，学生运用写作技法的难处不在于"知道"这种技法的定义、类型和好处，而在于"如何运用"这种写作技法。类似的蜻蜓点水的写作指导，效果微乎其微。

（三）喧宾夺主

有些教师没能很好地弄清以读促写的用意，明明是写作指导课，却花了绝大部分时间引导学生欣赏多篇范文，从范文的写作背景、作者常识到篇章结构、艺术特色一一剖析，由于课时有限，只给学生极少时间动笔练习，使当节写作课沦为象征性的表演，或者干脆将写作训练安排在课后。此类主次颠倒的行为多半是由于执教者没有透彻地理解阅读课和写作课的区别，缺乏基本的写作教学专业素养所致。

（四）贪多求全

一些教师为了增大课堂容量，在以读促写活动中片面追求多读多写，或

者想达到的教学目标过多。这种行为类似于教师上课时不停地给学生发精心准备的水果，每种水果都色香味俱全，但学生还没来得及尝时，下一种水果又到了。长此以往，教师津津乐道于自己准备的水果又多又好，学生却因没有时间咀嚼和消化而营养不良。如列举多篇范文让学生借鉴，将宝贵的写作训练时间耗费在阅读欣赏上；或者就提供的范文作了全面深入的剖析，导致剩余时间紧，主要教学环节总是匆匆忙忙。这类做法主要是由于教学理念滞后所致，教师误以为学生的阅读与写作能力素养是靠教师讲授就能形成的，或误以为让学生多读多写就能自然形成读写能力，什么都想做，结果什么都没有做到位。

二、初中语文以读促写的优化对策

（一）确定学情需要

学生是学习的主体，写作教学中的一切活动都要服务于学生，根据学生的需要量身定制各种助学措施。之所以要采取以读促写策略，是因为学生通常有如下四个方面的需要。

1. 写作技法

写作技法即学生关于某项写作技法的内涵、类型、价值和运用要领等还知之不深，需要运用必先透彻地理解，否则就容易导致学习障碍。比如，若要让学生学会以书信体写作，不仅要让他们明白书信体的格式包括称呼、问候语、正文、结束语、署名和日期，更重要的是要弄清楚书信体作为一种交际功能很强的文体，必须关注"谁来读""为何写""写什么""怎么写"和"谁来写"等问题。一般而言，学生需要仔细点拨的正是后者。

2. 章法结构

章法结构即学生对需要仿照的行文结构还不甚了解，需要教师予以"举三反一"式的指导。如为了引导学生明确"先叙后议，叙议结合"的文章结构，可以用蒲松龄的《狼》和纪昀的《河中石兽》为例，让学生明确描述故事部分如同"画龙"，议论部分恰如"点睛"。为了更好地突出中心，自然地"卒章显志"，必须在描述故事时先设计好内容详略、先后次序和内在思想，否则就会出现议论与记叙脱节的不良局面。

3. 语言表达

语言表达即学生需要在教师的耐心引导下，从典型范例和正反比较中领悟遣词造句、锤炼句式和修辞手法等语言表达的规律，借此不断提升语言表达的能力。如"门开了",属于平庸普通的叙述;"'吱呀'一声,门被轻轻推开了"和"'嘭'的一声,门突然被撞开了",增加了拟声词和关键动词,传神地写出了进门人的心情、个性,让读者如闻其声,如见其人,显然更胜一筹。

4. 思想情感

思想情感即学生还缺乏写作任务所要求的写作主题知识,需要借助典型范文激活相关知识储备,或借鉴范例创生出适合的思想情感。由于学生的生活经历比较单纯,思维水平还亟待提升,对很多社会生活还不熟悉或知之甚少,也可能会因"身在福中不知福"而对原本很感人的情节习焉不察,迫切需要经验丰富的教师以富有思想情感的范文"唤醒"和"点燃"学生的思想情感。如可以引导学生通过杨绛的《老王》关注身边的底层小人物的艰难挣扎与崇高人品,以史铁生的《秋天的怀念》省悟家长养育子女之不易,用莫顿·亨特的《走一步,再走一步》反思理性的家庭教育之道……

因此,在决定选用以读促写的教学策略之前,教师务必弄清楚学生的迫切需要,力求对症下药地予以恰当的帮助。邓彤老师指出:"作文教学主要应该给学生提供'处方性'知识,教师必须让学生知道'怎么写',仅仅告诉学生某个方面写作原理是没有用的。"

(二) 精选典型素材

既然定位为"以读促写",那么阅读只是手段,目的是更好地写作,应当用时少而效果好。为此,用以"促写"的阅读材料应该有三个特点。

1. 典型

所列举的阅读材料应当蕴含着所需的关键知识,应是最有代表性的范例。如果要阐释"先抑后扬"的写法,用茅盾的《白杨礼赞》中关于白杨树外形与精神的段落好?还是《范进中举》中范进中举前后的表现更好?显然是前者,因为前者是毫无争议的欲扬先抑,后者则似是而非。

2. 精当

所列举的阅读材料应当在契合要求的基础上尽可能"以少胜多"。如为了引出描写"要多角度多感官进行""要正面侧面相结合""要实写与虚写结合"等写作知识,一位教师相应选用了朱自清的《春》中选段"春花图"、吴均的《与朱元思书》和苏轼的《记承天寺夜游》三则选文。其实,完全可以只保留第一个范例,因为"春花图"中涵盖了这三个方面的写作要领。把阅读三个范例的时间与精力用于研究一个范例,力求"物尽其用",会更深刻、透彻和全面。

3. 简明

所列举的阅读材料应当篇幅简短且内容易懂，便于学生迅速领悟其要领。为了省时高效，最好选择学生们熟悉的课文或其他例文，不宜选择难以理解和把握的例文，以免自寻烦恼。为了学习"寓理于事"的写法，与其用莫顿·亨特的《走一步，再走一步》，不如选用纪昀的《河中石兽》，因为前者篇幅过长，后者则言简意赅。

（三）开发写作知识

写作心理学认为：学生的写作能力由写作内容知识、写作程序性知识（即写作技能）和写作策略性知识三类知识构成。写作能力的形成与发展就是这三类知识的习得、转化、迁移的结果。其中，写作内容知识即文章里"写了什么"，包括人、事、景、物、情、理、美、趣等，类似于做饭用的"米""菜""调料"；写作程序性知识即"怎么写"，指具体的写作技法，类似于加工食物的"厨艺"；写作策略性知识即"最好如何写"，指作者根据特定的写作任务提醒自己运用哪种"厨艺"。

以读促写最核心的难点就在于从准备好的阅读材料中提炼合宜的写作知识。相比而言，学生需要的不仅是关于"是什么"和"为什么"的静态知识，更期待"怎么做"的动态知识——这种知识还应当符合"易懂""好用"的特点。

如一位教师为了让学生掌握"矛盾中的亲情"的描写方法，列举了三段阅读材料：七上莫怀戚的《散步》中的冲突与化解、八上朱自清的《背影》中父亲"犹豫"之后决定送"我"、林清玄的《过火》中父亲对"我"的态度前后判若两人的情景。但这些材料只是匆匆给学生看了两眼，教师便要求学生说出自己"生活中类似的矛盾场景"。前半节课的活跃至此显然卡顿，学生无法达到既定目标。原因就在于执教者并未挖掘出三个范例中对于不同类型"生活矛盾"的描写要领，学生因为"不懂"而寸步难行。怎么办？只有深入挖掘三个范例中蕴含的关键写作知识——《散步》中的左右为难、不可兼容的矛盾、《背影》中安排主次先后完全可以兼容的矛盾、《过火》中表里不一前后反差的矛盾。该教师在磨课之后，重新在另一节课执教优化后的课例，由浅入深地对这三类矛盾进行分类归纳，再让学生学以致用，果然因准确提炼了"易懂""好用"的写作知识而顺利推进教学目标。

综上所述，初中语文以读促写的教学方法常常会出现这样那样的缺憾，只有在设计写作指导课程时认真分析学生的实际需要，并据此选取适量而典型的阅读素材，然后有针对性地提炼"易懂""好用"的写作知识，给学生们以切实、有效的帮助，以读促写策略才能真正发挥最大效益。

参考文献：

［1］张中行.怎样作文［M］.北京：中华书局，2017：88－92.

［2］邓彤.写作教学密码［M］.上海：华东师范大学出版社，2018：51.

［3］何更生.作文教学心理学［M］.北京：中国科学文化出版社，2003：64.

（本节发表于专业期刊《新作文·中学作文教学研究》）

第七节 初中阅读教学中以写促读策略的常见缺憾及其对策

阅读与写作是一对思维过程刚好相反的活动，前者重在通过分析语言文字准确理解语篇作者的思想情感，后者则要将作者的思想情感用语言文字表达成语篇。在阅读教学中，教师们经常引入写作活动以帮助学生更好地理解语篇。在30年的阅读教学和课堂观察实践中，笔者有感于阅读教学中以写促读策略运用的缺憾，拟从明确活动意图、确定写作类型和选用恰当方式三个方面阐述优化对策，以就教于方家。

一、初中语文以写促读的常见缺憾及归因

（一）漫无目的

一些阅读课在运用读写结合策略时让听者如堕五里雾中，摸不准执教者的意图；课后与执教者交流，他们也往往语焉不详。学生花了不少时间和精力，在课堂上看起来也很活跃，教学环节包括了学生作品展示和师生们的点评。如学习余光中的《乡愁》，以母爱为主题写一个温馨的片段；学习《愚公移山》，写一封信建议愚公不如搬家；学习竺可桢的《大自然的语言》，写作几篇关于身边物候的观察日记……诸如此类事倍功半的所谓"以写促读"，必然会因目的不明确而导致阅读教学的随意和低效。

（二）喧宾夺主

读写结合虽然是语文教学的传统策略，但阅读教学的基本定位的是"让学生在阅读中学会阅读，在阅读中获得丰富积累，通过阅读提高语文的综合素养"。运用以写促读策略的出发点必须是为了更好地实现阅读教学的目标。但遗憾的是，很多阅读课耗费在写作上的时间过多，违背了阅读教学的意图，混淆了阅读教学与写作教学的界限，结果学生的阅读与写作都没有学好。

（三）浅尝辄止

一些教师为了追求公开课的效果，设计了以写促读环节。但为了呈现相对完整的教学流程，完成既定的丰富的教学任务，在课堂上动笔写作的环节往往匆匆忙忙，在规定的时间内根本无法达到预定的教学效果。如教学白居易的《卖炭翁》时，要求学生用 3 分钟时间扩写卖炭翁"市南门外泥中歇"的场景，再用 3 分钟续写卖炭翁拉着"半匹红纱一丈绫"回家后的情景。大多数学生根本无法完成任务，交流展示时教师只能选择几名优秀学生草草评议了事。

上述种种缺憾，常常由于教师在备课时没有考虑清楚以写促读的意图，也脱离了学生的能力实际，为了追求新奇而套用名师课堂的策略而勉强为之，让课堂很多时候沦为中看不中用的"花架子"。

二、旨在深度阅读的以写促读优化对策

（一）弄清活动意图

教师在阅读教学中恰当地运用写作策略，能促使学生更深刻、透彻、全面地理解阅读材料。但以写促读教学策略的运用，必须以清晰的活动意图为前提。李华平教授指出：文本解读既指向文本内容，也指向文本形式；文本内容即文本"写的什么"，文本形式即文本"怎样写的"。因此，以写促读活动也应当指向文本内容和文本形式，其形式可以是阅读教学之初的学情调查，可以是阅读教学过程中的拓宽加深，还可以是阅读教学结束时的反思巩固。

1. 理解文本内容

（1）把握大意。与多数教师习惯采用的口头交流方式相比，基于写作的

交流具有全员参与、理性深思、信息稳定、便于审阅等优点。为了弄清学生对文本大意的掌握程度，可以引导学生在初读基础上用简明的文字概述文本大意、诠释行文思路、分析人物形象，也可以用三言两语简要复述、原汁原味地详细复述、添枝加叶地创造性复述，想方设法地为下一步的阅读指导做好准备。

（2）揣摩细节。文本中有很多细节对于准确理解至关重要，但容易被学生一扫而过。教师可以指导学生在看似无关紧要、其实值得深究的细节处放慢速度，仔细揣摩。如蒲松龄的《狼》中，有"屠暴起，以刀劈狼首，又数刀毙之"的细节，可以要求学生就此动笔分析屠户极其专业的动作给读者的启发："暴"是为了出其不意攻其不备，"刀劈"比用扁担"敲"更致命，"狼首"突出务必攻其要害，"数刀"准确地强调除恶务尽。

（3）剖析内涵。有些文本在表面内容之下，还有言外之意，可以引导学生借助"写"的方式挖掘表面文字背后的深层意蕴。如陶渊明的《桃花源记》中环境幽美宁静、百姓安居乐业的桃花源竟然在"处处志之"的情况下也无法再找到。作者这样写有什么深意呢？在学生深思、动笔后，通过学生之间、师生之间多向交流，领悟其以此暗示读者，桃花源在现实生活中并不存在的真意。

2. 理解文本形式

（1）分析结构。为了表达特定的思想情感，文本都具有独特的章法结构，值得让学生在深思基础上动笔梳理分析。如朱自清的《春》中"盼春—绘春—赞春"思路与主体部分横向展开的结构，茅盾的《白杨礼赞》一线贯穿与先抑后扬的结构，宗璞的《紫藤萝瀑布》中首尾呼应与"见—思—悟"的渐进式结构，纪昀的《河中石兽》先叙事后议论画龙点睛式结构。

（2）品析手法。成功的文本或多或少会使用一定的写作手法，可以引导学生用文字分析其表达效果，使师生交流更有深度和高度。如阿来的《一滴水经过丽江》中以"一滴水"贯穿全文，与常规的游记写法相比，采用异常视角来写游记有什么好处？由此类推，异常视角还有哪些类型？阅读与写作时要注意哪些要领？

（3）鉴赏语言。引导学生在精彩的词语、句式和修辞手法处含英咀华，并诉诸笔端，能避免思维的浅表化，充分领略语言表达的魅力。如朱德的《回忆我的母亲》中，"母亲生我前一分钟还在灶上煮饭"一句加点词突出母亲连如此短暂的休息时间都没有，她把全部的精力都投入到操持家务、照顾子女上，作者在此处浸润着沉甸甸的思念和感恩之情；而"正是这千百万人创造了和创造着中国的历史"一句中加点词则准确地肯定了人民过去和现在对于历史的贡献。

(二) 确定写作类型

布鲁姆教育目标分类法认为，教育目标由低到高依次为知道、理解、应用、分析、综合与评价六个层级，熟练掌握低层级是灵活运用高层级的基础，实现高层级的目标必将有利于低层级的目标更加熟练、透彻地达成。教师为了促进学生更好地理解文本，完全可以通过让学生理解更高层级的教育目标来灵活实现以写促读。

1. 基于应用的以写促读

应用重在提取所知道的和所理解的知识与技能，用以应对所不熟悉的情况，在全新的情境中分析问题与解决问题。应用阅读技能或写作技法的前提和基础是清晰地知道和透彻地理解。因此，应用能很好地实现以写促读。如在教学七下第一单元的《孙权劝学》时，教师可以要求学生运用七上所学的文言文翻译知识和技能写出译文，借以诊断学生理解文义的水平；可以运用以前所学的关于人物描写的知识，就选文中对人物刻画的妙处撰写小论文；可以应用材料的选取和详略安排的阅读经验，分析本文详写人物言论而略写学习具体情景的意图；还可以运用通过多角度剖析作品思想内涵的学习经验，写作相关的主题分析片段。

2. 依托分析的以写促读

分析是"对问题、事物和原因的构成性和过程性要素、关系进行分解和全面了解"。分析的意义在于通过认识问题、事物或现象的区别与联系，细致地寻找能够解决问题的路径，并以此解决问题。分析是教师们常用的阅读教学策略，但多限于口头，难以保障师生多向交流的深度、广度和参与度；如果让学生在交流之前用文字整理出自己的见解与理由，不仅能使阅读理解更深刻充分，还能摸清学生对文本阅读的起始水平。如杨绛散文《老王》的结尾"那是一个幸运的人对于一个不幸者的愧怍"是解读文本的关键切入点，也一直是理解的难点。教师可以让学生就"幸运的人""不幸者""愧怍"三个词语分别阐述其丰富含义，为准确理解整句话的内涵做好准备。

3. 借助综合的以写促读

与分析相反，综合是把分析过的对象或现象的各个部分、各个属性联合成一个统一的整体。综合不是对于各个构成要素的分析的简单相加，综合后的认识是整体性的，且具有新的关于对象的理解。因此，综合也必须以理解为基础并促进理解在深度、广度和整体性等方面的提升。如阅读初中第一篇文言文《咏雪》，绕不开的一个问题是：到底胡儿与谢道韫的答案谁更胜一筹？教师可以引导学生综合考虑几方面的信息：①交流的背景是"讲论文义"；②需要回答的问题是"白雪纷纷何所似"；③胡儿的答案具有不自信、不符合高雅的语境和有轻视劳动成果等不足；④谢道韫的答案契合语境、富有诗情画意、自信乐观等优势；⑤谢安的态度从"欣然"到"大笑乐"侧面可见其倾向；⑥涉及谢道韫的篇幅远远超过了胡儿，足见作者的立场。如果综合上述信息写成短文，阅读教学的效果势必胜过七嘴八舌地浅层交流。

4. 着眼评价的以写促读

评价是指对人物、事件或现象等进行判断、分析后的结论。有效的评价必然依赖于对文本的理解，阅读教学中可以让学生着眼于评价，以写促读。如教学吴敬梓的《范进中举》一文，教师可以让学生以"范进中举是一场悲剧"或"范进中举是一场喜剧"为话题，写一篇短文，表达对范进中举事件的态度；学习契诃夫的《变色龙》，可以让学生以"万变不离其宗的变色龙"为题，写一篇评价主人公的作品；也可以让学生联系其他作品，在比较中评价，如从《岳阳楼记》《小石潭记》《记承天寺夜游》《醉翁亭记》看逆境中杰出文人的表现。为了准确评价，学生必然要重新理解文本；整理成评价性的文字之后，学生对文本的理解必然更上一层楼。

（三）选用合宜方式

1. 缩写

缩写，就是在保持中心思想不变的前提下，压缩文章的篇幅。学生通过缩写训练，可以提高把握文章要点、思路的能力，还能培养概括、综合内容的能力。缩写应根据不同文体的特点确定相应的要求。如缩写莫泊桑的《我的叔叔于勒》、施耐庵的《智取生辰纲》之类的叙事性文章，要保留主要人物和关键情节；缩写茅以升的《中国石拱桥》、叶圣陶的《苏州园林》之类的说明性文章，要遵循原文的说明顺序，保留体现说明对象主要特征的内容；缩写鲁迅的《中国人失掉自信力了吗》、梁启超的《敬业与乐业》之类的议论性文章，要突出原文主要观点和论证思路。当然，除了全文的缩写，也可以局部缩写，目的都是为了更好地理解文本。

2. 扩写

对本来较为简略、概括性的文章或片段加以扩展、补充，使之成为篇幅更长、内容更充实的文章的写作方式，就是扩写。扩写要忠于原文，要准确理解原文的中心思想和主要内容，遵循原文的体裁。不同体裁的文章，扩写的重点不同。如《木兰诗》之类的记叙性文章，在忠于原文中心思想和人物形象基础上，可以根据"可汗问所欲，木兰不用尚书郎"扩写相关情节，可以根据"将军百战死，壮士十年归"细写化边疆的战争环境，可以根据"火伴皆惊忙"扩写木兰恢复女装的细节。如果是说明性文章，在忠于原文说明对象的基础上，可以补充更多材料，运用更多说明方法，使介绍更充分。如果是议论性文章，在忠于原文观点基础上，可以进一步补充论据，使观点的阐释更深刻。总之，阅读教学中的扩写无不指向并促进阅读。

3. 改写

改写，是在忠于原作内容的基础上，通过改变文体、语体和叙述角度等，对文本进行"再创作"，以服务于特定的需要。改写有助于更深入地把握原作。如要求学生将茅盾的《白杨礼赞》改写为一首诗，将《陈太丘与友期行》改为独幕剧，将白居易的《卖炭翁》改为以卖炭翁的口吻讲述的第一人称小说……凡此种种，都可以促使学生更加透彻地理解原文，增强阅读效果。

4. 续写

续写，指遵循着原文的思路对原文做进一步延伸。要想取得理想的续写效果，务必熟知原文的故事情节，准确把握人物性格，透彻理解全文旨意。如续写《陈太丘与友期行》，可以预想友人追上陈太丘后的故事，可以创设陈太丘回家后从元方那里了解到情况之后的情景，还可以是友人与陈太丘和陈元方下一次重逢的情节。再如，采用故事新编的思路续写孔乙己、祥子、保尔、孙悟空等课文中的人物到特定场景中的故事，看似荒诞不经，却有利于激发学生的想象力及对阅读的兴趣，也能促使学生准确把握这些人物的个性，做出合理的想象。作为阅读教学补充的续写，必然会促进学生对原文主题、人物和情节的进一步理解。

5. 补写

留白是艺术创作常用的手法，即创作者有意留下空白，给读者以丰富的想象空间。为了检验学生对课文理解的程度，将粗浅的阅读初感引向深入，可以灵活运用补写的方法。补写一般有三种形式：一是词语补写，如初读契诃夫的《变色龙》后，用一个词语完善副标题"这是一个_____的警察"；二是句子补写，如杨绛的《老王》中老王来送鸡蛋香油，看见杨绛照例拿钱给他，说"我不是要钱"，可以把老王没说完的话补写出来；三是段落补写，如补写人物特定动作背后的心理活动。

综上所述，在阅读教学中恰当地引入写作，能有效地促进阅读理解。但在教学设计时就应当弄清楚以写促读的目的，根据特定的阅读目的确定写作点，然后灵活选用写作类型和写作方式，切实发挥以写促读的应有功效。

参考文献：

[1] 黄厚江. 语文的原点：本色语文的主张与实践[M]. 南京：江苏教育出版社，2014：137.

[2] 李华平. 文本解读：内容与形式间的往复运动[J]. 初中语文教与学，2021（5）.

[3] 格尔森. 如何在课堂中使用布卢姆教育目标分类法[M]. 北京：中国青年出版社，2019：16-28.

[4] 董毓，余党绪. 批判性思维与思辨读写对谈[J]. 语文教学通讯，2017（1）：7-8.

[5] 人民教育出版社. 义务教育教科书　语文　九年级上册[M]. 北京：人民教育出版社，2019：85.

[6] 人民教育出版社. 义务教育教科书　语文　九年级下册[M]. 北京：人民教育出版社，2020：15.

[7] 人民教育出版社. 义务教育教科书　语文　九年级上册[M]. 北京：人民教育出版社，2019：136-137.

（本节发表于核心期刊《语文教学与研究》）

第八节　写作指导务求"挠"到学生的"痒处"

2022年4月20日下午，笔者有幸参与了2022年广东省教育研究院"走进粤东西北（汕尾）线上教研帮扶活动"的初中语文学科专场，观摩了19位优秀一线教师就七年级下册第三单元"抓住细节"这一教学目标开展的写作指导课，聆听了广东省中学语文教研员冯善亮老师和汕尾市中学语文教研员许家塔两位专家高屋建瓴的点评，我自己也作了说课展示。下面就写作指导务求提高实效谈几点看法，就教于各位方家。

一、学情诊断宜具体到位

活动中，很多老师有鲜明的助学意识，但部分老师所谈论的学情，是本年龄段学生的一般情况，或是本校学生的情况综述，或是教师对所任教班级学生的总体印象，并不是针对某一次具体写作任务的上课班级的特定学情。

在某种程度上，写作指导类似于挠痒，必须全程都非常在乎被挠者的感受。面批作文必须针对具体作者，课堂写作指导必须针对上课班级大多数学生的实际情况依此类推。因此，对学情诊断的准确程度直接决定写作指导的成效。

对上课班级的写作学情诊断一般有六种方法：一是作品分析，即认真研读学生的写作提纲、作品片段或作文初稿，全面分析多数学生的优点与不足；二是课堂观察，即教师通过有意识地观察，把握学生参与学习、投入程度、思维水平、发展意愿等方面的情况；三是个别交流，即在精心准备的基础上，通过预设的一系列问题，耐心启发学生说出心里话，力求"思维外显"，发现其暗箱般的写作思维；四是数据分析，即通过作文总体和分项得分情况、得分与其他同学的横向比较、与作者以前基础的纵向比较，判定该学生的水平；五是问卷调查，即通过调查问卷收集学生的写作习惯、兴趣爱好、写作流程等方面的真实情况；六是侧面了解，即通过其他同学、科任教师、学生家长、前任教师等角度，间接了解学生的写作情况。

二、核心知识宜易懂好用

"双减"背景下的课堂更加追求当堂见效。"一课一得，得得相连"的共识也要求每节课都应当让学生获得核心知识。要让学生在上课后获得发展和进步，务必开发易懂好用的关键知识。

安徽师范大学何更生教授从写作心理学的角度指出，学生的写作能力是写作内容知识、写作程序性知识和写作策略性知识习得与转化的结果。其中，写作内容知识回答"写什么"和"为什么写"的问题，类似于做饭用的米与蔬菜等原料，指文章中的人事景物、情理美趣等内容，不能直接教授，只能"授之以渔"，要靠作者以"读万卷书，行万里路"的方式亲自积累；写作程序性知识回答"如何写"的问题，类似于各种厨艺，具体指各类写作技法、艺术手法，可以依托教师科学指导而获得立竿见影的成效；写作策略性知识则回答"最好如何写"的问题，无法由教师短时间教会，只能依赖作者在长期的阅读和写作实践中逐渐领悟。因此，写作指导的重点之一是各类写作技法和艺术手法的训练。

在此次广东省教育研究院组织的写作教学说课展示中，很多教师津津乐道于陈述性写作知识的系统介绍，如细节描写的定义、分类、价值和注意事项。这些理论是形成写作能力的基础，但并不能直接转化为写作技能。冯善亮老师以驾车为喻，形象地把这些知识类比为开车的动作要领和注意事项，它们固然是驾车的必备条件，但却不能直接转化为驾车技术。

就"抓住细节"这个具体写作任务，有老师采用"添枝加叶"法，一步步将朴实的叙述句细化为生动形象的描写段；有老师采用"病文升格"法，在诊断病因基础上以头脑风暴的方式激发学生的参与热情，集思广益地升格优化；有老师则采用"范例剖析"法，以典型的课内外佳作和学生佳作为对象，深入分析其优秀之源，由感性至理性地归纳写作方法。总之，要让学生易于接受，能活学活用。

三、学以致用宜扎实及时

不少老师的说课设计将课堂大部分时间用于学习和消化写作知识，而将学以致用的写作实践置于课后。这种做法不仅不符合"双减"新形势的要求，因为学生往往要面临多个学科的作业，根本无法在规定时间内保质保量地完成；而且，艾宾浩斯遗忘曲线也警示我们趁热打铁的必要性。根据多数优秀教师的经验，最有效的写作指导是当堂训练，及时消化与检验。为此，汕尾市中学语文教研员许家塔老师语重心长地指出，课堂写作指导务必将大部分时间放在学生动笔写作实践上，切忌过度陷入对经典作品中精彩细节的阅读品味，那是阅读教学的任务，写作教学只能"以读促写"，读是手段，写是目的，不能喧宾夺主。

正如体育老师训练学生"三步上篮"，绝对不能只靠滔滔不绝地讲解和示范，而必须主要依靠学生在弄清动作要领的基础上反复亲自练习。张志公先生指出，所有技能的获得必须基于反复训练，写作技能的形成不能例外。因此，虽然有效的课堂写作指导"教无定法"，但其共同点必然是掌握关键知识之后的及时而扎实的应用训练，学生的写作能力肯定是通过亲自动脑动笔练出来的，当然也需要教师"讲讲练练再讲讲练练"。"讲"是为了讲清楚要领，是为了更好的练；"练"是为了检验听讲的效果，更透彻地理解关键知识的内涵和要领，逐渐形成娴熟的写作技能，进而内化为精湛的写作策略。

四、优化升格宜大局着眼

很多教师喜欢训练学生片段写作，认为这种"短平快"的写作训练能立竿见影地体现写作指导的效果。笔者认为，片段训练固然不可少，但如果一节课只关注片段而缺少全篇的视野，容易导致写作训练的盲目性和单纯的技术化倾向。任何写作技法、艺术手法都务必服务于表达中心思想的需要，绝不是为了细节描写而细节描写。很多学生作文中有详略不当、细节泛滥等不良现象，往往就是罔顾上下文的片段写作过度训练的后果。

缺乏特定目的的片段写作往往局限于文字游戏式的低效、无序的训练，教师应当先培养学生基于全篇视野的片段训练意识。一般有三种策略：一是基于初稿的片段升格，即在诊断学生初稿缺憾的基础上，就不足之处设计局部性片段写作来进行优化；二是基于写作提纲的片段写作，即在完成了构思全篇的写作提纲之后，就其中的局部进行具体化片段写作；三是基于特定要求的片段写作，即指定片段写作的目的，如表现人物特点、突出景物特色、凸显情节要害等，指向特定意图的片段写作。

写作教学历来被视为语文教学的硬骨头，教师难教，学生难学。但只要认准方向，力求"一课一得，得得相连"，每次课堂写作指导都针对学情予以扎实有效的点拨指引，就一定能促使学生在原有基础上稳步前进。

（本节发表于专业期刊《新作文·中学作文教学研究》）

第九节　以深度学习理论优化初中语文复习课的策略

基于30余年的初中语文教学与研究实践，笔者发现初中语文复习课长期以来成效堪忧。一方面学生学习兴趣普遍不浓，备考期间总是被教师要求完成总也做不完的习题；另一方面教师教学热情普遍不高，因为在考试数据的影响威力不减的当下，要想取得理想的考绩似乎并无轻松、高效的捷径。近10年来，鉴于新的考情趋势，笔者尝试在复习课教学中融入深度学习理论，取得了较为理想的效果。

一、初中语文复习课的常见缺憾及归因

（一）题海战术

有些老师认为多做试题能让学生见多识广并熟能生巧，认为中考试题毕

竟是由人来命制的，只要尽可能多地训练同样是名师们编制的各类复习资料，很大程度上会碰到可能出现的试题，至少也能因"阅题无数"而越发"内行"。不少年轻教师当年就是靠"刷题"从考场中脱颖而出的，这种切身感受让他们笃信题海战术的价值。

（二）机械重复

一些教师坚信"笨功夫就是真功夫"，面对古诗文默写、拼写词语、词语运用、文言词汇解释、文言文翻译等试题，只要"功夫深"，必然"水到渠成"。为了确保前半部分基础类试题不丢分，让学生一遍又一遍地重复练习，甚至有些老师将一份试卷印刷两份，隔一段时间发给学生重做，美其名曰"强化记忆"。

（三）僵化训练

一些教师煞费苦心地提炼出种种答题套路和解题术语，如语言品味题"＿＿＿＿这几个词语生动形象地＿＿＿＿揭示了（思想），或刻画了（人物特点）"，修辞鉴赏题"运用了＿＿＿＿修辞手法，突出了＿＿＿＿＿＿＿＿"，实用类文本阅读选择题要采用"一读二比三取舍"的策略……让学生在复习期间耗费大量时间与精力牢固记忆类似"秘诀"，以求在考场上快速地套路化答题。

（四）投机应对

不少教师依旧采用"押宝""赌博"式复习策略，在仔细研究近几年中考试题基础上，预测下一年中考可能的趋势，进而拆分成若干考点及对应的题型。既不放过"已经考的"，又侧重训练"可能考的"。将时间与精力聚焦于所谓的关于"考情预判"的"专家意见"，对于基本上不会列入下一年考查范围的考点和题型则弃之如敝屣。甚至有教师让学生准备好几篇若干个主题的作文，在反复修改基础上烂熟于心，训练"一文多用"的机变之法以便博取高分。

二、初中语文考试的转向

（一）从注重"双基"转向关注核心素养

在 2001 年版语文课程标准颁行之前的很长一段时间，中考以基本知识与基本能力的考查为主。如 2000 年广东省中考语文试题中文言文阅读考查了 4 道题,依次考查了词汇解释、句子翻译、写作对象和主题思想,导致在一段时间内考生只要在理解基础上熟记相关知识就可以得高分。《义务教育语文课程标准(2022 年版)》首次明确提出"义务教育语文课程培养的核心素养,是学生在积极的语文实践活动中积累、建构并在真实的语言运用情境中表现出来的,是文化自信和语言运用、思维能力、审美创造的综合体现",并阐明坚持素养为先的命题原则,即"以核心素养为考查目标,通过识字与写字、阅读与鉴赏、表达与交流、梳理与探究等语文实践活动,全面考查学生核心素养的发展水平"。可见,今后的中考试题将着重考查学生运用所学的知识和技能主动积极地分析与解决问题的能力。

(二)从偏重低阶转向强调思维进阶

布鲁姆根据学习目标将思维分为由低阶至高阶的六个层次,即识记、理解、应用、分析、综合和创造。长期以来,中考语文试题以低阶思维的考查为主,学生依靠死记硬背和刷题训练也能取得较为理想的分数。但近几年来,高阶思维试题所占比例有所增加。《义务教育语文课程标准(2022 年版)》要求"考试命题应以情境为载体,依据学生在真实情境下解决问题的过程和结果评定其素养水平""考查学生提取信息、筛选分类、比较概括、归纳总结等思维能力",无论是日常生活情境、文学体验情境,还是跨学科学习情境,都需要学生灵活运用低阶思维和高阶思维创造性地分析与解决问题。

(三)从侧重选拔转向重视课程育人

传统的中考以选拔优秀人才进入高中学习为主,教育部公布的《中国高考评价体系》明确了"一核四层四翼",即通过确立"立德树人、服务选拔、导向教学"这一高考核心立场,回答了"为什么考"的问题;通过明确"必备知识、关键能力、学科素养、核心价值"四层考查目标,回答了高考"考什么"的问题;通过明确"基础性、综合性、应用性、创新性"四个方面的考查要求,回答了高考"怎么考"的问题。高考语文试题必将引导中考语文试题做出相应的改变,传统的语文学习方式必将发生适应性改进。

三、以深度学习理论优化初中语文复习课的策略

（一）以"U型"学习理论改善复习课质量

美国著名教育家杜威认为，书本知识具有不可教性，不能直接进行传授，而需要让学习者经历一个复杂的过程，即知识的学习需要经过"还原与下沉""体验与探究""反思与上浮"的过程。华中师范大学郭元祥教授基于此提出了"U型"学习理论，形象地揭示了通过教师的循循善诱，学习者在共同建构的情况下获得概念性知识的过程。该理论强调学习主要有如下三个关键环节。

1. 还原与下沉

在教师的精心设计下，学生首先要将书本知识还原为"经验"，还原的过程即知识的"下沉"过程，"下沉"环节是对知识进行表征化、表象化和具象化的过程。如复习文学类文本标题的作用，可以先引导学生回忆并重新进入标题妙处探究的学习过程中，逐篇剖析《走一步，再走一步》《紫藤萝瀑布》《我的叔叔于勒》《驿路梨花》等经典范文标题的作用。再如为了总结分析文学作品中描写人物形象特点的方法，可以先引导学生回忆《孔乙己》《变色龙》《范进中举》等经典课文人物分析的过程，在重新温习熟悉的课文中获得感性印象。

2. 体验与探究

"U型"的底部是学生对知识进行"自我加工"的过程。学生在教师针对性极强的耐心而巧妙的引导下，经过逐篇梳理，不难发现优秀的文学作品标题往往具有一语双关、耐人寻味、突出主旨、形象生动、交代线索、巧设悬念等常见作用；经过经典课文的回顾，不难明确一般可以先圈画出作品中所有关于该人物言行举止的句子，然后归类，提炼成该人物的主要特点。

3. 反思与上浮

学生经过反思性思维，将经过"自我加工"的书本知识再进行升华和表达，书本知识才真正变成学生自己理解的东西。仍以上述两个学习任务为例，在反思熟悉的课文范例学习过程的基础上，学生大多能较为全面地归纳出关于文学作品标题作用和人物形象分析的学习经验；随即应用于新的文学类文本阅读之中，通过更多类似的例题印证、活用和强化，最终在课内外典型例题中提炼出可以迁移的概念性知识，从而形成可靠的长期记忆。

"U型"学习理论深入浅出地描述了学生在教师的指导下，运用归纳思

维解决知识理解问题的机制。注重从"学一例"到"知一类",强调举三反
一,力求在感性经验基础上经过反思梳理形成可迁移的理性认识。在复习过
程中经常性地运用"U型"学习理论,能帮助学生避免沉溺于题海而无所
得,以最小的投入获得最大的收益,从而有效提高复习效果。

(二)以"T型"学习理论优化学习成效

"T型"学习理论侧重于解决知识应用问题,突出知能转换的具体化过
程,是在"举三反一"基础上的"举一反三"。即基于演绎思维在新情境中
应用概念性知识,以验证其正确性或有效性。既注重学生对重要知识的理解
要建立在多个"例"的基础上,又注重以应用的方式往深处走,检验所获得
的概念性知识,致力于这些知识的有效迁移和深化拓展。在复习中应用该理
论须注意如下三方面要点。

1. 透彻领悟

高效的语文学习不仅追求"读懂一篇""会解一例",更重视"会读写
一类"。因此,要在具体的语言文字运用实践活动中逐渐掌握语文的概念性
知识,如语言运用、篇章写作、文本解读、文学创作等语文规律性和语文思
维性大概念。复习往往建立于扎实的日常学习基础之上。"T型"学习理论
应用的首要关节是深入理解在日常学习中日积月累的各类概念性知识。

如文学类文本阅读试题常常考查段落作用,首次复习到该知识点时,应
让学生弄清楚考查句段作用的解题思路及其内涵。段落作用一般应从内容和
结构两个方面分析:前者重在分析段落表面上看"写了什么",往深层想
"表现了什么""揭示了什么"或"突出了什么";后者应联系段落在选文中
的位置,灵活判断其在上下文中的不同功用,如开头部分多是为了开篇点
题、总领下文、营造氛围、奠定基调、设置悬念,中间部分往往为了承上启
下、做好铺垫、呼应前文,结尾部分常常为了画龙点睛、升华主题、回应上
文、发人深思。诸如此类,应当在平时丰富的语文学习活动中,由感性至理
性地掌握并透彻理解这些"应然"类语文规律。

2. 典型印证

为了检验学生对上述语文概念性知识的理解程度,复习初期应选用典型
例题帮学生印证和运用,让学生在学以致用中进一步领悟其内涵和运用要
领。为了降低难度,可以先用熟悉的课文,进而选用恰当的中考真题范例,
明确这些语文规律在具体选文中的"实然"情况。

如莫怀戚的《散步》开头段"我们在田野散步:我,我的母亲,我的
妻子和儿子"。不仅开门见山紧扣文题,还以三次的"我"重复暗示了

"我"在家庭中举足轻重的地位,为下文故事的发展埋下了伏笔。鲁迅的《从百草园到三味书屋》第9段显然是过渡段,既有对上文所描述的百草园生活的恋恋不舍,又有对下文将要描述的三味书屋生活的抗拒,字里行间浸透着浓烈的情感。莫顿·亨特的《走一步,再走一步》的结尾则在前文"画龙"基础上"点睛",从一件童年往事中提炼出深刻的人生道理,深化了主题。

典型印证环节宛如实习医生进入医院门诊见习。实习医生在医学院里"纸上谈兵"式地学习了各类病症症状及其诊疗对策,那是掌握了"应然"类规律性知识;到了一个具体的病人面前,通过望闻问切、测温穿刺、透视化验等各种手段综合诊断其"实然"病因后,才可以对症下药。

3. 灵活运用

正如实习医生要在阅病人无数之后才能逐渐成长为合格的医生一样,学生只有通过一定量的例题训练才能熟练掌握各类试题分析与解答的规律。在充分领悟语文学习规律基础上,经过从例题中印证规律、在习题中应用规律之后,学生要在教师的精心设计之下,经过适度的强化训练,才有可能灵活运用各类语文规律,适应"调动既有知识和资源解决问题、完成任务"的新课标考试要求。

综上所述,初中语文复习课确实存在着亟待改进之处。在弄清楚症结基础上,依托深度学习理论能有效改善初中语文复习课教学成效,促使师生们能以较少的时间与精力取得更加理想的复习效果。

参考文献:

[1] 教育部.义务教育语文课程标准[S].北京:北京师范大学出版社,2022:4.

[2] 教育部.义务教育语文课程标准[S].北京:北京师范大学出版社,2022:50.

[3] 教育部考试中心.中国高考评价体系[S].北京:人民教育出版社,2019:6-7.

[4] 郭元祥."深度教学"如何真实发生[J].今日教育,2017(6):15.

[5] 李华平,彭洋.语文单元教学的百年沉浮与发展趋势(下)[J].中心语文教学参考,2022(7):11-12.

(本节发表于核心期刊《语文教学与研究》)

第十节 文学作品阅读教学中
背景知识的优化策略

带有鲜明个性特征的文学作品往往是作者"情动于中而形于言"的结果。所以，准确理解作者的创作意图及其作品意蕴，需要通盘考虑其与众不同的人生阅历、思想状况、际遇心境和时代背景等因素，亦即本文所论及的"背景知识"。但在语文教学实践中，很多教师往往不明白介绍背景知识的意义何在，常常出现如下种种缺憾。

一、文学作品阅读教学中背景知识简介的常见缺憾

（一）呆板僵化

一是程式化地介绍。受传统做法的影响，一些语文教师习惯性地在解析文题之后，未让学生充分阅读作品之前，就迫不及待地对作者的情况或写作背景进行介绍，仿佛这是教学过程中不可或缺的一个固定环节。其实，学生是在教师精心划定的圈子里进行思考活动的，如果不管三七二十一，学生刚接触课文就滔滔不绝地介绍相关背景知识，势必造成"先入为主"的情况。

二是灌输式地交代。一些教师不考虑能否调动学生主动求知的欲望，或不相信学生能胜任相关工作，辛辛苦苦地自行搜罗大量的背景知识，采用"电灌"或讲授的方式，让学生被动地接受，甚至要求他们熟记这些背景知识。

（二）抽象概括

抽象概括是指"公事公办"式地简单交代文章相关背景情况，或者利用投影对作者进行扼要介绍，这样做只会留给学生一个模糊的印象，作者仿佛是没有血肉的"标本"，缺乏感人的力量。而且由于教师自己常常因研究不深而语焉不详，因此导致学生往往弄不清楚诸如"庆历新政""乌台诗案""王安石变法""二王八司马"等发生在不同历史时期的事件有什么区别，也搞不懂苏轼、柳宗元、欧阳修、陈子昂他们的失意有什么不同，当然也就难以感同身受地与作者发生共鸣了。

（三）不切实际

每一篇具体的文学作品都产生于特定的历史时期，作者的思想往往随着人生经历的不同而不断变化。但教师们往往热衷于对作者一生的情况——诸如名、字、号、生卒年月、生平经历、代表作品、文学成就等进行笼统地介绍，却很少关注作者在作品产生的特定历史时期所呈现的具体状态。因此，这种"眉毛胡子一把抓"式地介绍背景知识，并不能很好地帮助学生理解文章。

二、文学作品阅读教学中背景知识简介的优化策略

在多年的亲身实践和对比分析同行们相关教学行为的优劣基础上，笔者认为，应当从如下三个方面灵活、恰当地介绍文章的相关背景知识，以实现教学效果的最优化。

（一）时机的选择

什么时机介绍作者创作的背景知识为好？笔者认为应当因作品而异，因学情而异。

1. 思虑阻塞时恰当引入

毋庸讳言，语文教学承载着"近为考试"的功利目标和"远为发展"的理想目标，阅读教学必须切实提升学生们的阅读鉴赏能力。无论在考试时面对阅读文段，还是平时面对具体文学作品，学生首先接触到的是没有背景知识的文字。所以，在平时阅读教学中，应当首先让学生反复"裸读"作品本身，获得不掺杂他人思想结论的个人初步意见。当学生思虑阻塞，不介绍相关背景知识就不能进一步理解文章的时候，再适时引出相关情况介绍，从而实现理解和认识的深化。

如教学《小石潭记》一文时，教师应引导学生先反复细读作品本身，思考文字本身所承载的清幽景致和灵动情思。学生在初步熟悉了作品的内容和所要表达的情感后，纷纷认为作者过于矫情，因为眼前的景象不足以引起如此强烈的情感反差。到了不介绍就难以准确、透彻地理解文本的这个"阻塞"的时机，适时地介绍柳宗元的人生遭遇，就能使学生恍然大悟，消除对作者情绪的急转直下等相关疑问。又如理解《记承天寺夜游》中"闲人"的丰富内涵时，学生只能从原文中读出"清闲""闲情逸致"等表面含义，思维无法继续深入。因此，当我在简要介绍苏轼写作此文时一再被贬、形如

流放的经历后，"本不想做闲人又不得不赋闲"的无奈、郁闷等复杂情感才为学生所了解。

2. 学习结束前拓展延伸

有些文学作品，文字明白晓畅，文意相对完整，在阅读教学即将结束时介绍相关背景，往往能收到"余音袅袅，三日不绝"的效果。如学习完袁宏道的《满井游记》时，适当补充介绍其"独抒性灵"的创作主张和弃官归隐的人生经历，能使学生沉浸于"文如其人"的美妙境界之中；在即将结束契诃夫的《变色龙》学习时，不失时机地介绍沙俄军警制度等背景知识，则能使学生由点及面，因小见大地理解当时沙俄警察制度的黑暗；学习完毛泽东的《沁园春·雪》后，再介绍毛泽东的传奇经历和此诗的写作与发表背景，使学生对领袖的诗人气质和诗人的领袖气魄心生敬仰。笔者的多年实践反复证明：这种"补叙"式的背景知识介绍，不仅能加深学生对作品本身的理解，还往往能激发他们更主动、更积极地了解作者及其创作背景，自觉地将阅读活动延伸至课外。

3. 阅读开始时铺垫导入

也有少量文学作品，如果不对写作背景做一定的了解，学生往往难以理解，这时就需要在阅读开始时做些铺垫性的介绍。如阅读艾青的《我爱这土地》，应当先引导学生了解"1938 年 11 月 17 日"前后中国的现状，否则他们就会觉得诗中"连羽毛也腐烂在土地里面"的鸟的形象难以理解；学习戴望舒的《我用残损的手掌》，如果事先不了解作者的人生经历和作诗时的被囚处境，就很难理解诗人所表达的炽烈情感。

（二）内容的取舍

1. 相关性原则

作者的经历和创作背景往往很复杂，笔者认为在介绍时不必面面俱到，只需选取那些有助于理解作品的内容即可。因为无关信息不仅占用学生有限的学习时间，还可能造成干扰。如在《小石潭记》的相关背景情况介绍中，我有意识地将柳宗元的经历以"二王八司马事件"为分界线进行了对照处理：之前着重突出其春风得意，之后突出其精神、物质等多重困境，越发突显他不幸被贬到永州之后的艰难悲苦，使学生感同身受地认识到写作时作者的真实心境，而不是简单地获得"遭到贬谪"的抽象印象。至于作者后来到柳州的积极有为，在本文学习中大可不必介绍，因为那是作者后来在处境有所改善的情况下的发展，与本文关系不大。

2. 针对性原则

有些文学作品是基于特殊时代背景和个人经历有感而发的，因此背景知识的介绍就应当针对可能产生的疑虑进行取舍。如郑愁予的《雨说》副标题为"为生活在中国大地上的儿童而歌"，介绍时必须联系写作的特定时代背景，这样他们才能深刻理解作者的殷切期盼。又如学习陈子昂的《登幽州台歌》，学生难以理解"独怆然而泣下"的原因，因为仅从作品本身很难体会诗人当时的身世之悲，但如果结合他怀才不遇、奇谋不被采纳反受株连的处境，就不难理解他孤苦无告的心境。

（三）方式的优化

1. 放手让学生参与资料的收集

学生是学习活动的主人，应当遵循能让学生做的，教师千万不可代替，学生遇到困难时才由教师出来组织大家交流解决的原则。具体做法可以是先是让学生课前预习时自行搜集相关信息资料，然后让学生在课堂上展示所搜集到的资料，确实需要补充的地方，才由教师进行更加全面和合理的补充。教师的展示只是为了给学生们一个良好的示范，关键在于训练学生养成根据需要去搜集资料的习惯和能力。实践证明，学生在展示个人劳动所得时，所体验到的成功感、所获取知识的牢固度，是单凭的教师灌输无可比拟的。笔者多位毕业十余年的学生都反映，虽然已经不记得当年学习的具体内容，但对当初自己上网搜索、到图书馆或书店查找背景资料的情形、对当年在课堂上展示的细节和资料还都记忆犹新。

2. 运用故事化的背景描叙方式

干巴巴的背景知识难以感染学生，最好能还原作者的真实生活处境，使之活生生地再现于学生们眼前，让学生真正走近作者，与作者一起经历喜怒哀乐、悲欢离合。如在了解了陶渊明出身名门，步入仕途后"不为五斗米折腰"，回归田园后面对辛劳和家庭不幸，身处饥寒交迫的困境之中等背景知识后，才能更深刻地理解《五柳先生传》中作者坚守高尚人格的不易，《桃花源记》中以理想社会揭露黑暗社会的深刻。在了解了辛弃疾生逢乱世，总想收复失地，率领义军抗金未果，不得不弃武从文的身世之后，才能理解"稻花香里说丰年""最喜小儿无赖"的欣喜、"千古兴亡多少事"的慨叹以及"而今识尽愁滋味"的无奈等多种情感。

当然，教学有法，教无定法。在文学作品阅读教学过程中，对于背景知识的介绍，方法不拘一格，只要着眼于教学效果的改善，可以灵活采取多种策略，从介入的时机、介绍的内容和引入的方式等方面进一步优化。

（本节发表于核心期刊《中学语文教学参考》）

第十一节 "课程德育"视角的语文育人策略

"课程德育"是指各类课程应立足于人的培养，遵循学生成长规律和教育教学规律，以课程本体认识为突破口，揭示其中蕴含的社会价值和文化精神，同时融入体现时代特征的德育内容，体现纵贯横通，实现德智融合，系统落实立德树人的根本任务。新时代的语文教师不仅应当从"教教材"向"用教材教语文课程"转变，还应当牢固树立"用语文育人"的教育理念。因为学生时代是一个人成长的关键时期，《义务教育语文课程标准（2022年版）》因而明确指出："聚焦中国学生发展核心素养，培养学生适应未来发展的正确价值观、必备品格和关键能力，引导学生明确人生发展方向，成长为德智体美劳全面发展的社会主义建设者和接班人。"

基于上述认识，我们认为应当从如下三个方面充分发挥语文的育人效能。

一、挖掘教学内容应有的育人资源

与其他学科相比，语文具有明显的育人优势。这个共识主要是基于语文学科的教学内容具有思想熏陶和精神塑造的人文性。

（一）从阅读教学中汲取人类文化营养

现行的统编版本语文教材依旧采用了"人文主题"与"语文要素"双线组织单元的结构方式，每个单元都有相对聚焦的"人文主题"。如七年级上册就是依次由"四时之美""温暖亲情""读书故事""人生之舟""生命之趣""奇思妙想"六个主题单元组成。即便是同一个主题单元，所选的几篇课文也往往展现了不同的思想内涵。如七上"四时之美"单元中，朱自清的《春》描绘并赞美了春天的"新""美""力"，老舍的《济南的冬天》倾诉了对"宝地"济南冬天的喜爱之情，刘湛秋的《雨的四季》以欣赏的态度再现了大自然四季里多姿多彩的雨，曹操的《观沧海》抒发了建功立业的雄心壮志，李白的《闻王昌龄左迁龙标遥有此寄》表达了思念友人的深情，王湾的《次北固山下》和马致远的《天净沙》则表达了故园之思。古今中外的佳作浩如烟海，能跻身教材体系中的课文更是其中的佼佼者。渗透着主流文化和传统文化的课文，能帮助学生耳濡目染地形成正确的人生观和价值观。

此外，新编教材强调教读课文、自读课文和课外阅读"三位一体"的阅读体系，并在教材中推荐了一系列经典名著。这些名著都是经过时间筛选的精品，凝聚着人类文化的精髓，值得一代代学子日积月累地仔细品读和传承。

（二）借写作教学增强交流思想的素养

人与动物最显著的区别之一就在于人类能用语言表情达意。我们应该通过写作教学至少实现三个方面的教育目标：一是真实表达，即坚持说真话，表述内心的想法，不媚俗跟风，人云亦云；二是价值意识，即写对读者有一定价值的文字，多关注正能量的内容，力求让读者得到有益的启发，不要浪费他人宝贵的时间和精力；三是责任意识，即对自己所写的内容负责，包括版权的保护、信息的可信、观点的中肯、态度的积极等。

（三）以口语交际培养与人互动的意识

在现代社会生活中，对于青少年学生而言，口语交际日益显示出举足轻重的意义。能毫无障碍地理解教师们的讲授点拨，准确领悟班主任语重心长的话语的用意，迅速明白伙伴们的心声，能以连贯得体的语言简明扼要地表达自己的意见，能与家长心平气和地交流心得感受，能和其他人大方恰当地沟通。这些都是对青少年学生的基本要求。但由于考试不考查，多数语文教师并没有给予口语交际应有的重视。我们认为，应当通过专门的口语交际训练，让学生在掌握一系列听、说技能的同时，培养正确的口语交际的态度。比如，自始至终务必保持尊重他人等交际礼貌，倾听他人讲话时应耐心地梳理其要点，发表意见时应当条理清晰，根据听众的反应及时调整言说方式，即便是反驳也应力求有理有据。

（四）在综合性学习实践中实现学以致用

语文是综合性、实践性很强的学科。综合性学习活动致力于听说读写等各种语文能力的综合运用。我们应当在组织学生们参与语文综合性学习实践中，让学生逐渐由感性到理性地形成四点认识：一是学习语文是为了更好地生活，因为将来走上工作岗位之后，娴熟的听说读写能力是每个社会成员所不可或缺的；二是语文素养的提升关键在于自己的积极参与，正所谓"师傅领进门，修行在个人"；三是现实生活中的语文运用是创意无限的，完成一个具体的任务常常是"仁者见仁，智者见智"的，并没有考试时某些试题所追求的"唯一正确"的答案；四是现实生活中往往需要跨学科协作，不会只运用一门学科的知识，所以要认真学习包括语文在内的各学科课程，力求全面发展。

二、注重教师言行积极的育人效应

广为人知的名言"我即语文"内涵丰富，其中之一就在于教师在教学工作中的言谈举止具有潜移默化的教育功能。

（一）精心施教，确保教学顺畅有效

学生与语文教师相处的时间主要在课堂上。在教学实施的过程中，教师应清醒地意识到自己有意无意地对学生们可能产生的三个方面的影响作用。

1. 教学准备的示范性

受学生欢迎的语文课一般都教学目标明确、教学流畅清晰、学生思维活跃、教师点拨得体、媒体辅助合宜，而这一切都有赖于教师们课前的精心准备。基于为研究教材、分析学情和选择教法而付出的辛勤劳动，加上教师在课堂上旁征博引地阐述，抽丝剥茧式的剖析，深入浅出地讲解，必定能让学生们感受到教师们工作尽职尽责、精益求精的"工匠精神"的魅力，进而不知不觉地受到影响。

2. 教学活动的灵变性

语文不同于其他学科教学活动相对固定的特性，要求语文教师以更加灵活机动的方式实施教学活动：一是教学切入点的灵活选定，每篇课文的教学可以有多个切入点，一篇课文即便教了无数遍还应当有全新的切入口；二是教学活动形式的不拘一格，可以是讨论汇报，可以是专题辩论，可以是展示评议，还可以是倾情演绎；三是作业内容的因人而异，既指作业内容分层要求，也指作品呈现样式的各具特色；四是教学流程的随机应变，虽然每节课都应当"不打无准备之仗"，但每节课必须根据学情适当地调整，同样的教案在不同的班级应当有差异很大甚至完全不同的呈现。让学生喜爱和期待的灵活机变的教学活动不仅能激发学生的学习兴趣，还能培养他们乐于尝试、积极创新的品质。

3. 教学组织的人文性

新时代的优秀教师们勇于采用自主钻研、小组合作、专题探究、多向交流、展示评议等看似耗时实则高效的教学方式。类似的教学方式坚持建构主义和生本主义的原则，遵循了知识获得的认知规律，更利于在语文学习活动中培养学生积极的思想观念。如教师不再是知识的权威，而是洋溢着民主气息的教学活动"平等中的首席"；学生不再被视为知识的容器，而是主观能动的意义建构者；教室是允许出错的场所，每个人对于所要讨论的问题可以持有不同的立场和理由；除了个人努力，完全可以寻求老师同学等客观渠道的帮助；学习的目的不只是为了分数，更是为未来人生做准备……类似的心得感受，应当就属于爱因斯坦所说的"能忘掉在学校学到的知识，学到了其他的东西，才算是教育"这句耐人寻味的名言中"其他的东西"的内涵吧。

（二）认真批阅，确保学生稳步提升

批阅是每个语文教师日常工作的组成部分，其对于学生的影响主要有三点：首先，严谨认真的精神令人折服，藤野先生添改讲义的情景让鲁迅先生牢记终身即是明证；其次，关心呵护的态度令人感动，向学生指出失误之处促其更正，标识优异之处激励发扬，在文末给出热情洋溢的评语，都会培养学生传承这种热诚投入、尽职尽责的作风；最后，明察秋毫的功底令人向往，教师所批注之处往往是学生所忽视或力所不及的，其远远超出学生的学科功力势必令学生折服，并萌生学习的动力。

（三）中肯评价，确保学生扬长避短

无论是课堂提问、作业批改，还是试卷评阅、操行评定，学生都通常会得到语文教师的各种评价。教师对学生的评价务求做到四点：一是客观，无论表扬还是批评，都确有实据，不带主观色彩和个人偏见，让学生感受到公平、服气；二是中肯，力求直指要害，有的放矢，让学生感受到帮扶的真诚、尽心；三是及时，不管是口头评议，还是书面评语，都应当做到反馈迅捷，让学生感受到尊重、热忱；四是期待，学生毕竟是正在完善中的人，存在这样或那样的不成熟，要以宽容的态度激励他们不断进步，让学生感受精益求精的必要。

三、发挥教学活动潜在的育人功能

常言道：魔鬼在细节里。其实语文学习的全过程都可以从不同角度培养

学生的道德品质，要求语文教师们精心引导，相机点拨。

（一）自主学习

之所以《义务教育语文课程标准（2022 年版）》在谈及学习方式时，将"自主"置于"合作""探究"之前，是因为绝大多数学习任务应该由学生独立完成，将来到了工作岗位上也主要靠自己的能力完成各种任务。因此，我们应抓住一切契机训练学生自主学习的意识和能力。

1. 课前预习

课前充分的预习不仅有助于课堂学习活动的顺利开展，还能给学生至少三个方面的启示：一是学会替自己负责，学习是自己的事情，即便是在没有老师和家长监督的情况下，也应该尽力而为；二是带着问题交流，通过预习可以发现疑惑之处，便于有侧重点地参与课堂；三是不打无准备之仗，正如古语所云："凡事预则立，不预则废。"

2. 当堂思考

能否取得理想的课堂学习效果，取决于能否积极地开动脑筋思考。教师应当引导学生们明白：不经过深思熟虑，无法获得前所未有的发现，也不能与他人进行深层次和高水平的交流；只有经常动脑筋思考，才能越来越聪明，才能变得越来越内行和娴熟；只有愿意思考、善于思考，才能有效地学习和进步。

3. 有效复习

在教师匠心独具的指导下，学生能在复习实践中获得多方面的收益：一是学习科学规划，如中考复习一般应分为全面复习、查缺补漏和仿真训练三个阶段，每个阶段又可以分为几个板块；二是懂得稳步实施，有了规划还得逐步落实，定期对照规划检查进展情况；三是善于自我反思，复习期间经常会有各种测试，可以反思自己复习策略的得失成败；四是学会灵活调整，正所谓"计划赶不上变化"，预设的规划应当根据实情随机应变。其实，不仅仅复习如此，这些心得体会还适用于其他很多工作。

4. 课后作业

只要引导得法，旨在检验学习效果、拓展延伸的课后作业也能让学生获益良多：只有学有所得，才能学以致用；只有及时消化，才能解决问题；聚精会神，才能尽量减少失误；杜绝抄袭作弊，是诚信的基本要求；独立解决问题确有困难时，虚心请教能化难为易；辅导有需要的同学，不仅不会浪费时间和精力，反而使自己受益，"赠人玫瑰，手留余香"……类似的启发会在持之以恒地完成作业的过程中潜滋暗长，逐渐积淀成学生为人处世的情感、态度和价值观。

（二）多向交流

契合"学习金字塔"理论的多向交流越来越受到教师们的青睐。在学生之间、师生之间多向交流的过程中，完全可以从如下两个方面培养学生的品质。

1. 基于精心准备的自信展示

青少年学生在当众展示方面的不足已毋庸讳言，主要原因在于平时缺少应有的针对性训练。我们可以设计如下评价量表给学生以规范的引导。（见表1-4）

表1-4　评价量表

序号	指 标 要 求	5	4	3	2	1
1	目光自然地扫视全班，与大家有眼神交流					
2	说话方式与平常一样自然，流畅					
3	说话内容要点分明，思路清晰					
4	能脱稿表达自己的意见					
5	上台与下台注重礼仪					

类似的评价量表具有定向、定标、定级功能，能从正面指示当中让学生了解展示的注意事项。教师应在展示前就告知学生，让其有意识地努力；展示后让大家根据量表对展示情况进行自评和他评。以评价量表为标尺，不仅能给学生以语言技能训练的具体抓手，还能逐渐培养他们确定奋斗目标、对标自我反省、评议有理有据等良好素质。当然，在事先的展示准备过程中，为了追求最佳展示效果，展示者自主的努力、小组的合作协同、寻求外力的支援等工作，也势必有利于学生能力的可持续发展。

2. 基于仔细倾听的互动评议

教师作为课堂上"平等中的首席"，千万不宜过早表态，必须先让学生进行充分的自主思考、合作交流和民主评议，这样才能充分锻炼其各种语文能力。在互动评议的过程中，至少应注重三个方面的德育训练：一是注重口语交际礼仪，尊重他人。如耐心倾听，不要随意插嘴；对事不对人，不搞人身攻击；举手示意之后，得到教师或主持人的允许才发言，不要抢着发言；说话要注意分寸，不要过于偏激；以商榷的口气发表意见，用语多委婉。二是发言要言之成理。评价他人的展示情况，要依据标准；补充发言者的意见，要讲得清楚理由。三是简明扼要。由于课堂时间有限，在讲清楚自己的意见的基础上，不应占据他人过多的时间，力求言简意赅，切忌啰唆拖沓，词不达意。

其实，上述要求完全适用于语文学习以外的互动评议活动，长此以往，必有成效。

（三）诚信考试

无论是平时的单元过关、期末测试，还是中考、高考，都是对一段时间语文学习的成效的检测，我们应当培训学生们以下四种良好的应考品质。

1. 自信从容，避免过度焦虑

考试焦虑是指因考试压力过大而引发的一系列异常生理心理现象，包括考前焦虑、临场焦虑及考后焦虑紧张。2008年，国家心理健康机构中欧国际研究表明，61%的学生有不同程度的考试焦虑，其中26%为严重考试焦虑。我们要想方设法让学生一方面正确看待考试，避免畏之如虎；另一方面平时要认真学习，考前要精心准备。

2. 科学答题，避免手忙脚乱

常言道：台上一分钟，台下十年功。在有限的时间内完成一份试题，往往需要考生们竭尽所能，全力以赴。因此，要讲究答题的科学性，如合理安排答题次序，先易后难，以小成功激发信心；切忌在一道难题上耗费过多时间、精力，导致无法完成后面原本可以完成的题目；读懂文章后再做阅读题，打好腹稿后再写作文，切忌草草提笔。

3. 反复检查，避免大意麻痹

完成所有能完成的试题后，一定要反复审读答卷。只有在考场上尽力而为，才能避免在考后追悔懊丧。由于考试时大脑长时间处于高度紧张状态，难免会有考虑不周、挂一漏万、顾此失彼等情况出现。当然，由于检查时已近乎筋疲力尽，除非有切实的把握，改动在头脑清醒时写下的答案要慎之又慎。

4. 诚信应试，避免弄虚作假

考试考的既是语文能力，又是思想品质。如果心怀侥幸，幻想不劳而获，以不正当的手段谋不合实际的分数，就容易逐渐滋生为达目的不择手段等阴暗的心理。为此，应采用"胡萝卜加大棒"的方式，既注重正面教导，又坚持批评警示，务必将作弊等不良行为扼杀在摇篮中，培养考生们坚持诚信、清白为人的优秀品德。

总而言之，语文教师一定要清醒地意识到肩上"学科德育"的重任，不能认为教育学生是班主任、级组长和政教处的任务。只有以"正人先正己"的古训严于律己，在语文教学活动的全过程中精心设计合宜的德育活动，注重细节的落实，才能真正实现语文知识能力的培养与思想品德教育"双丰收"。

参考文献：

［1］尹后庆．"课程德育"是加强德育的重要路径［J］.上海教育，2019（1A）.

［2］中华人民共和国教育部．义务教育语文课程标准［C］.北京：北京师范大学出版社，2022：2.

［3］张丽霞．考试季来临，你准备好吗？［J］.心理与健康，2016（5）：6－8.

（本节发表于专业期刊《教育管理》）

第十二节　师生课堂问答的常见缺憾及优化对策

　　新一轮课程改革给语文教学带来了翻天覆地的变化，广大语文教师的教学理念和实践因之发生了根本性的变化。"以学定教，以学论教"等观念也日渐深入人心。但在总体形势利好的情况下，语文课堂教学却仍然存在着许多美中不足。师生问答作为课堂教学的重要组成部分，就依旧呈现着种种不尽如人意的缺憾。笔者在过去十几年来一直关注师生问答，并试图优化之。现阐述如下，以就教于大方之家。

一、课堂教学中师生问答的常见缺憾

（一）课堂提问封闭拘谨

　　许多问题的设计带有明显的束缚性，犹如孙悟空困于如来佛手掌，学生只能在教师有意无意划定的范围内思考作答。比如，在一次全市研讨课上，学习《孙权劝学》的最后一个环节，教师抛出了"请结合《伤仲永》谈谈你读了本文所得到的启发"这个问题。本来《孙权劝学》一文具有多维度的启发性，能给读者丰富的思维空间，至少有孙权的善劝耐心、鲁肃的敬才爱才、吕蒙的从善如流与学则有成等多个合理的角度，但这个设问将学生思维拘束于"成才离不开学习"的狭小空间之内。此外，有些教师习惯用"对不对""……是……还是……"等句式提问，学生无须深思，非此即彼地简单表态即可。长此以往，学生就会习惯于按照教师的指定的思路和范围思考，一旦离开提示和指导就会无所适从。

（二）提问过程短促急躁

有一些教师急于完成既定的教学任务（往往也不明白为什么一定要完成这些任务），因而常常进行蜻蜓点水式的提问。主要表现为根本不等大多数学生打开思维的闸门，不等大多数学生形成自己的见解，不等大多数学生愿意主动表述，就急不可耐地提问，这样往往会让学生在答出粗略的感受后便匆匆止步，甚至教师会为了赶时间频频打断学生不合己意的回答。有的老师会追时髦似地运用"小组合作"，但往往刚提出问题就让学生"交流看法"。结果学生只能草草回答，答案的质量就可想而知了；更严重的是往往只有少数思维敏捷的优秀学生才能跟上教学节奏，其他人则逐渐沦为袖手旁观的听众了。特别是个别老师执着于多媒体课件，常常等不及师生问答的充分展开就急于投影完备的"标准答案"，使课堂提问成为走过场，让学生经常沮丧于自己的答案与"标准答案"之间的巨大差距，因而变得不善于主动自信地思考，而是消极地等待老师的"标准答案"。

（三）问题设计琐碎随意

为了"激活学生的思维"，有些教师一节课下来提出了10个以上的问题，甚至是"满堂问"，其实这些问题完全可以优化组合成一两个富有启发性的主要问题。表面看师生一直在活跃地问答，但由于问题过多过碎，学生没有明确的阅读指向和充裕的思考时间，只能被老师牵着鼻子走，对课文往往只有零碎的印象和理解，甚至常常陷入"揣测师意"的泥潭。

（四）预设过度罔顾生成

现代教育技术随着新课改的全面实施逐渐深入人心，但使用不当往往会造成过度的预设，限制了课堂的生成。在执教全市研讨课《塞翁失马》上，一位青年教师在进行课件"初读质疑"环节时，学生们热情高涨，一下子提出了30多个问题，且大多与他的预设无关。为了保证"公开课质量"，他抛开了学生感兴趣的问题，匆匆回到自己的既定思路，频频展示课件，最后自认为效果不错，却受到大家的一致批评。如果教师以自我为中心，迷恋于"以教定学"，必定导致缺乏生成，学生的学习兴趣每况愈下。

（五）对待回答反馈脱节

对待学生的回答，一些教师常易采取三种欠妥的反馈形式：一是一味肯定，唯恐挫伤了学生的积极性，无论什么答案一律表扬；二是简单褒贬，根据学生回答的情况，只用"很好""太棒了"等语句笼统赞赏，或用"你怎么会这么想""你听听别人怎么回答"等语句表示否定，不让学生明白自己对错的"所以然"；三是不置可否，只把学生提问当作形式，并不想在学生回答基础上加以梳理和提升，不闻不问地只管继续自己的下一个提问。后果是学生因为得不到期待中的鼓励和指点而逐渐丧失参与的积极性和对语文学习的兴趣。

（六）满足于浅层的交流

一些教师偏重于学生思考的结果，忽略思考的过程，因而只要求学生回答出概括性的答案即可，并不深究。比如，提问《拳打镇关西》中鲁达的形象特点，见学生粗略地答出"见义勇为""粗中有细"等感受性的印象即止步，没有追问"从原文的哪些情节中看出来的"。久而久之，容易造成"贴标签"式的人物分析，学生阅读也容易"跟着感觉走"而不肯在文本细读和品味上下功夫。

二、课堂教学中师生问答的优化对策

（一）课堂提问的改进

教师在课堂上所提的问题应尽量摈弃求同和收拢指向，力求放飞学生的思维，使他们的答案呈现"见仁见智"的理想状态，实现师生的"思维交锋"。基于此，设计问题要注意如下七点。

一是精心设计必要的问题，避免低效重复。中学阶段六个学年的教材是一个完整的体系，因而每一篇课文的教学并非孤立静止的。上海市特级教师陆继椿提出的"一课一得，得得相连"的观点是很可取的。每篇文章应当突出一两个教学重点即可，无须面面俱到。落实到每一节课，问题更应当精要。最好设计一两个主要问题提挈全篇，当然若学生一时难以回答，则可以将主问题再细分为几个由浅入深的小问题。在一次全国展示课上，面对难以把握的经典名篇朱自清的《背影》，有位老师只设计了两个主问题："文中的父亲是个好父亲吗？为什么？""文中的儿子是个好儿子吗？为什么？"听课教师们普遍感觉切中要害，纲举目张。

二是尽可能使用特指问，避免思维搁浅。设问分为特指问、选择问、是非问和正反问四种，后三者只要求答者判断或选择即可，特指问则使用疑问代词提问，要求答者务必针对特定的指向深入而全面地思考和回答。比如，讨论《孔乙己》一文主题时，与其问"你认为本文是批判封建科举制度，是讽刺孔乙己的迂腐，还是批判麻木无聊的看客"，不如改问"你认为本文批判的矛头指向哪些对象"。因为前者将学生的思维收束于三种既定结论之中，后者则可让学生畅所欲言，即便他们受思维水平所限仍然只能在三种结论之中阐述，也能促进他们大胆思考的意识和习惯有良性发展。

三是务必要求言之有据，避免语焉不详。注重培养学生学会回归文本，从字里行间搜寻有用的信息，并梳理加工成自己的观点与论据，力求"知其然"且"知其所以然"。比如，分析人物形象不仅要有总的概括，还必须讲清楚种种特点的来历；划分结构层次不仅要有自己的看法，还必须说明白划分的依据；品味语言不能满足于感觉上的好坏，还要说出几点理由来……这样就能让学生养成凡事寻根究底的良好习惯，杜绝脱离课文空谈感受的不良习气。

四是注重及时点拨启发，避免不知所云。首先要让所有学生都听明白教师提问的意图，可以借助多媒体课件、板书和语音重复等手段，使他们明白"老师要我干什么"。当学生普遍陷入思虑阻塞之际，切忌急于展示自己的预设结果，而应当将难度较大的问题重新分解为几个有梯度的小问题，化难为易。比如，可以将"蒲松龄的《狼》一文中屠户是怎样战胜狼的"这个难度较大的问题分解成"屠户对待狼的动作前后有什么变化""屠户的心态是怎么变化的"等一组小问题。或者变换角度提问，使学生恍然大悟。比如，在多角度理解莫泊桑的《我的叔叔于勒》中"小人物的无奈"这个主题时，学生难以组织回答，教师可撇开课文提问："假如你们家也有这么一位落魄的叔叔，你们会怎么做？"学生在七嘴八舌之后顿时领悟到文中菲利普夫妇的做法其实并无大过，因为生存艰难的他们自身也难保，很大程度上是出于无可奈何。

五是讲究提问的技巧，避免无的放矢。部分学生习惯于旁观师生问答，逐渐丧失学习语文的兴趣，主要是因为他们体验不到参与的成功感。因此，教师应当尽可能注意提供机会，让大多数学生参与其中并体验到成功的愉悦。从提问的次序看，应当按"待进生—中层生—优等生"渐次进行；从回答期待看，前者能表态即可，中者要求能讲述部分理由，后者则要求全面深刻阐述；再从提问用语看，前者热情鼓励其积极参与，中者注重启发点拨，后者则期待更加完善。

六是慎用小组合作学习，避免流于形式。合作学习是指学生在小组或团队中为了完成共同的任务，有明确的责任分工的互助性学习。作为新课标所倡导的新的学习方式之一，它对学生的终身发展具有极大的现实意义，小组交流是它在课堂教学中常见的形式。笔者认为，小组合作的前提有三点：第一，所需探讨的问题有一定难度，仅靠个人的自主学习无法完成；第二，交流展开必须以各组员已经过自行思考，有了一定的个人初步见解为基础；第三，交流必须是平等地进行，不能让能力较弱的学生成为一种摆设。

七是给予充裕的思考时间，避免浅尝辄止。师生问答能否深层次地展开，关键在于学生能否静心潜入课文和问题情境，集中注意力地充分思索。因而教师提问之后，一定要静静地等待学生思考，根据问题的难易程度给予相应的思考时间。

（二）答问反馈的改进

1. 耐心倾听

耐心倾听即引导全班学生仔细倾听发言者的观点和理由。教师只有清楚了学生的初步理解，才能做出恰当的判断，进而对症下药，使发言的学生得到中肯的评价和有效的指点，也使其他学生得到来自伙伴的有益的启发。为此，教师应当注意三点：一是及时营造安静的便于发言的氛围，制止部分学生的激烈讨论或窃窃私语，避免因此而造成干扰，也使发言者因感到不受尊重而泄气，影响发言质量；二是给予充分时间让发言者阐述清楚自己的见解和理由，既摸清了进一步启发前的学情，又能逐渐让大家养成倾听他人意见的良好习惯，还能让发言者提高自圆其说的能力；三是用语言、表情和动作等方式热情鼓励发言者畅所欲言，尽情表述，避免因受到怯场紧张等因素困扰而表意不清。

2. 适度评价

教育评价的目的在于促进人的发展。对于任何学生的回答，一定要及时反馈评价，使发言者得到鼓舞或鞭策，也使其他学生受到启发和积极暗示。评价的要求有四个方面：其一，评价应适度，既不一棍子打死，指责批评，也不过度夸誉，言过其实；其二，无论肯定与赞许，都应讲清楚原因，使受肯定的学生心悦诚服，即便遭受了否定也心服口服，如有学生发言认为吴敬梓的《范进中举》中张乡绅很有"雪中送炭"的爱心,且为人豪爽大方,笔者委婉地指出他没有读懂原文,并提示他比较范进中举前后张乡绅的态度,很快他就有了合理的新看法;其三,就事论事,围绕问题进行评价,不要因学生回答不佳而牵扯他的学习态度、违纪等不相关的问题,既分散了大家的注意力,又伤害师生关系;其四,用语宜简短,因为过分纠缠会导致教学的"少慢差费"。

3. 机智疏导

在简要评价之后,教师应针对学生的回答相机点拨和指导,主要有三种策略:一是定向,即提示学生找准思维的方向以免南辕北辙,如在讨论《愚公移山》的人物形象时有学生认为"愚公很傻,因为他不懂变通,搬家不是更省事吗?"这种脱离文本的理解显示了说话者思维方向的失误,脱离了人物的特定生存背景,应引导学生及时回归文本,结合课文对愚公的描写去分析才对;二是梳理,即在师生进行了一段时间的问答后,将学生零散的回答进行整理,化繁为简,形成清晰的主要观点和论据;三是提升,即在梳理学生感性的回答基础上,引导学生透过表面看到本质,比如在学生弄清了吴敬梓的《范进中举》中胡屠户、张乡绅和众乡邻在主人公中举前后态度截然不同之后,我启发他们联系各色人物的社会角色思考本文的主旨,学生很快从人物的刻画中理解了"封建科举制度对当时社会各个阶层的毒害"这个主题。

虽然在课堂教学的师生问答中存在着这样那样的缺憾,但我们相信:只要真正落实"以学定教"的教学理念,从促进学生终身发展的角度积极优化问答的设计和实施,使学生确实成为语文学习的主人,一定能取得"教学相长"的教学成效——不仅学生能在教师睿智的提问和启发下茁壮成长,而且教师也会因为以"平等中的首席"的身份积极参与问答得到锻炼和提升!

参考文献:

[1] 巢宗祺. 语文课程标准(实验稿)解读 [M].武汉:湖北教育出版社,2002:5.

[2] 赵福祺,李菀. 语文(初中卷)教学实施指南 [M].武汉:华中师范大学出版社,2003:4.

[3] 龚孝华. 变:学校教育评价观探索之旅 [M].北京:教育科学出版社,2007:10.

(本节发表于《语言文字报》)

第二章

推广探索

第一节 "情慧"理念导向下初中语文单元整体设计策略

周华章老师提出了情慧语文这一理念。这一理念不仅视把学生培养成为"情""慧"双全的合格公民为终极目标，还以"情""慧"兼顾的教育活动为重要载体，帮助学生们在语文智慧的学习和运用中不断完善其情感态度和价值观，实现工具性和人文性的相得益彰，真正发挥语文学科应有的育人功能。

笔者借课改的春风践行情慧语文，致力于培养学生的核心素养。下面，以笔者所设计的统编语文教材八年级下册第一单元和七年级下册第三单元的"大单元"教学为例，浅谈对于大单元教学设计策略的思考。

新课标《义务教育语文课程标准（2022年版）》提出了"核心素养""深度学习""大概念""大单元""真实问题情境"这些概念，带来教育变革的浪潮，这也标志着语文教学目标从"知识本位"向"核心素养"转型。大概念视角的"大单元"也具有新的定义，这一个"大"是指以大概念、大问题、大项目、大任务来组织单元教学，其一强调统摄的中心之大，其二强调站位之高，其三强调教学单位之大。单元是素养目标达成的单位，单元设计总体基于单元主题，遵循迭代的逻辑，以学习任务为载体，以学习支持为保障，以学习评价为引领，以更多的探究活动来组织教学，这超越了传统意义上的单元教学。这种大任务需要有一个统领的大概念、大主题、大项目、大问题为引领，而且这个大任务必须按照"以终为始"的重要原则，将学生的知识和学习技能渗透在大任务中开展。本节将从大单元大概念的提取、目标的设定、学习任务群的推进和学习评价四个方面分析。

一、聚焦语文的"情""慧"元素提取单元大概念

单元整体教学中的"单元"是围绕大概念来组织的，因此教师首先要从单元中提取大概念。语文教材按双线组织单元，即各单元兼顾人文主题和语文要素两条线索。我们可以根据单元的人文主题和语文元素来提炼单元的大概念。

首先，可以从"单元导读"中窥探，因为教材中每个单元都有单元导读，而单元导读里有大量的线索。如七年级下册第三单元的导读："本单元

的课文都是关于'小人物'的故事。这些人物虽然平凡，且有弱点，但在他们身上又常常闪现优秀品格的光辉，引导人们向善、务实、求美。本单元的学习注重熟读精思，要注意从标题、详略得当、角度选择等方面把握文章重点；从开头、结尾、文中反复及特别之处发现关键语句，感受文章的意蕴。"

这些导读基本会联系真实生活，并且对将要学习的单元的核心内容做出总体阐述。通过分析这一单元导读，我们可以总结出人文主线：凡人小事，体悟普通人身上的优秀品质，即"情"元素；语文要素：熟读精思，"二我差"的两种叙事视角，即"慧"元素。从中我们可以聚焦"慧"的元素，提炼出本单元的大概念（见图2-1）：回忆性散文是在回忆过去的片段式叙写中对经历过的人物和事件进行重构，呈现过去的"我"和现在的"我"双重视角，用个性化的语言表达独特情思。

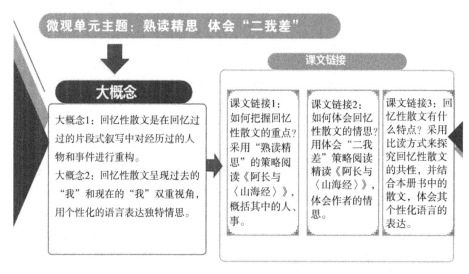

图2-1 思维导图（1）

其次，我们也可以从专家思维中提炼，大概念是反映专家思维方式的，因此专家思维也是大概念的直接来源。但不是单纯从教材分析中直接提炼，需要教师像专家一样思考。比如八年级下册第一单元，这是一个多文体的单元，包含一篇小说、一首诗歌和两篇散文。我们在提炼时要考虑这些课文不同时代、不同生活场景和不同体裁的多样性特点，不局限于民俗文化，而是有多方面的意义和价值。同时，本单元需要学生感受和体验文学作品的语言、形象和情感之美，能欣赏、鉴别和评价不同时代、不同风格的作品，具有正确的价值观、高尚的审美情趣和审美品位。因此，我们可以从鉴赏文学作品的专家思维去提炼本单元的大概念："文学作品的审美价值常常体现在形象塑造、情感共鸣、语言表达上。"

其实大概念在很大的程度上是现成的，难点在于教师能否准确理解大概念，并根据学生的实际学情细化具体的目标，以及找到相应的教学重点。

二、大概念的统领下设定"情""慧"目标

从"双基""三维目标"再到"四维目标"，体现了目标在不同的阶段发生的变化，从重视能力的训练转化为对人的培养、对人素养的提升。这与周华章师所提到的"情""慧"目标是相通的。"情"重在对情感态度与价值观的培养，"慧"注重在掌握知识形成能力的过程中逐渐积累学用语文的智慧。从语文学科核心素养角度，学生要达到的学习目标是什么？这个单元的目标如何确定？

（一）立足"语文核心素养"

"情"和"慧"两个目标必须紧密结合各单元宏观目标和规划，其稳步落实离不开单元教学的扎实开展。如八年级上册第一单元，它的设计在语言方面、思维方面、价值观方面，甚至在文化方面都有对应的目标，具体如下。

总目标：

鉴赏文学作品时，能感受和体验文学作品独特的语言、形象、情感之美，能欣赏、鉴别和评价不同时代、不同风格的作品，具有正确的价值观、高尚的审美情趣和审美品位。

分目标：

（一）语言目标

1. 在通读四篇课文的基础上寻找民俗（线索），能从线索角度来梳理文章思路。

2. 概括四篇课文所叙写民俗背后的事，能抓住文章的叙写的事和抒情的句子来体悟情思。

3. 归纳四篇文章独特的言语形式，悟出"语言传递力量"，提升审美能力和审美品位。

4. 学会借鉴本单元如何运用独特的语言来叙写民俗背后的事，从而表达对家乡的情感，学会迁移和仿写。

（二）思维目标

1. 分析、比较四篇文章在选材、组材上的特点，从民俗、事、情思等方

面画出思维导图，训练学生的聚合思维和概括能力。

2. 能够通过分析选材、组材，理清文章逻辑线索，构建逻辑思维的初步意识。

（三）价值目标

在"寻访民俗记忆、留住乡愁文脉"设计的活动中，加深对江门家乡生活方式和民俗风情的认知，体会不同地方独特的生活方式和蕴含的地域文化，对中国传统民俗文化的认同和传承和发扬，乃至产生我们民族的文化自信和骄傲。

统筹规划语文教育"情""慧"培养目标，深入挖掘每个单元在整个课程体系中的独特教学价值，逐一落实，循序渐进。具体目标可以随机应变，但万变不离其宗的是教学目标务必从立足核心素养，对人思想感情的熏陶和学用语文的智慧两个角度确定，进而选择合宜的教学内容和教学策略。

（二）重视规划性和整体性

语文能力培养在七至九年级都有不同的要求，例如：七年级上册的阅读方法是朗读和默读，七年级下册是精读和略读；八、九年级则以文体阅读为核心，力求培养学生某一类文体的阅读能力。八年级以实用性文体为主，如新闻、传记、科普作品、演讲词、游记等，穿插一些小说、散文等文学作品阅读。九年级集中学习诗歌、小说、戏剧等文学作品，交叉安排议论性文章阅读。在把握年级规划的基础上还要精准把握每个单元的核心教学价值，合理确定每个单元的训练目标。如顺德区教育发展中心设计的七年级下册第三单元整体教学案例。（见表2-1）

表2-1 七年级下册第三单元整体教学案例

分项目	具体陈述
德育涵养	通过阅读"小人物"的故事，感受平凡人朴素的爱、单纯的善良、平凡的向往、坚定的追求以及自信与智慧，从而达到感受"人"的形象，理解"人性"、思考"人生"的目的，进而增进对社会的理解，促进个人精神的成长。具体到每篇文章的德育涵养目标，又有"这一篇"的具体特质。1.《阿长与〈山海经〉》。学生要理解长妈妈的可敬与可爱，感受鲁迅对这位命运不幸却仁厚善良的女性的感激、怀念和愧疚之情。2.《老王》。学生要理解老王忠厚与善良，读懂作者对其不幸的悲悯和对自身的反省，感受特殊年代中闪光的人性之美、人与人之间珍贵的友情。3.《卖油翁》。学生要读懂理解"熟能生巧"以及"人外有人，天外有天"等道理，学习为人处世应保持谦虚、恭敬的态度
基础积累	掌握教材"读读写写"中生字词的字音、字形及字义。其中，需要掌握大词小用的词语、书面用语、文言实词、虚词、叹词和拟声词

续表 2-1

分项目	具体陈述
能力提升	1. 通过标题理解、详略安排、角度选择等方面把握文章重点。 2. 多角度理解文章内涵意蕴。 （1）通过反复诵读，来理解文章的语言特点。 （2）抓住典型细节，来把握人物形象。 （3）分析关键句段，来解读文章的中心思想
写作技能	了解细节描写及常见类型，理解细节描写在写作中的作用。 学习如何捕捉生活的典型细节，描写生动的典型细节。 注意在写作中运用典型细节描写来刻画人物、表达情感

从以上案例可以清晰地看到，初中三年一盘棋，要有单元意识，再到单篇意识，由合到分，把整个单元的规划设置放在第一位，注重单元整体性与单篇衔接性，注重阅读方法与策略的渗透，甚至还得注重单元内部阅读与写作的相辅相成，这样下来必定会"一课一得，得得相连"，学生获得的知识将不断地丰富。

（三）关注单篇目标的连续性

不管大单元如何创新，我们都不能脱离单篇教学，没有踏实的单篇教学就没有大单元的推进。在单元的整体设计下，课时目标基本上是由读到写再到综合活动，学习活动从相对单纯到逐渐复杂，各课时之间既有区分又有联系。如七年级下册第三单元两篇教读课的具体目标衔接设定（见表 2-2）。

表 2-2　七年级下册第三单元两篇教读课的具体目标衔接设定

单元目标	课时	篇目	学时目标
会阅读：能运用"熟读精思"的策略阅读回忆性散文（熟读：通过多种阅读方法进行反复的、有层级性的阅读。精思：学会从典型细节、标题、开头结尾、详略安排、角度选择、反复之处、抒情议论、背景材料处对文章的深层意蕴进行思考）	第一课时	教读课《阿长与〈山海经〉》：着眼于熟读"阿长其人"	学习"熟读"的方法，能借助标题及梳理课文（详写及略写）事件概括出文章的写作重点。 能结合详写事件及典型细节来分析阿长的人物形象（重点、难点）

续表2-2

单元目标	课时	篇目	学时目标
	第二课时	教读课《阿长与〈山海经〉》：重在精思《山海经》部分	1. 学习"精思"的方法，还原阿长买书的情境，掌握抓住典型细节，理解人物形象的方法。 2. 找出代表"写作时的回忆"与"童年感受"的一些语句，绘制情感变化曲线，明确两种叙述视角所产生的艺术效果（重点、难点）
	第三课时	教读课《老王》：重在多角度理解文章深层意蕴	1. 继续学习"熟读精思"的阅读方法，能概括出课文的人、事、情。 2. 能结合结尾关键句和背景资料说出文章深层意蕴
会梳理：能对两篇散文的共性进行概括并探究出回忆性散文"解读"图式，理解回忆性散文的独特创作手法；明确两种叙述语调交替使用所产生的艺术效果	第四课时	探究"图式"——比读回忆性散文群文阅读：着重由单篇探究出解读一类作品的"图式"	梳理三篇回忆性散文，能归纳回忆散文的共性及掌握相应的阅读方法
会鉴赏：能运用解读回忆性散文的"图式"（叙述者角色功能和行文视角的本质差异）来鉴赏写实作品	第五课时	按"图"索骥——迁移：用图式解读同类的作品	能运用所学的阅读方法和多种策略阅读多篇回忆性散文

　　本单元目标的设定包括从会阅读到会梳理再到会鉴赏，步步为营，层层推进，注意单元整体性与单篇衔接性。我们设计课时目标不能单打独斗，要重视单元的教学视角，各单篇之间的目标注重其连续性，一环扣一环，坚守"以终为始"的原则扎实落实。"情慧"语文教学理念的关键在于每节课的稳步实施。每节课都应该在弄清四个问题的同时，进一步思考：这一节课我

"要带学生去哪里"？下一节我们是要顺着原来的轨道继续前进，还是半途就返又另辟新路？缺乏计划性的课时设计往往是我们无法实现深度学习的最大因素。

三、大概念统领，任务群推进

传统的教学就是教师把一个单元讲完，然后总结知识点。而单元学习设计的思路是以终为始，即从一开始就要告知学习的目标，到底要做什么，通过整合成一个大任务的解决来实现。学习任务设计的核心不是学习某个知识然后就进行归纳，而是一个演绎性的过程。"情慧"语文教学理念主张不要教教材，而要用教材教，这恰巧说明要将"情"的熏陶和"慧"的启迪嵌于积极的学习任务中，让学生在活动中掌握知识，运用知识完成任务。如何设计有意义的活动，让学生增强对知识的体验，化间接经验为"情慧"体验呢？

（一）情境法

新课标《义务教育语文课程标准（2022 年版）》提出：要创设运用语言文字的真实情境，形成有意义的互动学习环境，帮助学生有效投入语文实践。也就是说，真实情境有助于培养学生的语文核心素养。素养指向真实性，为真实而学，即是在具体情境中主动调动相关知识、技能去创造性解决生活中的问题。而学习任务，其实也是情境任务的整合，强调的是真实性的情境，模拟的情境。倪岗老师曾说："把去情境的知识情境化、项目化，紧密结合核心知识点设计真实情境的微活动项目。"因此，语境的设置显得尤为重要。如七年级下册第三单元，我们可以设计一个情境式任务：学校图书馆将举办一个面向初中生的微型讲座，该讲座以"回忆性散文是什么"为主题，你需要负责其中的一部分讲解内容。

要完成这一任务，学生不仅要学习单元内的两篇回忆性散文《阿长与〈山海经〉》《老王》，从中归纳特点，更要探究回忆性散文与传记的特点，从单篇到单元整合，从单篇到多篇一类的归纳，再到同一类与不同类别的综合比较分析，从而建构螺旋上升的知识网络体系。

特别是在作文的教学中，这种情景体验法，会让学生有事可写，写真人、写真事、抒真情。真实的写作任务情境是接近或等同于真实生活世界本身的"情境"，这种任务情境一般不是人为所设的，而是"发现"和"利用"现实生活中"现成"的写作课程资源，使写作回归其运用的实际情境中。如八年级下册第一单元作文教学设置了一个真实的采访写作任务：

【单元核心任务】

民俗总会传递一种淳朴、真挚的浓浓亲情，这是一种来自遥远的祖先血液里的神秘力量，它把世世代代的子孙凝聚在一起。江门这十年全力推进"侨都赋能"工程，着力打造侨都民俗特色，建设江门民俗文化展览。

现邀请你和小组的同学一起讲好民俗文化传承背后的事和内涵，为展览撰写宣传册，夯实侨都内涵，树立文化自信，促进海内外文化交流，推动江门侨都赋能升级。

要求：

1. 学生实地考察，如果条件不允许，也可通过阅读书籍、网络搜索、访问老人等方式获取江门民俗的资料，挑选感兴趣的资料摘录在积累本上，并在课上分组分享、反馈。

民俗活动记录表

守护江门		
活动形式	寻访对象	活动记录
民俗的内容		
背后的人、事、情		
民俗的意义（情思）		

2. 收集相关的照片作为素材。

3. 撰写民俗文化传承背后的事和内涵。

4. 小组（6人一组）编写属于自己的宣传资料，可以通过不同的方式展现，比如编辑宣传册（图文并茂）、视频（配文字）、MV，等等。

5. 在公众号或抖音等网络平台发布"江门民俗"。

这种"情景"式作文倡导教师要基于校情和学情，充分利用已有的教学资源，积极开发丰富的潜在课程资源。这也是激发学生"写作兴趣"的动力条件，是写作的前提条件。学生在"寻访民俗记忆、留住乡愁文脉"设计的活动中，可以加深对家乡江门生活方式和民俗风情的认知，体会不同地方独特的生活方式和蕴含的地域文化，加强对中国传统民俗文化的认同、传承和发扬，乃至产生对民族的文化自信和骄傲。

（二）还原法

语文的一些陈述性知识比较抽象空洞，学生在实际中难以掌握运用，教师必须将其还原为易操作的程序性知识和策略性知识。这就需要依托单元的文本，通过深入文本，还原最真实的语文知识。

刘徽老师在《大概念教学》中说道："大概念要在不同的情境、任务和案例中不断经历归纳和演绎的动态过程，即通过经历'具体—抽象—具体'的高通路迁移建立的。"从具体的学习任务案例中概括出抽象的概念就是归纳，即从具体到抽象，而将概念运用于具体的案例就是演绎，即从抽象到具体。教师要思考的是如何还原知识，帮助学生"亲历"语言现场，获得第一手的经验，要让学生清醒地看透事件的现象和本质，辩证全面地分析问题。无论是"还原文本"解读法，还是"还原动态"的知识法，都是易于操作的方法。如八年级下册第一单元中设计的思维导图，由本单元的"文学作品的审美价值常常体现在语言表达、形象塑造和情感共鸣上"这一概念转化为三个具体的课文学习任务单：第一是快速阅读四篇课文，尝试寻找文章的线索，理清思路并总结出方法；第二是概括四篇课文所叙写民俗背后的事，抓住文章里叙写的事和抒情的句子来体悟情思；第三是综合比较四篇文章独特的言语形式，悟出"语言传递力量"，提升审美能力和审美品位。再从中获得知识迁移，能欣赏、鉴别和评价不同时代、不同风格的作品，从而经历"具体（学习鉴赏多篇文学作品、还原知识）—抽象（归纳出鉴赏文学作品的本质，风干知识）—具体（再用学到的鉴赏理论去鉴赏其他的文学作品、再提取知识）"这一"还原"路径（见图 2 - 2），学生可以在活动中了解鉴赏运用的条件和增强对知识的体验。

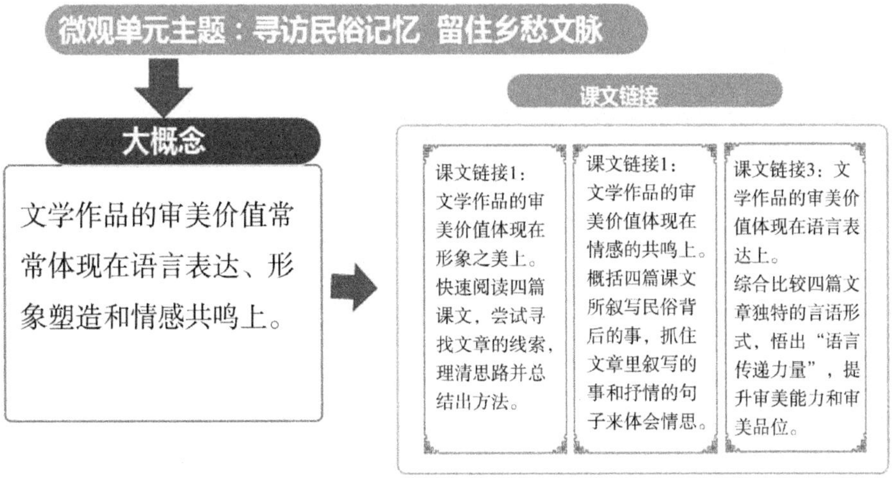

微观单元主题：寻访民俗记忆 留住乡愁文脉

课文链接

大概念

文学作品的审美价值常常体现在语言表达、形象塑造和情感共鸣上。

课文链接1：文学作品的审美价值体现在形象之美上。快速阅读四篇课文，尝试寻找文章的线索，理清思路并总结出方法。

课文链接1：文学作品的审美价值体现在情感的共鸣上。概括四篇课文所叙写民俗背后的事，抓住文章里叙写的事和抒情的句子来体会情思。

课文链接3：文学作品的审美价值体现在语言表达上。综合比较四篇文章独特的言语形式，悟出"语言传递力量"，提升审美能力和审美品位。

图 2 - 2 思维导图（2）

再如八年级下册第三单元教读课《阿长与〈山海经〉》《老王》中，如何让学生明确回忆性散文两种叙述视角所产生的艺术效果，主要是通过以下三个环节促进学生的深度学习，化间接经验为情意体验。

【活动1】朗读品味，初感情思

1. 勾画作者求书若渴的句子，从中找出你认为最能体现渴望的情感的词语抄下来品味。

（品味："不好意思""谁也不肯""还""很远""只能""都紧紧"）

2. 勾画作者求书不得的句子，并尝试挑选其中一句进行朗读设计。

【活动2】精读重点，深悟情思

1. 小组商量如何表演《阿长与〈山海经〉》，还原阿长买书的情境。

2. 小组表演。

3. 其他小组点评并简述理由。

【活动3】视角交错，解读变化

1. 分别在文中勾画出代表"写作时的回忆"与"童年感受"的一些语句，体会文中"成年的我"和"童年的我"两种叙述视角的不同。

2. 绘制童年和成年鲁迅对阿长的情感态度变化曲线。

3. 组内交流，推优展示。

补充资料：

（1）迷信是不足法的，但那认真，是可以取法，值得佩服的。（鲁迅《如此广东》）

（2）我有一时，曾经屡次忆起儿时在故乡所吃的蔬果：菱角，罗汉豆，茭白，香瓜。凡这些，都是极鲜美可口的；都曾是使我思乡蛊惑。（鲁迅《朝花夕拾·小引》）

（3）阿长死于光绪己亥即一八九九年，夫家姓余，过继的儿子名五九，是做裁缝的，家住东浦大门楼，推想总在五十六十之间吧。平常她有羊癫，有时要发作。（周作人《鲁迅的故乡》）

无论是情意的熏陶与完善，还是智慧的启迪与建构，都是从静态的语言知识、抽象的情感，转化为动态的语言实践的过程，这是每一个老师要思考和实践的。因为只有通过语言实践，才能将知识转化为动态的语言能力。

（三）引子法

"情慧"理念中智慧的启迪与建构是语文教育的主要目的，具体而言是在一个个具体的语言文字运用的案例中参透内在的原理，进而活学活用，举一反三，形成语用的智慧。如下面的案例：

第四课时

回忆性散文群文阅读：着重由单篇探究出解读一类作品的"图式"

学习目标：

梳理三篇回忆性散文，能归纳回忆散文的共性及掌握相应的阅读方法。

一、自学自悟

（课前自主完成作业清单）

二、交流展示

1. 学生展示：谈谈你对散文《土地的身影》主旨的理解。

（讲解运用到的方法和分析人物形象）

2. 展示探究"图式"——比读。

回顾已学散文《秋天的怀念》《阿长与〈山海经〉》《老王》，学生选择自己喜欢的方式（文字、漫画、思维导图、流程图、数轴等），从人、事、情理三个方面比较分析三篇文章。

篇目	标题 （结合背景）	典型细节 （详略）	抒情议论 （开头、结尾）	反复 （叙述视角）
阅读关键要素				
《秋天的怀念》				
《阿长与 〈山海经〉》				
《老王》				

三、重难点探究

结"图式"——归纳。

文体	时空关系	叙事视角	表现方式	表现材料	特点
回忆性散文					

四、拓展迁移

按"图"索骥——迁移

部编版教材编写部想在本册挑选一篇文章加进七年级下册第三单元，请你推荐一篇并阐述推荐理由。

1. 学生独自思考。

2. 小组交流、组内确定推荐理由。

3. 阐释"理由"——展示。

（1）小组展示，分享交流自己的推荐解说。

（2）学生点评，补充其他同学的推荐。

本单元的设计是建立在学生已学过《秋天的怀念》这篇散文的基础上引导学生比较分析《阿长与〈山海经〉》《老王》多篇回忆性散文，从中探究出解读一类作品的"图式"

我们不能只教会这一篇课文，只让学生知道其内容，而应把课文当"引子"来教，特别是"由选篇引向一类文体的阅读""由选篇引入整本书的阅读"。正如课程标准所要求的那样，教师的主要任务是"提出专题学习目标，组织学习活动，引导学生深入思考、讨论与交流"。只有这样，对一类文体的阅读学习才能不受具体课时的制约。

四、重视学生评价及持续性反思

情慧语文要重视理性反思，这样训练过的语文技能才会积淀为语文智慧和素养。教师要经常引导学生们理性反思，这样才能收到让学生"解一题，知一类"的效果。评价要贯穿于整个学习过程，这对大单元教学来说是很重要的环节，既能够帮助学生更有效地掌握知识，同时也能增强他们的元认知策略。

（一）测评的元素及容量要适当

首先应采用任务分析法预设"我要带学生去哪里"，学习目标引导测评方式和测评元素设计，每一条学习目的其实就是测评的项目。如七年级下册第一课时教读课《阿长与〈山海经〉》的课堂评价量表的设定：

学习目标：

1. 能借助标题及梳理课文（详写及略写）事件概括出文章的写作重点。

2. 能结合详写事件及典型细节来分析阿长的人物形象。（重点、难点）

……………

任务驱动二：合作交流、品析人物

1. 精读课文，自主品析。

找出描写长妈妈的典型细节，并说说这些细节体现了长妈妈什么样的性情。用"阿长是个＿＿＿＿＿＿＿＿＿"的句式谈谈你对阿长这一人物的理解和认识。可以用课文中的词句，也可以自己概括。

2. 组内交流，推优展示。

3. 课堂评价、自我反思。

课堂评价量表			
维度	要求	分值	自评
人	多角度评价人物形象	10	
	单角度评价人物形象	5	
事	事情概括完整，叙述条理清晰	10	
	事情概括完整，叙述条理有所欠缺	5	
	事情概括完整度不足，缺乏条理	3	
自我反思		总分	

测评的元素可以考虑内在因素（学生的认知结构、认知风格、学习投入、自我评估或元认知等）和外在因素（教学的方法、情境的合适性、团队互助等）。测评还要适度，即容量适度和正反适度。完全不指出学生的具体问题固然不好，但指出过多的错误、提出过量的评语也会让学生困惑，搞不清自己应该把精力集中在哪一点上，甚至产生沮丧的心理。因此，测评要根据学习目标、学生现有的水平来确定什么元素对学生是最有用的，将测评按重要的程序来排序，每次只从一个维度来反馈。

（二）测评的综合性和持续性

我们不仅要重视一节课的测评，还得重视对单元的综合性反思和持续性反思，按周进行反思。如七年级下册第三单元，经过课时的测评再到综合群文阅读，进而到有机的整合的测评，甚至是一个时间段的测评反馈。表2-3就是对七年级下册第三单元不同时期的评价。

表2-3　七年级下册第三单元不同时期的评价

维度	要求	分值	第一周	第二周
人	多角度评价人物形象	10		
	单角度评价人物形象	5		
事	事情概括完整，叙述条理清晰	10		
	事情概括完整，叙述条理有所欠缺	5		
	事情概括完整度不足，缺乏条理	3		

续表 2-3

维度	要求	分值	第一周	第二周
情/理	能运用多种阅读策略解读文章的主题思想	10		
	能运用一种阅读策略解读主题思想	5		
	对主题思想有一定感受，但无法关联具体阅读策略	3		
	无法解读主题思想	0		

总之，及时的小步子的反馈有利于学生尽早地纠正错误，综合性的、持续性的反馈又能增强学生的元认知能力，让学生不断地进步。

综上所述，指向核心素养的大单元教学设计是大势所趋。语文深度学习活动和任务是帮助学生将静态的语言知识转化为动态的语言实践的载体。这不是靠老师教就能学会的，而要靠学生在完成任务的过程中反思式的反刍，是一个内化的过程；以具体的语言学习任务，构建课程内容、学生生活、语文实践之间的融通。这才是切实提高学生的语文核心素养的有效策略。

（本节作者为江门市开平市苍江中学　吴丽花）

第二节　《周亚夫军细柳》教学实录

一、学生课前预习

布置预习作业：通读全文，疏通文义，完成学案中通假字、一词多义、词类活用等文言现象的梳理。正式上课前学生订正学案，教师释疑。

二、课堂实录

（一）教学活动一：读一读"课文"

教师：同学们好，今天我们要学习一篇古文，请大家大声地告诉我，我们今天学习的这篇古文的题目是什么？

学生（齐）：《周亚夫军细柳》。

教师：好，请大家再大声地读一次。

学生（齐）：《周亚夫军细柳》。

教师：读得非常响亮！同学们，课前大家已经完成了预习任务，请思考一下：这篇课文在我们单元里边的定位是什么？（稍停顿）书本目录页中这篇课文的前面有没有打星号？

学生（翻书查看）：打星号了。

教师：打了星号，就表明它是一篇自读课文，自读课文都配有完整的助读系统和课后配套练习，所以一般以同学们的自主学习为主。通过预习，大家已经基本疏通了文章的大意，下面我们就在理解的基础上一起来读一读课文。读的时候希望同学们能够读出课文的节奏。提醒一下大家，这篇课文里是不是有很多对话呀？读的时候大家试一试能不能把人物的情感读出来。好，我们来试一下。

（全班大声齐读课文）

教师：这里要提醒大家几个字的读音，第一个"军士吏被甲"中的"被"读"pī"，第二个"可得而犯邪"中的"邪"读"yé"，这两个字都是通假字，请大家做好记号。

（学生做笔记）

教师：同学们，读课文要注意停顿，根据文意读出节奏感，比如"匈奴大入边"后面这一句我们可以怎么停顿？

学生1：乃以/刘礼为/将军。

学生2：乃/以刘礼/为将军。

教师：翻译一下这句话是什么意思？

学生3：于是任命宗正刘礼担任将军。

教师：很准确，句中的"乃"翻译成"于是"，这里可以停顿一下。"礼"的后面再停顿一下，大家试着再读一读，品味一下，是不是文言文的感觉就出来了。

（学生试读句子）

教师：我们再来一句，"于是上乃使使持节诏将军"这句比较长，稍微有点难。这句里边出现了两个"使"，我们在预习学案里边做过，第一个"使"是翻译成"派"，作动词用。第二个"使"呢，作名词用，翻译成"使节"，那这一长句咱们应该怎么划节奏？

学生4："于是"的后面可以停顿一下。

学生5："持节"的后面也可以停顿一下。

学生6：第二个"使"的后面也需要停顿一下。

教师：大家提的意见非常好，我们按照这个停顿试着读一下，看能不能读出文言文的味道。

学生（齐）：于是/上乃使使/持节/诏将军。

教师：同学们，我们不仅可以根据课文内容读出节奏，还可以读出情感。举个例子，第二段中，天子的先驱来到营门口，说了一句什么话？

学生（齐）：天子且至。

教师：在这儿先驱代表的是皇帝，你觉得他在说话的时候应该是一种什么样的语气？

（学生思索）

教师：我是皇帝的使者，我要你开门，我应该怎么喊呢？非常的……

学生（七嘴八舌）：威风、盛气凌人、目中无人……

教师：对，非常的威风，高高在上，所以我们读的时候这个音调应该怎么样？

学生（七嘴八舌）：高一点。

教师：没错，可以拉长一点，高亢一点，那我们再试一下。我读旁白，大家就读他那句话。先驱曰……

学生（齐读）：天子且——至。

教师：我们把"至"这个音再拉长一点试一试。

学生：天子且——至——

教师：先驱的趾高气扬读出来了。文中君门都尉怎么回答的？

学生7：军中闻将军令，不闻天子之诏。

教师：我们军中只听谁的号令？

学生（七嘴八舌）：只听将军令，不听天子的命令。

教师：那我们在读军门都尉这句话时应该是一种什么样的语气啊？也是威风凛凛吗？

学生（摇头）：不是。

教师：大家有没有发现这两句话用的标点是不一样的呀？第一句的标点后面是什么？感叹号，情感强烈。而后面一句呢，是句号，说明他的语气是比较平静的，也就是说，我们读的时候是在平静中透露出什么？

学生（七嘴八舌）：坚定、严肃。

教师：好，我们一起读一下。

（学生齐读）

教师：同学们，当我们理解了文章大意，读出停顿，读出节奏，读出情感时，文章的韵味就显现出来了，大家课后可以再尝试读读其他的句子。下面我们正式进入课文的学习，通过预习大家已经基本了解了课文大意，下面我想请一位同学来简要复述一下课文中的故事。谁来试一试？

学生8：这个故事讲的是汉文帝派三个人分别驻军三个地方，防备胡族，也就是匈奴入侵。他去慰劳军队的时候，先去了其他两个将军的军营，他们的军营都是高迎远送。但是汉文帝去到周亚夫的军营时，却发现周亚夫不同寻常，他遵守规则，军纪严明，汉文帝因此而感动，发出其他两人不如周亚夫的感慨。

教师：请坐，复述得很完整，更难得的是你还能够加入自己的理解，非常好。同学们，史记是纪传体史书，我们在预习学案里了解了纪传体就是为人物立传，那这篇文章是为谁立传？

学生（齐）：周亚夫。

教师：所以本文的主要人物是周亚夫。还有一个次要人物是谁？

学生（略思索）：汉文帝。

教师：刚刚那位同学呢，是站在第三者的角度来复述故事，那我们看一看，哪位同学能够从汉文帝的角度把这个故事再复述一遍。谁来试试？

教师：我们找一位男同学好吧。好，这位男同学你来试一下。你复述的时候应该用第几人称？

学生9：第一人称——我。

教师：好，拿出皇帝的气势来。

（学生声情并茂复述故事，并配有动作。全班听得津津有味，时常发出笑声。）

教师：复述得怎么样？

学生10：很形象，很生动，让人身临其境。

（二）教学活动二：析一析"形象"

教师：同学们，这篇文章选自什么？

学生（齐）：《史记》。

教师：我们一起来看一下历代名家对《史记》的评论。

PPT 显示，教师点评：

1. 子长（司马迁）多爱，爱奇也。——扬雄《法言·君子》）

2. 夫太史公纪事……或旁搜异闻以成其说，然其人好奇而词省。——司马贞《史记索隐后序》

3. 其文疏荡，颇有奇气。——苏辙《上枢密韩太尉书》

教师：同学们，你们发现没有？所有的名家在评论史记的时候，都说出了它的一个共同点。

学生（七嘴八舌）：奇。

教师：对。这里的"奇"就是指司马迁善于在曲折奇特的情节中展示人物性格。下面老师就带着大家抓住这个"奇"字一起走进文本。故事的正式开展是在哪一段呢？

学生（齐）：第二段。

教师：大家都同意吧？

学生（纷纷点头）：同意。

教师：那第一段在写什么呢？我随机采访一位同学，请问第一段能不能删了？

学生（11）：第一段不能删。因为删的话就不能形成与周亚夫的对比，也不会有最后一段对周亚夫的感慨。

教师：那对后文起个什么作用呢？

学生：铺垫的作用。

教师：同意吗？

学生（齐）：同意。

教师：好，第一段交代了故事的背景，那下面我们就一起来看一看课文。老师布置一个任务，请同学们仔细阅读义章，找出文中哪些情节凸显了"奇"的特点，找到后在书上做记号，也可以写在学案上。下面给大家三分钟的思考时间。

（学生仔细思考，教师巡视）

教师：我刚刚转了一圈，看到大家基本上都找完了，而且一般都是5点左右，下面我想请一个组的同学以开火车的形式来说说你的答案，每人说一点就可以了，后面的同学不要重复前面同学的答案。请这一组吧。

学生12：我找的是第二段的第三句，"已而之细柳军，军士吏被甲，锐兵刃，彀弓弩，持满"。

教师：你能不能用现代汉语概括一下这个情节曲折在什么地方？

学生12：皇帝的车队明明是去细柳的军营去慰问，但是细柳的官兵好像是面对敌人来入侵一样，刀出鞘、弓拉满，严阵以待。

教师：词语用得很准确。也就是说，当皇帝来视察的时候，发现军营之兵严阵以待，全副武装。后面的同学继续。

学生13：我找的是144页第二行——"将军令曰：'军中闻将军令，不闻天子之诏。'"就是说守卫军营的将官们只听将军的话，不听天子的命令。

教师：那你觉得这是一支怎样的部队？能用一个词简单地形容一下吗？

学生13：纪律严明。

教师：很好，因为是军队，咱们稍微改一下，改为军纪严明可能更贴切些。

学生14：我找的是后面这句"居无何，上至，又不得入"。意思就是过了不久，皇帝到达这里，但是呢，也被士兵拦住不能进去。

教师：皇帝来了也进不去，是不是很匪夷所思啊？这在封建社会能想象吗？

学生（摇头，七嘴八舌）：不能。

教师：后面的同学请继续。

学生15：我找的是第二段——至营，将军亚夫持兵揖曰："介胄之士不拜，请以军礼见。"周亚夫见到天子不仅拿着兵器，而且不行跪拜礼。

教师：嗯，的确很奇特，见到皇帝还拿着武器呀。

学生16：我找的是144页的第一行"天子先驱至，不得入"，天子让先行引导的人员打前站，但是却入不了军营。

教师：这位同学又回到前面，补充漏掉的情节，很好。这组的最后一位同学，你的任务有点艰巨啊，越到后面答案越少，我们看看你能找到什么？

学生17：我找到144页的第三行——"于是上乃使使持节诏将军：'吾欲入劳军。'亚夫乃传言开壁门。"周亚夫只认符节不认人，士兵只听将军令不听天子令。

教师：书看得很细致。这里你发现一个细节没有？周亚夫是传言，这说明他本人没来亲自迎接。请坐。其他组的同学还有没有补充？

学生18：我找的是第二自然段的最后一行"天子为动，改容式车。使人称谢"。前文描写到周亚夫他不仅不跪拜，用军礼相见，而且拿着武器见皇帝。但是汉文帝呢，不仅没有生气，反而被感动了，还俯下身子表示对他敬意，所以这就感觉很曲折奇特，真的令人没有想到。

教师：那设想一下，如果你是皇帝，进营门受阻，又不准你在军中驱驰，你生气吗？

学生18：肯定生气。

教师：那你会怎么办？

学生18：轻的把他将军的职位给罢免。

教师：那严重的呢？

学生18：严重的可能把他拉出去砍了。

（全班笑）

教师：请坐，其他同学还有没有补充？这个同学坐的比较远啊，你来。

学生19：请大家看到144页第二段的倒数第三行——"壁门士吏谓从属车骑曰：'将军约，军中不得驱驰。'于是天子乃按辔徐行。"就是说，天子一行人要遵守周亚夫的命令，控制住车马，不能疾驰。

教师：从这里你可以看出周亚夫的什么特点？

学生19（思索）：……

教师（提示）：面对皇帝，也不改变自己的军令，说明他是一个什么样的人？

学生19：不阿谀奉承。

教师：我们换一个更准确的词语来表达，面对强权不刻意巴结。

学生19：不卑不亢。

教师：很好，请坐。那我们总结一下吧，周亚夫是一位怎样的将军呢？

学生（七嘴八舌）：对下军纪严明。

教师：对上呢？

学生（七嘴八舌）：不卑不亢、刚正不阿……

教师：还有吗？大家再想想，他要求士兵遵守军令，自己有没有遵守军令？这说明他？

学生20：严于律己。

教师：好，我们总结一下，文章最后汉文帝用一句话来称赞周亚夫，我们一起把这句话读一下好吗？

学生（齐）：嗟乎，此真将军矣！

教师：字音读准了，情感还差一点点。我们看一下这句话的后面是什么标点啊？

学生（齐）：感叹号。

教师：对呀，感叹号，感情是不是可以再强烈一点？那再看一下哪个字的后面，我们可以稍微停顿一下？

学生（七嘴八舌）：此。

教师：哪个字我们可以重读一下？

学生（七嘴八舌）：真。

教师：很好，请同学们在书上标一下。那我们再试读一次。

（学生齐读）

教师：再读一次。

（学生齐读）

教师：一次比一次读得好。下面我们接着探究人物，除了周亚夫，我们还有一位人物——汉文帝。那我们反观汉文帝，他又是一位怎样的帝王呢？

（学生思索）

教师：人物形象怎么分析呢？要根据他的言行。那我们看一下，在这个故事当中，汉文帝他是有三次让步的，大家发现了吗？来，我们来找一找。

（学生思索）

教师：第一次让步是在什么时候？大家看看课文。

学生21：上乃使使持节诏将军。

教师：第二次呢？

学生22：遵守军令按辔徐行。

教师：很好，第三次呢？

学生23：周亚夫不拜，以军礼见。

教师：大家看看，汉文帝作为天子，从进营门开始就步步受阻，先不让我进营门，然后折腾半天，进去了，你又不让我快点走。见到你之后，你还拿着兵器不跪拜。最让人惊讶的是，经历了这样一系列受挫之后，我们的汉文帝居然还被感动了——改容试车。这是我们古代的一个礼仪，他表情严肃起来，扶着车前的横木，俯下身子表示敬意，并且派人去向周亚夫致意，说了什么？

学生（齐）：皇帝敬重地慰劳将军。

教师：好，同学们，你们你看到了一个怎样的汉文帝啊？

学生24：深明大义。

教师：这个词用得好，还有吗？

学生25：贤明。

教师：嗯，识大体、有大局，还有吗？

学生26：知人善任。

教师：这说明他重用什么？

学生26：重用人才。

学生27：他不拘泥于一般的礼节。

教师：嗯，不拘小节。也可以换个说法——开明。同学们，梳理完故事情节，分析了人物形象，大家有没有疑问？在封建社会中，谁的地位最高？

学生（齐）：皇帝。

教师：没错。帝王在臣子面前，他有绝对的权威，我们都听过一句话，"君要臣死，臣不得不死。"刚刚我问过这个同学，假如你是帝王，遇到这样的将军和士兵，轻的撤职，重的砍头。但是为什么周亚夫就敢在文帝面前如此大胆放肆呢？他不怕龙颜大怒惹来杀身之祸吗？所以从这个意义上，我想问问大家：这篇文章的真实性可靠吗？有没有虚构的成分？

（教师随机采访一组同学）

学生28：真实。

学生29：虚假。

学生30：真实。

学生31：半真半假。

学生32：半真半假。

学生34：真实。

学生35：虚假。

教师：采访了这么多同学，基本上是两种意见，有人认为是真实的，有人认为是虚假的。鲁迅曾经用一句话来评价《史记》。

（PPT显示：史家之绝唱，无韵之离骚。）

教师：前半句说出了《史记》的史学价值。正如课本145页资料链接中班固所评价的"其文直，其事核，不虚美，不隐恶，故谓之实录"。《史记》它具有不虚美、不隐恶的实录精神，大家一起读一下原话。

（全班齐读）

教师：真实，是史书的生命，它在记载每一个历史进程和历史现象的时候，首先都必须要弄清楚它的客观事实，否则史书就失去了它存在的根基。所以我们说文章中的这些史料都是不需要质疑的。那为什么文帝会有这样的反应呢？就因为他贤德开明吗？

学生36：应该和当时的国家政策和形势有关。

教师：同学们看看课文第一段，当时什么形势？

学生（齐）：匈奴大入边。

教师：没错，形势严峻。其实文章只节选了《史记》中的一部分，后面还有一个故事：汉文帝他在临终的时候告诫太子说周亚夫这个人可以重用。所以综合以上的分析我们可以看出来，汉文帝之所以会有这样的反应，一是当时形势严峻，二是因为他能得到一个忠臣良将，心中感到高兴、欣慰。

（三）教学活动三：思一思"写法"

教师：当然，我们说真实是史书的生命，并不意味着它就没有文学价值。鲁迅后半句对它的评价是"无韵之离骚"，所以《史记》它也具有一定的文学价值。那么这个文学价值主要体现在什么方面呢？

（屏显：文学价值：精彩的叙事艺术和人物描写。）

教师：叙事艺术刚刚分析了——情节曲折奇特。那人物描写方面，大家再思考一下作者司马迁用了什么写作手法呀？

学生（七嘴八舌）：侧面描写。

教师：运用侧面描写，起到什么作用？

学生37：衬托。

教师：还有其他手法吗？

学生38：对比。

教师：大家看看，其实文章当中直接写周亚夫的句子多不多？

学生（七嘴八舌）：很少、不多。

教师：没错，就两句话，一句传言开壁门，一句是他见到皇帝后持兵器说的一句话。请同学们看屏幕上的这段文字：

PPT 显示：

文帝之后六年，匈奴大入边。以河内亚夫为将军，军细柳：以备胡。上自劳军。上乃使使持节诏将军："吾欲入劳军。"亚夫乃传言开壁门。至营，将军亚夫持兵揖曰："介胄之士不拜，请以军礼见。"成立而去。

教师：这段文字只保留了周亚夫的部分，大家和原文比较一下，少了哪些内容？

学生（七嘴八舌）：汉文帝、群臣、士兵……

教师：同学们，这篇文章是为周亚夫立传，那为什么还写这么多其他的人呢？

学生（七嘴八舌）：对比。

教师：通过对比起什么作用？

学生（齐）：侧面衬托。

教师：能举出文中具体的例子吗？

（学生纷纷举手）

教师：这边还有哪位同学没发言过的？这位女同学，要不你来试一试吧。

学生39：我找的是第143页的那个……呃……

教师：不急，看好再说。

学生39：汉文帝至霸上及棘门军，是直驰入，而且将以下骑迎送，与后面的天子先驱至不得入，形成了对比。就是劳军时霸上和棘门的军队情形与细柳军队的情形形成了对比，衬托出周亚夫的军纪严明和刚正不阿。

教师：你刚刚说的"直驰入"，其实和后面的内容还有一个对比的点，发现了吗？

学生39：后面在细柳营是"按辔徐行"。

教师：很好，还有没有同学有补充？

学生40：

第三段中汉文帝说的那句话。他认为先前见到霸上和棘门的军队，还有将军，跟儿戏一样，他们的将军固然是可以被袭击和俘虏的。但是，周亚夫将军因为军纪严明，没有人敢去侵犯。也就是说，通过文帝的这一番话，其实可以侧面衬托出周亚夫军纪严明。

教师：你的眼光很敏锐。还有吗？我们再找一位同学说说。

学生41：我找的是第144页的第二段中的写细柳营中军士吏披甲张弓，还有写军门都尉和壁门士吏传达将军的命令时，也从侧面烘托了周亚夫的形象。

学生42：还有最后一段写汉文帝和群臣的不同反应，既形成了对比，同时也从侧面衬托了周亚夫的刚正不阿和军纪严明。

教师：大家分析得到位，看来是真正走进了文本。由于时间关系，我们就暂时讨论到这儿。通过以上写作手法的分析，我们能清晰地认识到，正是因为有了对比和衬托手法的巧妙运用，才使这篇文章显得波澜起伏。

教师：当然，在《史记》的其他篇目中也有类似手法的运用，比如高中大家会学到的《廉颇蔺相如列传》，这里面写到了一个家喻户晓的"将相和"的故事，我们来看看其中的一段文字：

PPT 显示：

拓展阅读

廉颇曰："我为赵将，有攻城野战之大功，而蔺相如徒以口舌为劳，而位居我上。且相如素贱人，吾羞，不忍为之下！"宣言曰："我见相如，必辱之。"相如闻，不肯与会。相如每朝时，常称病，不欲与廉颇争列。已而相如出，望见廉颇，相如引车避匿。

——《史记·廉颇蔺相如列传》节选

教师：这段文字里用了什么写作手法？

学生（七嘴八舌）：对比、衬托。

教师：文中廉颇的步步紧逼与蔺相如的隐忍退让形成鲜明的对比。最后我们一起回顾总结一下这篇文章。

PPT 显示：

小结

营"细柳"者周亚夫，成"细柳"者汉文帝，扬"细柳"者周亚夫。

教师：李长之先生曾经说过：

从来的史书没有像它（《史记》）这样具有作者个人的色彩的。其中有他自己的生活经验、生活背景，有他自己的情感作用，有他自己的肺腑和心肠。

——李长之《司马迁之人格与风格》

教师：《史记》中的司马迁，他不仅能够灵活地运用多种手法来刻画历史人物，而且他还能在叙事中融入自己的理想和情感倾向。在本文当中，我们明显能感受到司马迁对周亚夫的敬佩和赞赏，他借文帝之口表达了这种赞美，文章最后汉文帝怎么说的？

学生（齐）：嗟乎，此真将军矣！

教师：其实对司马迁而言，鸿篇巨制《史记》就是他的细柳营，就是他的舞台。我们说他在创作《史记》的写作过程中坚持的这种不虚美、不隐恶的实录精神，其实是与将军周亚夫的这种不卑不亢的精神是一致的。所以从这角度来说，周亚夫的身上，实际上是寄托了司马迁的精神气质和人格理想。

PPT 显示：

"寓褒贬于叙事"的春秋笔法

对周亚夫治军的赞叹寄托了司马迁的精神气质和人格理想，对汉文帝治国的期盼寄托了他的个人怨愤与美好期待。

教师：同时呢，作者对汉文帝治国的期盼，也寄托了他个人怨愤和美好期待。我们可以联系一下司马迁的个人遭遇，他是因为在李陵一案中仗义执言，结果被汉武帝处以了宫刑。所以对于司马迁而言，他何尝不想遇到一个像汉文帝这样开明的君主呢？

教师：同学们，今天我们学习这篇文章只是打开了《史记》的一扇窗口，希望大家课后能够多读《史记》，就像我们课后练习四建议的那样借助文字去领略人物的风采，去感受《史记》的写人艺术。老师在学案后面补充了一个拓展阅读，这是《史记·绛侯周勃世家》的另一段节选，讲的是周亚夫的父亲周勃的故事，他们父子二人呢，在性格和命运上有很多相似之处，大家有兴趣的可以读一读，好，那这节课我们就上到这里，下课。

三、教后反思

《周亚夫军细柳》选自《史记·绛侯周勃世家》，以简洁流畅的笔墨讲述了汉文帝至细柳营劳军的故事，刻画了一位军纪严明、刚正不阿的"真将军"形象。此文言不甚深，文不甚长，但情节曲折、人物丰满，可供挖掘的教学点很多。在教学中如何才能摒弃传统文言文教学"字词串讲＋内容分析"的模式，避免陷入面面俱到、支离破碎的课堂窘况，我尝试从以下三个方面进行突破。

（一）应性——以文化为支点

语文学科是立足于语言文字的一门学科。王荣生教授认为，文言文具有文言、文章、文学、文化一体四面的特性。学生学习文言文，不仅是诵读积累，体认文章的言志与载道，最终落点更是在文化传承与反思上面，"体会其中蕴含的民族精神，为形成一定的传统文化底蕴奠定基础"。

因此，文言文教学不能囿于"字字落实、句句清楚"的串讲和翻译上，而要引领学生进入文章、文学、文化的层面，发掘文本的深层意蕴，激发学生的学习兴趣，促进学生的生命融合和精神升华。

本文是一篇人物传记，其最大的文体特性是鲁迅所评价的"史家之绝唱，无韵之离骚"，前者指出了它的史学价值，后者指出了它的文学价值。所以在教学设计时，我重点从这两个角度进行了挖掘：一是从历代名家对《史记》的评论入手，以"奇"融"真"，分析周亚夫、汉文帝的形象；二是从文本运用的对比、衬托的写作手法入手，探索《史记》"用笔曲折而意含褒贬"的春秋笔法。

（二）应需——以学情定教学

"学教评一体化"理念指出，学是教学的出发点和落脚点，教学的中心在学而不在教，一切教学活动应该围绕学来组织、设计和展开。基于学生学习的教学不仅是教学本质的体现，也是学生形成学科核心素养的必然要求。

《周亚夫军细柳》出自八上第六单元，是一篇自读课文。对于八年级学生来说，其已具备一定的文学阅读经验，能在注释辅助下自主翻译浅显的文言文。而且统编版本教材也配备了完备的助读和练习系统帮助学生理解课文。

所以在本课教学内容的选择上，对于学生自己能看懂的内容，如文意疏通、字词积累等，我以学案的形式放手让他们自主学习。课堂上着重培养学生的语文核心素养。通过对情节的赏析和人物的探究，引导学生去体会作者的精神气质和人格理想，充分激发学生对文言文的兴趣，提升审美能力，为高中阶段进一步学习《史记》打下坚实基础。

（三）应势——以活动促思维

没有活动的课堂不是好课堂。有效教学要致力于以情境创设和活动开展来激发学生思维的开启。正如肖培东老师所说，语文课有琅琅的书声，有真诚的对话，有主动的揣摩，有深刻的反思，有精神的升华。

本课教学中，我利用"问题串"创设情境、开展活动，通过反复诵读、文本细读、拓展延伸等路径，激活学生思维。例如在探究课文的史学价值时，我设计了这样一组"问题串"：

1. 文中哪些情节凸显了"奇"的特点？

2. 你觉得这是一支怎样的部队？能用一个词简单地形容一下吗？

3. 设想一下，如果你是皇帝，进营门受阻，又不准你在军中驱驰，你生气吗？

4. 在这个故事当中，汉文帝有三次让步，你能概括出来吗？

5. 根据以上的情节，你能概括出周亚夫和汉文帝分别具有怎样的特点？

6. 这篇文章的真实性可靠吗？有没有虚构的成分？

课堂上以这样环环相扣、逐层推进的活动来串联起学生思维的全过程，引领他们从凝滞走向贯通，从平面走向立体，从肤浅走向深刻。

统编教材中经典荟萃，文言文更是承载着文化传承的光荣使命。如何打破时空界限，引领学生与文本对话、与作者对话，让传统文化真正走入学生心灵，激发共鸣，真正实现"教学评"一体化，是我们每一个语文教师都应该深入思考和积极实践的问题。

（本节作者为江门市培英初级中学　郭云霞）

第三节 基于"教学评"一体化的
整本书阅读实施路径

整本书阅读是语文课程的重要内容之一，对培养学生语文学科核心素养具有重要作用。《义务教育语文课程标准（2022 年版）》（下称"新课标"）将整本书阅读作为六大任务群之一单独设置，明确了任务实施的目的、内容和要求。可见，整本书阅读已成为当前语文课程改革的热点。同时，2022 年版课程方案和义务教育语文课程标准均明确指出教师要树立"教学评"一体化的意识。基于此，笔者以新课程标准理念为指引，以《西游记》阅读教学为范例，对"教学评"一体化视角下的整本书阅读教学实施路径进行初步探索，旨在有效实现整本书阅读"教学评"一体化，提升整本书阅读教学的整体效能，更好发挥语文学科的育人功能。

一、整本书阅读的现实缺憾

当前整本书阅读在义务教育语文课程中的地位已经提升到一个新的高度，但在实际教学中，由于诸多原因其实施成效堪忧。主要表现在以下四个方面。

（一）教师教学行为滞后

在日常教学中，虽然语文老师从思想上认识到整本书阅读的重要性，但由于受传统教育行为、自身教学经验等因素的影响，部分教师没有真正从学情的角度制定阅读计划、设计教学流程、采取教学策略、开展阅读活动等。即使做了，也是蜻蜓点水，流于形式，整本书阅读教学并未真正落地，限制了学生语文学科核心素养的培养。

（二）学生阅读兴趣不足

整本书阅读对学生的阅读方法、阅读能力和阅读水平有一定要求，而这些都是要学生经过丰富的阅读体验和长期的阅读积累才能获得的。小学阶段，学生看影视作品、儿童读物，对《西游记》《水浒传》等人物情节很感兴趣，但初中阶段，学生需要阅读作品的原著时，感觉有些力不从心，阅读热情和兴趣有所下降。此外，学生往往热衷于阅读科幻、武侠和悬疑等作品，而对经典名著的阅读提不起兴趣。

（三）教学评价环节缺失

目前，初中语文教师在开展整本书阅读的过程中并未完全实现对学生的阅读能力、阅读成果等进行系统评价，很少借助科学、合理的评价量表将学生阅读前后的水平进行比对，很少组织学生借助多种评价方式对阅读学习效果进行评价，导致教师对于学生阅读能力的了解水平相对较低，限制了教学策略的调整优化，不利于学生阅读能力的逐步提升。

（四）阅读应试倾向明显

随着课程改革的不断深入，统编教材的全面使用，整本书阅读在学习水平考试中越来越受到重视，也成为学期阶段性考试的考查内容之一。同时，由于课时数量有限而教学内容丰富，学生在课堂上进行整本书阅读的时间有限，课下的阅读过程往往浮光掠影、走马观花，停留于浅阅读、伪阅读的低效、无效阅读层面。为了应付考试，教师会让学生识记名著的人物性格特点、经典情节、主旨思想、体验感悟、答题格式等，应试的功利化倾向较为明显，背离整本书阅读的本质。

二、"教学评"一体化的内涵

教学评一体化是指在课程实施中，以教育目标理论为指导，使教学、学习、评价之间彼此相符，有机融合，使教、学、评之间形成一种动态循环的关系，以确定学习目标、促进学生学习、提高教学效率，推动新的课程标准在实践中落实，促进学生学科核心素养的发展。教学评一体化是新课标的一项重要新增内容。完整的教学活动包括教、学、评三大要素，教学评要保持一致性，实现一体化。

教学评一体化包括三个"一体"，即"学教一体""教评一体"和"学评一体"，然后实现"教学评"的一体。"学教一体"，就是所学即所教，指在精准的教学目标的引领下，学生应该学什么、怎么学、学到什么程度，和教师教什么、怎么教、教到什么程度，应该是一致的；"教评一体"，就是所教即所评，教师教什么，评价就评什么；"学评一体"，就是所学即所评，学生学习什么，就要评价什么，通过评价为学生的学习效果把脉，测评学生学会了什么，学到了什么程度。学、教、评三者共同构成了一个"铁三角"，彼此影响，相互作用，运用得当可以使教师的教与学生的学的质量得到充分保障。

三、"教学评"一体化对整本书阅读的意义

新课标明确指出："应统筹安排课内与课外、个人与集体的阅读活动，宜集中使用每学期整本书阅读课时，兼顾教师指导和学生自主阅读，保证学生在课堂上有时间阅读整本书""教师可以围绕读书的主要环节编制评价量表，制作阅读反思单，引导学生从阅读方法、阅读习惯等方面进行自我反思、自我改进。"

教学评一体化是整本书阅读有效落地必须遵循的一项基本原则。教，要求教师有效组织和实施课内外整本书阅读的教学活动，达成学科育人的目标；学，要求学生在教师的指导下，进行课内外的阅读活动，提升语文学科核心素养；评，要求教师依据学习目标确定评价内容、评价标准和评价方案，以多种方式对学生的阅读过程及效果进行评价。这种方式有助于学生在教师指导下进行真阅读、深阅读，掌握阅读方法、提高阅读能力，汲取经典名著精髓，弘扬优秀传统文化，提升学科核心素养，从而实现语文学科的育人功能。

四、整本书阅读"教学评"一体化的实施路径

整本书阅读因其内容的广度和深度，要通过课内课外统筹规划、相辅相成、共同推进来完成。课内以教师指导阅读为主，课外以学生自主阅读为主。课内阅读课因目标、内容和时段不同主要分为读前导读课、读中推进课、读后展示课三类。教学评一体化是保证课程有效实施的一种基本策略。美国课程专家格兰特·威金斯与杰伊·迈克泰格首创的 UbD 逆向教学设计理论，主张教学设计应遵循三个阶段：预设学习结果—确定评估方法—规划教学过程。无论哪种整本书阅读课型的教学设计，主要也是解决以上三个问题，即最好帮助学生去哪里，知道学生去了哪里，明确如何带学生去。

（一）确定学习目标

具体准确、适切清晰、可测利评的学习目标是实现教学评一体化的前提和基础，决定着教学的方向和质量。确定学习目标要做到"三分析""四到位"，即分析课标、分析教材、分析学情和知识到位、能力到位、思维到位

和情意到位。

从课标来看，新课标要求："整本书阅读教学，应以学生自主阅读活动为主。引导学生了解阅读的多种策略，运用浏览、略读、精读等不同阅读方法；通读整本书，了解主要内容，关注整体与局部、局部与局部之间的关系；重视序言、目录等在整本书阅读中的作用。"

从教材来看，统编版初中语文教材共安排了十二部名著的阅读，每部名著都有相应的名著导读。

温儒敏教授指出："初中语文统编教材中安排有名著导读，其实就是整本书阅读。"其中，七年级上册《名著导读——〈西游记〉：精读跳读》中指出，我们可以根据兴趣或读书目的的不同，分别采取不同的阅读方法，而读《西游记》这样的古典小说，就适合精读与跳读并用。同时，《西游记》是学生在初中阶段阅读的第一部章回体文言白话小说。教材编审者的意图是以《西游记》为例，提供章回体文言白话小说的阅读策略，解决"1＋X"的拓展阅读问题，为九年级阅读《水浒传》和《儒林外史》奠定基础。

从学情来看，《西游记》导读课前，教师以调查问卷的形式了解学生对《西游记》的熟悉程度、态度倾向和真实需求，以便在引领学生进行阅读时找准方向。结果显示，全部学生都喜欢《西游记》，但读过原著的只有3%；大部分学生认为《西游记》原著有很多地方难读难懂，自己通过动画片、《西游记》少儿版等已经对该书的人物情节很熟悉了，没必要读原著。因此，用"新的内容"点燃学生的阅读热情，激发学生的阅读兴趣，成为导读课的重要任务。

在综合分析课标、教材、学情的基础上，还要以学生立场叙写可操作、可测评、出成果学习目标，实现从"文本的课程标准"到"行动的学习目标"的转化。基于上述分析，将《西游记》导读课的学习目标确定为：①对比影视作品，找寻原型，激发阅读兴趣；②初步学习用精读和跳读相结合的方法阅读《西游记》；③学会制定阅读规划。

在阅读规划的指引下，学生课下的自主阅读持续开展，在推进课前，教师设置了以孙悟空为主的问卷调查，了解学生对孙悟空的外貌、情节、称呼、发展变化、成长原因及体验感悟的认知理解情况，发现大部分学生的认识停留于识记、理解等低阶思维层次，而分析、综合、评价、运用等高阶思维层次有待提升。基于此，将推进课的学习目标确定为：①梳理孙悟空的成长史，探析其成长原因；②通过跳读、精读掌握章回体小说的读书方法。

（二）设计评价方案

语文课程评价包括过程性评价和终结性评价。整本书阅读要注重过程性评价，关注学生的阅读状态，了解学生的阅读收获，引导学生由浅层阅读走向深度阅读。

1. 评价方案应与学习目标高度一致

设计与学习目标对应的评价方案是实现教学评一体化的重要保障。只要有学习目标，就要有对应的评价任务。学习目标设定后，要设计用于证明目标达成的学习方案，即评价方案。评价方案的设计先于学习活动的设计，即"逆向设计"。

在《西游记》推进课前，针对确定的两个学习目标，教师设计了"探究孙悟空成长史"和"章回体小说的阅读方法"两个评价量表（见表2-4、表2-5），将学习目标分别细化为四个层级的表现标准，引导学生在学前和学后进行自评。课前，让学生在导学案上自评对孙悟空成长史的掌握程度。上课伊始，教师出示"章回体小说的读书方法"评价量表让学生自评。大部分学生学前自评为一星、二星水平。课堂结束时再次展示两份评价量表，发现大部分学生达到了三星、四星水平，学生的成长在课堂上真实发生，两张评价量表的使用很好地发挥了定向、定级、定标的功能。学生体验到当堂升级的快乐，激发进一步投入到下阶段阅读的热情。

表2-4 "探究孙悟空成长史"评价量表

项目类别	星级指标	学前 自评	学后 自评
探究 孙悟空 成长史	★★★★：能具体说出孙悟空成长经历；能把影响孙悟空成长的各个因素进行归纳总结；能详细阐述孙悟空成长的实质		
	★★★：非常了解孙悟空的成长经历；能准确列举影响孙悟空成长的各个因素；能理解孙悟空成长的实质		
	★★：清楚孙悟空的成长经历；能列举2～3个影响孙悟空成长的因素；能初步理解孙悟空成长的实质		
	★：基本了解孙悟空在书中的成长经历；理解有不同因素让孙悟空产生变化		

表2-5 "章回体小说的读书方法"评价量表

项目类别	星级指标	学前	学后
		自评	自评
章回体小说的读书方法	★★★★：能灵活高效读懂长篇著作；能自主细读、精思、鉴赏原著；能根据特定目的，灵活采用跳读、精读的读书方法		
	★★★：能无障碍读完长篇著作；能鉴赏原著并形成观点；能根据特定目的跳读、精读原著		
	★★：能断断续续读完长篇著作；能在辅助下鉴赏原著		
	★：能阅读长篇著作；能对原著有初步印象		

2. 评价应贯穿整本书阅读教学的全过程

《西游记》的整本书阅读，可由"趣读西游""趣绘西游""趣演西游""趣评西游""趣写西游"等五大板块组成。教师组织引导学生在阅读的基础上绘制西天取经路线图、制作人物名片、编演课本剧、撰写小论文、创编新故事等并进行交流展示，既推动学生持续深入阅读，又培养学生读、写、编、讲、演等能力，让学生在丰富、生动的实践活动中得到全方位的锻炼与发展，从而提升学生的语文学科核心素养。导读课、展示课也需要根据具体的内容、形式设计相应的评价方案。如撰写研究性小论文，可设计评价量表进行评价（见表2-6）：

表2-6 "研究性小论文"评价量表

水平维度	★	★★	★★★	自评	组评	师评
提炼观点	没有提炼出观点，只是讲述故事	有观点，但观点含糊不清、模棱两可	论点鲜明，作者倾向鲜明			
选择事例	所选事例不能有力论证观点	事例较能论证观点，但偏少，论据不足	事例充分典型，能有力论证观点			
行文结构	行文结构不清晰	行文结构较为清晰	结构清晰，条理分明			

我们要综合运用多种评价方法，可通过课堂观察、对话交流、小组分享、读书笔记、阅读批注、作业反馈、汇报展示、阅读任务单等方式，体现评价的多元性、科学性和整体性，实现以评导读、以评导学、以评导教。

（三）规划学习活动

规划学习活动是教学设计的主体，是达成学习目标的重要环节。在整本书阅读教学活动中，只关注学习过程设计或者只关注教师如何教学是不科学的，也是不可取的，我们应在以学习目标为"导航"的前提下，将学习过程放到教学评一体化的理念中去思考，去设计。学习过程的设计要瞄准学习目标，依照评价任务，坚持学情视角，遵循学生心理特点和认知规律，环节完整，流程清晰，重点突出。

在《西游记》推进课前，教师在确定学习目标，设计评价方案的基础上循序渐进、拾级而上设计了"聊天导入，聚焦悟空""任务驱动，理解悟空""评论悟空，总结读法"三个环节。其中第二个环节为核心环节，包括"跳读原著，梳理称呼——精读原著，比较情节——课堂思辨，归因探析"三个学习任务。教师在规划学习活动的基础上设计了如下板书（见图2 - 3）。

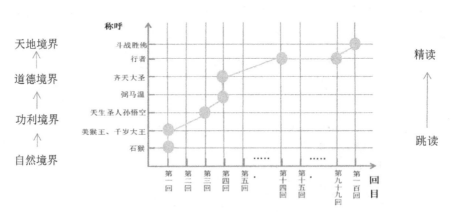

图2-3 《西游记》读中推进课板书设计

第一个环节开门见山引入该节课的主问题——探讨关于孙悟空成长的话题，随后出示评价量表让学生自评对孙悟空成长历程的掌握程度，让学生带着目标学习。

第二个环节先让学生跳读经典语段，梳理孙悟空称呼变化的折线图；接着精读三离三归的重点语段，揣摩孙悟空成长的心路历程，探究孙悟空的变化和产生变化的原因；然后由学生组成正方和反方，针对"孙悟空的成长是以主动为主还是以被动为主"展开辩论。学生在辩论中既进一步明确孙悟空变化成长的原因，也提升了语言、思维、审美、文化等核心素养。在学生充分辩论的基础上，教师水到渠成点出孙悟空的成长暗合冯友兰先生提到的"人生四境界"——自然境界、功利境界、道德境界和天地境界的说法。

第三个环节引导学生畅谈孙悟空的成长历程给我们的启示，并且再次出示两个评价量表回顾和梳理本节课的收获。最后布置课后作业——整理本节课学习成果，采用精读、跳读的方法分析猪八戒的成长，举一反三，实现由"教一例"到"知一类"，由教"专家结论"到学"专家思维"。

五、结语

作为语文课程的重要内容之一，整本书阅读教学的有效开展对提高学生阅读能力、促进学生精神成长、提升学生语文学科核心素养具有重要意义。然而，由于受到多种因素的影响与限制，我国整本书阅读教学工作的整体水平相对偏低。基于此，笔者以新课程标准理念为指引，对整本书阅读"教学评一体化"进行思考与探索，旨在有效实现整本书阅读"教学评"一体化，以提升整本书阅读教学的整体效能，更好发挥语文学科的育人功能。

参考文献：

[1] 崔允漷，雷浩. 教—学—评一致性三因素理论模型的建构 [J]. 华东师范大学学报（教育科学版），2015（4）：15－22.

[2] 中华人民共和国教育部. 义务教育语文课程标准（2022 年版）[M]. 北京：北京师范大学出版社，2022：4.

[3] 威金斯，麦克泰格. 追求理解的教学设计 [M]. 2 版. 闫寒冰，等译. 上海：华东师范大学出版社，2016：25－36.

（本节作者为江门市蓬江区紫茶中学　梁珍花）

第四节 《水浒传》导读课课堂实录

一、教学目标

让学生能运用横向比较、纵向比较两种阅读策略，领悟作品之妙，激发整本书阅读兴趣。

一、教学过程

（一）速读章回，寻高频词

师：同学们，都说"回目乾坤大，细读滋味长"。《水浒传》是一部章回体小说，不知道大家在读的时候有没有留心到书的回目，有没有留心到书中的哪些字出现的频率比较高呢？请同学们打开《水浒传》的目录，找出你认为多次出现的字，可以圈点勾画。

（学生浏览回目，找出多次出现的字）

师：请有发现的同学分享一下。

生："闹"字出现得多。

师：与"闹"字相关的情节有哪些呢？

生：花和尚大闹五台山、花和尚大闹桃花村。

师：除了"闹"字，还发现哪个字出现的频率高？

生："走"字。

师：哪些情节与"走"字相关？

生：王教头私走延安府、史大郎夜走华阴县、武行者夜走蜈蚣岭。

师：是呀，这么多"走"字里藏着怎样的乾坤呢？一部《水浒传》，洋洋洒洒近百万字，"弱水三千，我只取一瓢饮"，这节课，我们就单从"打"字入手，窥一斑而见全豹，认识一下《水浒传》中的好汉们。

（二）跳读片段比异同（PPT展示）

（一）（跳读）
（甲）

扑的只一拳，正打在鼻子上，打得鲜血迸流，鼻子歪在半边，却便似开了个油酱铺，咸的、酸的、辣的一发都滚出来。

……提起拳头来就眼眶际眉梢只一拳，打得眼棱缝裂，乌珠迸出，也似开了个彩帛铺，红的、黑的、紫的都绽将出来。

……又只一拳，太阳上正着，却似做了个全堂水陆的道场，磬儿、钹儿、铙儿一齐响。鲁达看时，只见郑屠挺在地上，口里只有出的气，没了入的气，动弹不得。

（乙）

说时迟，那时快。武松先把两个拳头去蒋门神脸上虚影一影，忽地转身便走。蒋门神大怒，抢将来。被武松一飞脚踢起，踢中蒋门神小腹上。双手按了，便蹲下去。武松一踅，踅将过来，那只右脚早踢起，直飞在蒋门神额角上，踢着正中。望后便倒。武松追入一步，踏住胸脯，提起这醋钵儿大小拳头，望蒋门神脸上便打。原来说过的打蒋门神扑手：先把拳头虚影一影，便转身，却先飞起左脚，踢中了，便转过身来，再飞起右脚。这一扑，有名唤作"玉环步，鸳鸯脚"。这是武松平生的真才实学，非同小可。打的蒋门神在地下叫饶。

（1）明确打戏。

师：课前同学们已经预习过《水浒传》中两个与"打"有关的情节，还记得是哪两个情节吗？

生：鲁提辖拳打镇关西、武松醉打蒋门神。

（2）对比打戏。结合图表，对比两场打戏，分析两人各自"为何打、如何打、打得如何"，两场打戏有什么相同点和不同点。（PPT展示表2-7）

表2-7　两场打戏的相同点和不同点

	为何打	如何打	打得如何	相同点	不同点
鲁提辖拳打镇关西					

续表 2-7

	为何打	如何打	打得如何	相同点	不同点
武松醉打蒋门神		打之前，武松三番五次故意挑衅，说酒的质量不好，拿蒋门神的姓氏开涮，又有意调戏蒋门神小妾。打蒋门神时，欲擒故纵，又使出了玉环步、鸳鸯腿			

师：这是书中的两个精彩片段。老师为此列了图表，希望同学们能结合这两个精彩的情节，来对比一下这两次"打"。同学们能分享一下自己的预习成果吗？

生：鲁提辖拳打镇关西，是因为郑屠强霸金氏，他是为民除害。

师：还有其他发现吗？

生：我说说"打的过程"，鲁提辖拳打镇关西是鲁达先戏弄了郑屠一番，叫他先切瘦肉，又切肥肉，又切不肥不瘦的，故意惹怒郑屠，才打起来。

师：鲁达在打郑屠之前三番四次地戏弄他，这是为什么呢？

生：我觉得他是为了激怒郑屠。

师：还有别的发现吗？

生：鲁提辖在打镇关西的过程中，只用了三拳就把镇关西打死在街上，这三拳分别打在了镇关西的鼻子、眼眶和太阳穴上。

师：你捕捉到了这个细节，把打的过程完善了。

生：鲁提辖的这个行为是为了金氏父女而仗义行事，是一种惩恶扬善的表现。

师：谢谢你补充了"为何打"。还有其他的发现吗？

生：我想分享的是"武松醉打蒋门神"这个情节，武松是为了施恩夺回快活林才醉打蒋门神的。他打之前先挑衅蒋门神，用的是欲擒故纵的手段。

师：武松和施恩是什么关系？

生：施恩是狱长的儿子，在狱中帮助了武松。

师：打的结果呢？

生：结果是武松把蒋门神打得跪地求饶。蒋门神也把快活林还给了施恩。

师：武松逼得蒋门神答应了三个条件，其中一个就是把快活林还给施恩。

师：这两场精彩的"打戏"，大家有没有发现什么共同点？

生：共同点是都惩治了当时社会的恶霸。

师：都是除暴安良，打抱不平。还有吗？

生：他们在打坏人之前都找碴，体现了他们有智有谋。

生：他们打坏人都比较轻松，可见他们武功高强。

师：既然有这么多的相同点，那如果我改为"鲁提辖醉打蒋门神""武松拳打镇关西"，可以吗？

生：不行，因为两人的性格不同，对待坏人的方式也不同。武松勇猛过人，机智有心，他先挑衅，再欲擒故纵，最后凭高强的武艺打得蒋门神求饶，但有分寸，没打死他。这两次"打"目的也不同。鲁提辖粗中有细，体现在他三拳打死镇关西之后，为了防止旁人发现，就说镇关西是诈死，大步离开，直接逃离现场。

师：也就是说，鲁提辖是"勇而莽"，武松是"勇而巧"。

生：我觉得鲁智深没有武松细致。鲁提辖打死镇关西后上了五台山，他没有受到朝廷的惩治，但武松打了蒋门神后，蒋门神记恨在心，又联合他人陷害武松，导致武松再被刺配，然后施恩的快活林又被夺走，后来才大闹飞云浦，把蒋门神的家眷都杀了，才逃到二龙山。

师：这位同学带着自己的见解去解读名著，值得我们学习。那鲁提辖和武松两个好汉，哪个更符合"路见不平，拔刀相助"的侠义精神呢？

生：鲁提辖，因为他与自己帮助之人并不认识。

3. 小结打戏：

（1）（PPT 展示）

用下列句式表达你的读书发现：

一样的打，不一样的……

一样的义，不一样的……

师：请同学们用屏幕上的句式来说说自己的阅读发现。

生：一样的打，不一样的程度。

生：一样的打，不一样的方式。

生：一样的打，不一样的结局。

生：一样的义，不一样的原因。

生：一样的义，不一样的性格。

（2）（PPT展示）

阅读锦囊：犯中见避（同中求异）："犯"指的是故事情节的重复，"避"则指的是情节的同中见异。犯中见避法就是在重复中出新意，重复中求变化，显示情节的曲折性、刻画人物的复杂性。

师：作者通过两场打戏中两个好汉的横比，使人物形象的塑造做到了同中有异，这也是作者的一个高超的创作技巧——犯中见避（同中有异）。大家了解一下。我们知道哪些故事运用了这种写法？

生：三打白骨精、三借芭蕉扇、三顾茅庐……

（3）小结。

师：作者运用这样的手法，在重复中出新意，在重复中求变化，体现情节的曲折性、刻画人物的复杂性。文学评论家金圣叹这样点评。

（教师出示PPT，生齐读）

"《水浒传》写一百八个人性格，真是一百八样。""写人粗鲁处，便有许多写法。如鲁达粗鲁是性急，史进粗鲁是少年任气，李逵粗鲁是蛮，武松粗鲁是豪杰不受羁绊，阮小七粗鲁是悲愤无说处，焦挺粗鲁是气质不好。"

师：难怪金圣叹说"别一部书，看过一遍即休，独有《水浒传》，只是百看不厌"。（出示PPT）因为作者有高超的写作技巧，引人入胜。

（教师板书：塑形象、亮写法）

（三）卡片助力比变化

（PPT展示：林冲肖像）

师：大家知道这是谁吗？

（学生不确定）

（PPT展示：林冲肖像及带兵习武背景）

师：大家对比这两张图，你捕捉到了哪些信息？再判断一下这个人物的身份。

生：从第二幅图看出这个人物是林冲，因为他是八十万禁军教头。

师：你真善于捕捉细节，同时说明你读书非常细致。读这本名著时，班里有同学制作了这样两张英雄帖。（PPT展示：两张英雄帖）

师：我们看看这张"英雄帖"，说说你的发现。

（学生思考）

生：林冲是八十万禁军教头，因高衙内调戏自己的妻子，但忍气吞声，后遭人暗算，差点致自己于死地，才反抗。

生：林冲是《水浒传》中最让我难受的一个人物。我为他的经历感到惋惜。

师：对，林冲一身武艺，但对高衙内调戏自己的妻子，却只是忍。大家看看书中这个片段的描写。

（PPT展示文中片段）

林冲赶到跟前，把那后生肩胛只一扳过来，喝道："调戏良人妻子当得何罪！"

恰待下拳打时，认得是本管高太尉螟蛉之高衙内。原来高俅新发迹，不曾有亲儿，借人帮助，因此过房这阿叔高三郎儿子。那厮在东京倚势豪强，专一爱淫垢人家妻女。京师人怕他权势，谁敢与他争口？叫他做"花花太岁"。当时林冲扳将过来，却认得是本管高衙内，先自手软了。

师：林冲为何发现调戏妻子之人是高衙内就手软了？

生：因为高衙内是林冲的上司高俅的干儿子，林冲不敢得罪，怕自己好不容易得来的官职丢了，不能封妻荫子。

师：林冲忍后，如愿以偿了吗？

生：没有。

师：他最后大开杀戒，是在哪个环节发生的？

生：火烧草料场。

（PPT展示以下文字）

（林冲）轻轻把石头掇开，挺着花枪，左手拽开庙门，大喝一声："泼贼那里去！"三个人都急要走时，惊得呆了，正走不动。林冲举手，胳察的一枪，先搠倒差拨。陆虞候叫声"饶命！"吓得慌了手脚，走不动。那富安走不到十来步，被林冲赶上，后心只一枪，又搠倒了。翻身回来，陆虞候却才行得三四步，林冲喝声道："奸贼！你待那里去！"劈胸只一提，丢翻在雪地上，把枪搠在地里，用脚踏住胸脯，身边取出那口刀来，便去陆谦脸上搁着，喝道："泼贼！我自来又和你无甚么冤仇，你如何这等害我！正是'杀人可恕，情理难容'！"陆虞候告道："不干小人事；太尉差遣，不敢不来。"林冲骂道："奸贼！我与你自幼相交，今日倒来害我！怎不干你事？且吃我一刀！"把陆谦上身衣服扯开，把尖刀向心窝里只一剜，七窍迸出血来，将心肝提在手里。回头看时，差拨正爬将起来要走，林冲按住喝道："你这厮原来也恁的歹，且吃我一刀！"又早把头割下来，挑在枪上。回来把富安、陆谦头都割下来把尖刀插了，将三个人头发结做一处，提入庙里来，都摆在山神面前供桌上。再穿了白布衫，系了搭膊，把毡笠子带上，将葫芦里冷酒都吃尽了，被与葫芦都丢了不要，提了枪，便出庙门投东去。

师：从这段话可见，林冲大开杀戒，包括曾经的朋友。从"不打"到"打"，你发现了什么？

生：因为林冲已经看透了官场的腐败、腐败的本质，在这样的环境下，林冲疾恶如仇，愤怒的情绪才爆发。

生：从"忍"到"不忍"，从"不打"到"打"，是因为林冲自己成了别人处心积虑要杀的人，性命堪忧。

师：在这样一个病态的社会，能退一步海阔天空吗？

生：不在沉默中爆发，就在沉默中死亡。

师：老师看到了另一幅林冲的画像。大家看到的感受是什么？

生：我看到了此时的林冲多了对社会黑暗现实的一种释然。

生：我看到了他对未来不知所措的迷茫。

生：我感受到了林冲的悲伤与无奈。他悲伤是因为上司的陷害，故友的伤害，同时，他脱离病态的主流社会而又感到无奈、迷茫。

生：林冲不是一般的悲惨，因为他妻子后来上吊自缢，他自己晚年非常不幸，染上了风瘫，只能由武松照料，最后不治而亡。纵观林冲一生，他前期，从妻子被调戏开始，命运就一步步跌入谷底。

师：正如鲁迅先生所说，"悲剧就是把人生有价值的东西毁灭给人看"。林冲本来生活体面，属于上流层次的人物，但他在病态的社会里，也活得如此的窝囊。他最后认清了这个社会后，就与它彻底决裂了。图中的林冲面对的不只是自然界的风雪，还是社会的风雪。

（教师板书：知背景、凸主旨）

（四）跟帖回复思辨"打"

师：路见不平一声吼，该出手时就出手。一个"打"字，让三位侠肝义胆、疾恶如仇、反抗社会的英雄好汉跃然纸上。那么，在当今时代，我们该怎么看待生活中各种"打"之现状呢？请大家看这么一则新闻。

（PPT出示图片："私家车恶意逼停公交车，急刹车导致公交追尾，车主惨遭一车乘客群殴。"）

这则新闻有很多网友跟帖，有人说"该打"，有人说"打得对"，还有人说"为啥我觉得打轻了"，现在请大家也跟帖回复一下。

生：我觉得乘客应该通过一种合法的方式维护自己的权利，不应该群殴。

生：我觉得在法治社会，要惩治不法分子，应该用法律的手段，不应该用"以暴制暴"这种简单、粗暴的方式来处理。

生：我觉得公交车乘客殴打车主的行为是不对的，林冲杀陆谦等三人是因为他们想谋害他的生命，被迫反抗。而乘客的行为只是为了发泄自己的愤怒。

生：我认为这些乘客的行为不对，他们在用错误的方式来对付错误的做法。

师：大家说得都很有道理。下面我们看看江门市公安局公布的"打架斗殴成本套餐"，这只是轻微伤的打架成本，拘留、罚款还有赔偿，交警叔叔提醒我们"打架斗殴成本高，劝君莫做'干架人'，凡参与打架斗殴、寻衅滋事者，即送精美'白金手镯'一副"。希望同学们要有法律意识。

（五）课堂小结

师：学习这节课，对于阅读名著，你有什么新的收获？

生：对刚开始阅读的名著，可以先了解其中人物的关系，关注人物形象的塑造，同时通过对比来加深对人物的认识，以帮助我们读懂故事内容。

生：读名著时可以了解人物的性格，以及联系当今社会的实际来理解人物的做法。

师：就是要结合时代背景去解读名著的思想。

生：我懂得了阅读名著时要注意作者使用的艺术手法，比如这节课学到的"犯中见避"的艺术手法，我有了更深的理解。

（六）作业布置

师：以下是大家课后要完成的作业，大家可以在"作业超市"中选做。
（PPT 出示作业内容）

1. 多角度探究作品中其他的经典"打戏"，如英雄"不打不相识"、单打与群打 ……用自己喜欢的方式展示自己的阅读发现。

2. 选择自己认为有价值的字或角度，进行探究式阅读，用自己喜欢的方式展示自己的阅读发现。

3. 《水浒传》中可以用来比较分析的典型人物、事件很多，比如林冲和鲁达上梁山的经历，武松和石秀杀嫂，你可以任选一个角度，采用比较法来分析。

师：该出手时就出手。水浒英雄们虽然早已走远，但是江湖上还是写满了他们的传说。法制社会，文明社会，一方面，我们拒绝暴力，拒绝以暴制暴，该出手时才出手。另一方面，我们同样需要正气、呼吁正义，该出手时就出手，但要讲究新时代新的出手方式。

下课！

附板书设计：

$$打\begin{cases}横比：塑形象、亮写法。\\ \\纵比：知背景、凸主旨。\end{cases}$$

三、教后反思

本节课是关于整本书阅读"读中导"的案例。学方法、提能力、练思维是设计的出发点。现从以下四点说说教后思考。

（一）践行了整本书阅读的"管锥原则"

读了余党绪老师关于整本书阅读的著作《走向理性与清明》后，对书中的"管锥原则"印象深刻。所谓"管锥原则"指的是选择最佳角度切入作品，在特定的范畴解读作品，所谓"以管窥天，见之则明；以锥插地，入着则深"。"管"窥才能聚焦，"锥"入方能深刻。《水浒传》洋洋洒洒近百万字，导读课的切入可谓千头万绪。本节课设计从"打"字切入，以"打"为"锥"，一字立骨，课堂活动以"横比""纵比"为"管"依次展开，力求让学生能学会运用"横比""纵比"的方式去解读名著。

（二）践行了"学教评一体化"理念

基于学情，本节课的教学目标集中为一点"让学生能运用横比、纵比两种阅读策略，领悟作品之妙，激发整本书阅读兴趣"。课堂主体部分围绕着"跳读片段比异同""卡片助力比变化""跟帖回复思辨'打'"三个环节依次落实教学目标，最后通过"作业超市"，让学生选择自己喜欢的作业内容和方式巩固课堂所学，也检测了教师的教和学生的学习效果。

（三）践行了个人教学理念

本人30年的教学经历中，逐渐形成了"融耕语文，培根润心"的教学理念、"有人有料有趣，诗性智性灵性"的教学风格。本节课中，从教学内容上融名著经典片段、融学生的读书卡片、融社会的关联新闻；从活动形式上，融学生的条分缕析理情节、对比分析辨异同、思辨表达说感受。课堂上，有人——以生为本，尊重学生的主体地位；有料——课堂资源形式多样；有趣——横比、纵比，以及热点新闻的引入，激发了学生的兴趣；同时，教师的语言简练优美，引经据典，具有诗意美；学生以"打"字入手切入名著阅读，举一反三，学到了阅读名著的方法，收获了智慧；课堂的内容穿越古今、形式多样，摇曳生姿，具有灵动的美。

（四）改进方案

课后反思，若能在"跟帖回复思辨'打'"环节中，先让学生设想：假设鲁智深、武松、林冲三人在新闻现场，请问，他们会有怎样的反应呢？这一问题，既能较好地检测学生对前两个环节的学习效果，检测学生是否把握作品主要人物的形象特征，又能进一步激发学生的学习兴趣，掀起课堂讨论的小高潮。

总之，整本书阅读是教学中的热点、难点。只有在不断的实践中探索更多的策略，方能让整本书阅读教学行稳致远。

（本节作者为江门市华侨中学　严小玲）

第五节　试论中学语文名著教学的有效方法

新课标对七至九年级学生课外阅读提出的要求是："学会制订自己的阅读计划，广泛阅读各种类型的读物，课外阅读总量不少于 260 万字，每学年阅读两三部名著。"由此可见，名著的教与学，向来都是语文中重要的一部分。近年来，相对于语文教材的碎片式的阅读，教育界对重视整体阅读及名著教学的呼声越来越大。笔者认为，名著作为中外文学作品中的精华，经过时间的洗礼、岁月的沉淀，其在人物形象的塑造、故事情节的安排、主题的表现方法上都有过人之处。作为语文老师，我们应该如何有效指导学生阅读名著，开展有效的名著教学方式呢？笔者认为，课外自读、课内鉴赏、交流质疑、课后练习几部分，有助于中学名著教学的开展，有助于带领学生欣赏名著之精妙，提高学生的语言运用能力。

一、课外自读，胸中有墨

（一）教师、学生自读名著的重要性

名著是如此重要，但对教材中推荐的名著、中考必考的 12 部名著，因时间、课程安排、名著篇幅过长等因素，名著教学的课程化并没有体现。很多语文教学中存在的代读、碎片阅读、提纲式学习、习题式了解等方法已跟不上考试的步伐，更别说提高学生的鉴赏能力及语言运用能力。以广东 2018 年中考为例，附加题名著部分，考的是《水浒传》，具体题目如下：

1. 结合原著，选文中晁盖犯的"迷天大罪"是指＿＿＿＿＿＿。（2 分）
2. 宋江为救晁盖，具体是怎样做的？请结合选文加以分析。（4 分）
3.《水浒传》108 将聚义梁山的原因有多种，请结合原著，写出其中的四种及对应的一个人物。（4 分）

以上题目，除了第一题可以在题海中接触到，其他两题，不踏踏实实亲自读名著，不深入读名著，不可能在中考中应答如流，更不要说在名著阅读中传承文化精华，陶冶情操，增加语文素养了。

作家梁晓声曾说过，知识给予知识分子最宝贵的能力是思想的能力。而深层的寂寞，唯有阅读抵抗。多阅读可解寂寞，可增长知识，提高思辨能力，如果语文老师不读名著，要开展名著教学，恐怕连"纸上谈兵"也是很难做到吧。

所以，无论是老师还是学生，对于名著，还是认认真真、开开心心地去读吧。

（二）学生阅读名著的时间安排

《水浒传》是九年级上册必读的名著，全书 100 回，学生以每天 3 ～ 5 回的速度看，要 20 ～ 34 天看完。如果是开学再读，各科学习任务比较重，课程较满，而且读书的时间也不集中，要想深入探究全书的精华，时间就会显得比较仓促。所以，八年级结束后的长暑假，正好用来读此书。假期在家里一个安静的角落，拿一杯温开水，远离手机和电视，静静进入名著所描绘的各种神奇的世界，也是一种充实的人生体验。

（三）想方设法提高学生阅读名著的兴趣

1. 微信打卡

时代发展到现在，手机应该是家庭主要成员的标配了。学生中没有手机，没有微信和QQ的也在少数，所以在假期名著阅读中，老师们可以利用微信和QQ，建立一个名著阅读群，来一个隆重的开读仪式，每天各人上报阅读的进度，分享阅读心得，共同探究阅读中遇到的问题。这种略带强迫性的集体渐进式阅读方法，可以增加学生的阅读兴趣，也有助于消除阅读过程中的懒惰，有人带头，其他同学会有跟进的心理，行动效率也会大大提高。

2. 巧用影视作品

名著毕竟离我们的年代久远，跟学生的生活体验有些出入，要增加学生们的阅读兴趣，方便学生更好地理解名著，我们也可以借助影视作品，比如《水浒传》里各人的形象、穿着打扮，九宫八卦阵、混天阵的设计，个人阅读时很难通过语言的描写想象其精妙，这个时候，我们可以借助现有影视作品，来重现书中的宏大场面，一睹其中的风采。一来有助于对名著内容的理解，二来也能加深印象，方便记忆。当然，影视是编剧和导演对名著的再创造，跟名著有一定的出入，比如张家辉和王祖贤饰演的林冲夫妇，王祖贤是身怀绝世武功的女侠，把前来调戏的高衙内打得落花流水，比起原著中林冲被发配后，因逼婚而上吊自杀的悲剧形象更加动人，其情节的改编也大快人心。指导学生观赏与名著相关的影片时，老师们也可以引导学生把影片与名著进行对比，在对比中提高鉴赏文学作品、影视作品的能力。

3. 实地考察

俗话说：读万卷书不如行万里路。假期中读名著，可建议有条件的家长带孩子去与名著有关的地方走一走、看一看，让学生在文字与现实中穿越，感受实地场景与文字带来的巨大想象空间的差距，在了解重现名著内容的同时，感受文字的魅力。如看《水浒传》，可带孩子到江苏省无锡市的水浒城看看，该地方是中央电视台为拍摄大型电视连续剧《水浒传》而投资建造的一个影视拍摄基地，主体景观可分为州县区、京城区、梁山区三大部分，更兼景区还有很多水浒传中精彩情节的演出，学生可以身临其境，所获得的感受也大有不同，读名著的兴趣也会更浓厚。

大教育家温儒敏先生说过，提高语文教学效果有各种各样的办法，但最管用最有效的是读书，是培养读书兴趣，这是关键，是"牛鼻子"。抓住了这个"牛鼻子"，就可能一举两得，既能让学生考得好，又能真正提高学生的语文素养。由此可见，想方设法提高学生们对名著阅读的兴趣，才能更好地让学生对名著进入深阅读。

（四）名著阅读的方法指导

（1）学会做批注，标出有疑问的、写得好的、文中关键的地方，或是读到该处有感要发的，都要一一标记好并写下批注。

（2）读完每个章节做简单的读书笔记。《水浒传》前四十回写的是部分英雄的主要事迹，所以读完一个人物的故事后，应该做一个简单的笔记。譬如读完第二十三回到第三十二回，武松在柴进处与宋江分别—景阳冈打虎—杀潘金莲和西门庆—十字坡遇张青—帮施恩夺回快活林—大闹飞云浦—血溅鸳鸯楼—夜走蜈蚣岭，好记性不如烂笔头，简单的笔记能对所读内容进行高度概括，一目了然，方便记忆，拍照放进群里，方便交流。简单的笔记能让学生理清人物接棒式的出场顺序，认清好汉间的联系，感受章回体小说的结构严谨之美。

（3）巧用思维导图。读完全书后，应该利用思维导图对全书内容进行全面的概述。第七十一回，宋江得到天书后，108 条好汉的绰号和排位都一一列了出来，我们可以在此基础上增加人物的故事，特长，所用武器，所立功绩，性格特征，最后的归宿等。这样一来，108 条好汉的形象就深入读者心中，由他们的遭遇来谈本书的主题，欣赏全书的艺术特色，就可以事半功倍了。

二、课内鉴赏，心里有数

（一）精读精彩段落，分析人物性格特征，感知人物形象塑造方法

比如智取生辰纲，杨志之智在于深知江湖险恶，所以出发前要梁中书答应随行之人全都要听他的，出发时将整支队伍乔装打扮，不时变更出发时间，专挑大路和人多的地方行走，一路小心谨慎，低调出行。杨志非不智，可生辰纲还是被夺，是因为吴用善用天时地利人和，强中更有强中手，用杨志之智来衬托突出吴用之智，塑造智多星形象。在精读中，能更好地让学生了解感受名著之精华，也可为自己的创作打下基础。

（二）比较阅读内容相似章节，学会归纳总结异同，继而区分了解人物形象，理解小说主题

如比较阅读林冲、武松、宋江上梁山的经过，教师就能更轻松指导学生

理解"官逼民反"的主题，又如虽然同是打虎，武松和李逵却又有不同。武松是明知山有虎，偏向虎山行，遇到老虎攻击，巧妙地躲过它的一掀一扑一剪，用拳头打死了老虎，而李逵杀四虎是因为老虎吃了他的老母，他带着满腔的怒火去找老虎报仇的，特别是当最后的吊额大虎气势汹汹出现时，李逵迎头冲上去，几下就杀了大老虎。通过对比分析，学生们就能知道，武松的艺高人胆大体现在一招一式的打斗中，李逵勇猛起来老虎连反应的时间都没有，同样的情节也可以塑造不同角色的不同风格。通过比较，能引发学生的发散性思维，有利于在阅读中开发思路，能对不同的文章进行审察、分析、综合，透过现象挖出本质，从而提高阅读水平，达到提高语文素养的目的。

（三）跳读同一人物的不同事迹，分析人物性格的多面特征

还是以李逵为例，初见面时，一句"莫不是山东及时雨黑宋江？"让读者心中对他有了初步的定位：直率，不注重礼节，有哪句讲哪句。在赌场闹事、与张顺大打出手，我们看到了他的鲁莽。回家接老母来梁山享福、真假李逵，让我们认识到了他的孝顺。打虎、劫法场、攻打辽国和方腊，让我们见识到了他的勇猛、所向披靡，也为他的滥杀无辜所愤愤不满。冲向衙门、吓走知县、穿了县官的衣服叫公差与他假装办案，感觉他童心未泯。误以为宋江抢老百姓的女儿，怒发冲冠，跑回梁山把替天行道的大旗直接砍了，还要杀了一向敬重的哥哥，虽冲动，然却很好地诠释了何谓疾恶如仇。及至得知被宋江骗喝下毒酒，没有丝毫怨言，还直言做个小鬼伺候哥哥，方知他的忠义观早已超越了生命。指导学生用跳读的方式，感受小说用不同的内容来展现人物的不同面，使人物有血有肉，形象丰满，既能让学生更全面更深入去了解名著所塑造的人物，也能让学生更好地总结、掌握刻画人物的方法，提高写作能力。

三、交流质疑，开拓创新

在名著教学的过程中，要防止学生只去关注紧张的情节和感兴趣的人物，忽视对其文学性和思想性的探究，使阅读只停留在表面，没有欣赏到名著的精髓。通过让学生写读书感受，选择论题完成小论文，大胆设想，赋予《水浒传》全书及各人物新结局等不同方式，让学生将自己的独到发现在班内交流，大家进行思想火花的碰撞，对彼此的观点进行互相更正、深化、补充，这样更有助于学生对名著的理解，也更能提高学生的鉴赏能力。

（一）写读书感受

学生如在读书的过程中，为林冲叫屈，因高俅愤怒，为鲁智深的路见不平拔刀相助而点赞，为好汉们一一离世而叹息伤神，都可以将这些感受转化为文字，记录下来，既可作为自己的读名著感受，也是自身心路成长过程中的重要组成部分。当然老师也可以以布置题目的形式，让学生写出自己在阅读时的感受。

（1）《水浒传》里有一些英雄滥杀无辜的描写，如武松"血溅鸳鸯楼"之后滥杀张督监家人，李逵劫法场之后滥杀围观的百姓，对此该如何评价？

（2）杨志在汴梁买刀时不堪牛二的撩拨将他杀了，后怕连累他人主动去官府自首；鲁智深替金氏父女打抱不平，三拳打死镇关西后用智逃脱；武松在血溅鸳鸯楼、杀死西门庆等人后，在墙上写下"杀人者打虎武松也"。你怎么评价这三位英雄好汉的做法？

（3）吴用与花荣因宋江报梦，双双来到宋江墓前，选择自缢而亡，你对此举怎么看？

读名著是与作者、与经典人物交流的一个过程，学生将自己的读书感受写下来，能更好地理清作者的行文思路，锻炼自己的思维能力，对于提高写作水平和语言的表述能力都有很大的帮助。

（二）选择论题完成小论文

教师在指导学生进行名著阅读的过程中，为了有目的有计划地锻炼学生的能力，也可以有针对性地列出部分论题，供学生选择。

（1）水浒传中与"三"有关的情节很多，如阎婆惜要宋江答应她的三件事，武松要蒋门神答应他的三个要求，三打祝家庄，三败高太尉，你能用简洁的语言概括出来吗？（锻炼概括能力、检查有效阅读，适合基础较差的同学）

（2）请以一位好汉为例，谈谈水浒传人物塑造方法的高明之处。（总结写人的方法）

（3）水浒传对人物往往用诗歌来描述人物，用白描手法来叙事，请你谈谈这两种写作方法的好处。（分析叙事方式）

（4）九天玄女、罗真人、智真长老给宋江的预言，你都了解吗？请说说你对预言的理解及其在名著中的作用。（了解名著内容、了解写作特色）

（5）九天玄女授天书、梦授破阵之法，张顺魂捉方天定，乌龙岭神助宋公明，这些情节在名著中都有什么作用？（神话在名著中的作用）

（6）大宋皇上"至圣至明"，可以从哪些地方看出来？为何他不铲除了经常闭塞他的四大奸臣？（发散思维，促进积极思考）

学生如有其他更感兴趣的论述方向，教师也可给予大力的支持与合理的指导，学生的观点不一定很成熟，但在论述中是对名著的深入解读，是个人思想之花的盛放过程，理应鼓励。

（三）开动脑筋，大胆设想，赋予《水浒传》全书及各人物新的结局

（1）用"假如我是＿＿＿＿（宋江、武松、鲁智深、李逵……）"这样的句式写一段话，要结合自己的感受和理解，结合人物的特点，展开想象，说出人物不同的结局。

（2）假设宋江不接受招安，梁山及各108条好汉的结局又会是怎样呢？

（3）天寿星混江龙李俊与童威童猛和新认识的朋友去了海外的暹罗国，逍遥自在，这可不可以也成为其他梁山好汉的一个出路呢？

（4）如果你是大宋皇上，你会怎样去保护、用好宋江等108条好汉？

这些设想，让学生参与到名著的再创作中去，有利于鼓励学生积极思考，增加写作热情，增加对名著阅读的兴趣。

四、课堂练习，巩固深化

课内练习是为了巩固知识，加深对文章内容的理解，所以我们可以选择如下三种更为有趣的方式。

（一）制作人物卡片

全班分工合作，制作108条好汉的人物卡片，卡片上写明好汉的名字、绰号、所经历的事情、最后结局、人物性格特征等，在课室里形成知识树，方便同学们课间观看交流，在制作过程中，通过对相关知识进行梳理，对全书的内容进行了再复习，记忆更深刻。

（二）头脑王者游戏

所出题目可由全班各小组成员共同完成，每人出一组题，每组5个小题，内容可包括对名著内容基本的识记，归纳、理解等，其题目形式可分为：选择题、填空题、判断题、连线题等。所有题目由小组长和科代表把关，去除重复的，不合理的题目，编上号。对战时，可以先组内成员两两对

战，抽题目，算出答题的分数及时间，由此定输赢，再到小组间较量，最后在班里定出名著阅读中的头脑王者，用来增加学生们阅读名著的荣誉感，促进课外阅读的有效性。

（三）中考真题的训练

应付考试不是读名著的最终目的，但对于中考考查的名著，通过对考试题型和解题技巧的训练，认真对待其每次考试，实现短期的读书目标，可以有效备考，也能更好地增加学生读名著的信心。学生在日后的成长中，才可以像温儒敏捷教授说的那样：培养读书的兴趣和习惯，把语言文字运用的学习带起来，把素质教育、人文教育带起来。

美国著名教师雷夫·艾斯奎斯说："我们最终必须用孩子们在发自内心阅读时发出多少笑声和留下多少泪水来衡量他们的阅读能力。"笔者认为，通过课外自读、课内鉴赏、交流质疑、课后练习几部分，可以让中学名著教学更有效地开展，也能让学生对名著进行真正深入、高品质的阅读，方便学生在名著阅读中传承文化精华，陶冶情操，增加自己的语文素养，提高语言运用的能力。

（本文发表于《读写算·教学研究与管理》，作者为江门市鹤山市共和中学　赵春婵）

第六节　基于"学教评一体化"的
单元教学设计策略

随着课程改革的不断深化，初中语文教学方式发生了变化。传统的语文教学关注单一知识点和单篇课文的独立性学习，课文之间联系不够紧密，不利于提高学生的综合能力和学科核心素养。在此背景下，单元教学逐渐成为初中语文的重要教学模式。教师们也尝试将"学教评一体化"和"语文单元教学设计"相结合，尽可能保证学习、教学、评价之间彼此相符，保持一致，使之成为有机循环体，使学生由碎片式分散学习转变为整合式集中学习，有效提高学习兴趣，开阔学习思维，提升核心素养。究竟如何进行"学教评一体化"的语文单元教学设计呢？下面笔者将以统编教材初中语文八年级下册第五单元教学设计为例，具体从三个方面来探索如何通过单元设计，提高课堂教学效率，提高学生的学科能力和语文核心素养。

一、明确单元设计目标

（一）分析学情，把握单元背景

课堂上学生是主角，这就要求教师必须清楚学生的已有水平和将要达到的水平，重点了解学生的最近发展区。因此，教师在实施初中语文单元教学设计的时候，要加大对学生语文基础、兴趣、学习能力等因素的考虑。八年级的学生都有一定的写作基础，都能发现美，也能表达美，但他们的视野比较狭窄，所以教师可以通过古今中外柔情而又豪迈的景致和文字，把孩子们带到更广阔的世界，领略大自然的山水风光，了解各地的风土人情。课堂上希望通过老师的指导与点拨，通过品读一些美文，去感受大自然的美景。

例如，统编教材初中语文八年级下册第五单元四篇课文《壶口瀑布》《在长江源头各拉丹冬》《登勃朗峰》《一滴水经过丽江》都是游记，里面提到的地方和景致，很多同学都没有亲临游览，无法体验作者的情思。因此，教学时要注重激发学生的兴趣，引导学生深入文本，理解其所至、所见与所感，提升对游记的认识。

（二）研读教材，提炼单元主题

教材是教师与学生教与学活动实施的主要载体，是学生获得语文知识的一种主要媒介。在学习过程中，为更好地提升学生的核心素养，教师要在单元教学设计上下功夫，既要注重整合单元内容，又要注重整合的深度和广度。教师在进行单元教学时，既要关注单元导语，又要深入理解每篇课文的内容，思考各篇课文之间的内在逻辑关系，梳理教学内容，把握学生的认知情况，创设与他们生活密切相关的学习情境，从而确定单元核心主题。

例如，八年级下册第五单元导语如下：

古人说，读万卷书，行万里路。旅游其实也是一种"阅读"，是认识世界的另一种方式。本单元所选的课文都是游记，通过记述游览见闻，描摹山水风光，吟咏人文胜迹，抒发作者的情思。阅读这类文章，随着作品去想象和遨游世界，可以让我们丰富见闻，增长知识，开阔眼界。

学习本单元，要了解游记的特点，把握作者的游踪、写景的角度和方法，并揣摩和品味语言，欣赏、积累精彩语句。

由导语第一段可以看出，该单元的人文主题是"江山多娇"。四篇课文都是游记，但风格各异，角度不一，所写的景物各有特点，但都紧扣单元主题——江山多娇。学生通过阅读、体验、品味，随着作品去想象和遨游世界，在愉悦身心、增长知识的同时，加深对自然、生命、人生的理解与感悟。这侧重的是语文核心素养中的"审美"和"文化"两点，注重的是语文的人文性功能。导语的第二段注重的是语文要素，启发教师在设置教学目标及重难点时要多加考虑的地方。学习本单元，重点要学习四个方面的内容：①了解游记的特点；②把握作者的游踪、写景的角度和方法；③揣摩和品味语言；④欣赏、积累精彩语句。由于本单元的写作训练是"学写游记"，因此，第 1 点主要是针对游记的文体知识；第 2～4 点主要是教材编者给出的三种学习写游记的方法。这也是本单元重点内容，侧重的是语文核心素养中的"语言"和"思维"两点。

（三）立足课标，设定单元目标

《义务教育语文课程标准（2022 年版）》明确指出："文学阅读与创意表达学习任务群旨在引导学生在语文实践活动中，通过整体感知、联想想象，感受文学语言和形象的独特魅力，获得个性化的审美体验；了解文学作品的基本特点，欣赏和评价语言文字作品，提高审美品位；观察、感受自然与社会，表达自己独特的体验与思考，尝试创作文学作品。"这就要求教师要深入研读教材内容，梳理学习重难点，提炼单元教学主题，根据课程标准，把握本学段、本单元的教学要求，解决传统单篇课文教学目的过于分散化的问题，整体建构单元目标，从而顺利开展教学活动。

本单元的四篇课文涵盖中外，所写景物各有特色，根据"江山多娇"这一大单元主题，可以设定大单元教学目标。

1. 语言目标

①揣摩品味课文的语言，欣赏、积累精妙的语句，领会游记多样化的语言风格；②运用精准优美的语句，记录一次自己的游览经历和感受，字数不少于 600 字。

2. 思维目标

①批注课文有关时间、地点和视角转换的关键语句，把握作者的游踪，培养信息提取能力；②选择一处自己游览过的景点，思路清晰地记录一次游览经历。

3. 价值目标

通过学习本单元的文章，进行写作、口语交际的练习，可以让我们丰富见闻，增长知识，开阔眼界，受到美的熏陶。这样整体性的教学目标能够明确课文教学的重难点，创设情境，引领学生更好地学习。

二、合理安排教学活动

　　学生是学习的主体，教师是学习活动的引导者和组织者。著名的教育家乌申斯基指出："缺乏兴趣的强制性学习，将会对学生探求真理的欲望予以扼杀。"这说明兴趣对学生主动参与学习有着极大的作用。陶行知先生曾经明确指出："真教育是心心相印的活动，唯独从心里发出来，才能打动心灵的深处。"只有以生为本的教育才能称得上是真教育。"学教评一体化"的课堂，追求的是学习、教学、评价之间彼此相符，保持一致的教学模式，让教育"真实发生"。因此，为激发学生的学习兴趣，开阔思维，提高学习实效，让教育"真实发生"，教师必须要依据教学目标精心设计教学活动，提高教学质量。大单元背景下的教学活动与传统教学活动大大不同，需要更注重合理安排课时，依据教学策略、教学设备和教学环境等助力学生达成学习目标。

　　本单元以"江山多娇"为大单元主题，教师可以结合课文内容、写作主题，细化教学目标，合理安排教学活动。笔者对本单元教学活动的安排如表2-8所示。

表2-8　本单元教学活动安排

单元课段	课时安排	学习任务	任务情境
第一课段 单元导读， 了解游记	1课时	1. 明确单元目标，掌握游记的要素特征 2. 读熟课文，积累生字词，整体感知	1. 激趣导入，了解文体 2. 熟读课文，整体感知 3. 自主预习，阅读批注 4. 课后练习，巩固积累 5. 自我评价，总结提升
第二课段 明确"所至"， 理清游踪	2课时	1. 整体感知课文内容，理清文章的写作思路（1课时）	1. 图文并茂，介绍知识 2. 整体感知，理清思路
		2. 能用思维导图绘制课文的游踪线路图（1课时）	3. 研读课文，绘制游踪图 4. 理解"所至"，虚实相兼 5. 自我评价，总结提升

续表 2-8

单元课段	课时安排	学习任务	任务情境
第三课段 细读"所见"，赏析写法	2 课时	1. 研读四篇课文，了解写景的方法以及景物的特点（1课时）	1. 研读课文，抓住特点 2. 细读"所见"，赏析写法
		2. 赏析精彩语句（1课时）	3. 赏析语句，积累金句 4. 小结要点，仿写片段 5. 自我评价，总结提升
第四课段 理解"所感"，感悟内涵	2 课时	1. 理解文中表达"所感"的语句，感受作者情思（1课时）	1. 速读课文，找出"所感" 2. 品读"所感"，感受情思
		2. 体会作者寄寓在景物描写中的情感，理解作者对景、人、事的感悟（1课时）	3. 感悟内涵，探究主题 4. 堂上练笔，体会情思 5. 分享交流，学有所获 6. 自我评价，总结提升
第五课段 绘制美景，融情于景	2 课时	1. 选择自己印象最深刻的一次游历，完成《难忘的游历》结构图 2. 设计《难忘的游历》游览路线图，定好写作提纲（1课时）	1. 范文引路，完成结构图 2. 合理选材，列出写作提纲
		3. 写一篇以"难忘的游历"为题的游记（1课时）	3. 认真构思，完成习作 4. 自我评价，总结提升
第六课段 分享交流，共同提升	1 课时	结合评价量表自评、互评游记习作，在全班分享自己的游记 2. 根据同学评价意见，修改自己的游记初稿 3. 通过分享交流，了解各地的名胜古迹及风土人情	1. 结合评价量表，自评初稿 2. 小组互评，推荐优秀代表 3. 各小组展示，全班同学点评 4. 教师归纳，总结提升 5. 课后巩固，修改初稿

教师确定大单元教学活动设计后，应进一步具体安排每个课时的教学任

务，创设学生熟知或感兴趣的任务情境，结合生活实际开展教学，具体设计
如表2-9所示。

表2-9 每个课时的教学任务

单元课段	任务情境	教师活动	学生活动
一	（一）激趣导入，了解文体	1. 引导学生分享自己与父母外出旅游的感受 2. 明确游记的定义及相关要素 游记三要素：所至、所见、所感	1. 在教师指导下，分享自己与父母外出旅游的感受 2. 在教师指导下，了解游记的定义及相关要素
	（二）熟读课文，整体感知	3. 引导学生整体感知四篇课文，分别用一句话概括文章主要内容	3. 在教师指导下，用一句话概括各篇课文的主要内容
	（三）自主预习，阅读批注	4. 引导学生给每篇课文的生字正音、释义 5. 引导学生了解作者作品 6. 引导学生速读四篇课文，初步理清课文思路并做好批注	4. 展示交流课后生字词的预习成果 5. 在教师指导下，了解作者作品 6. 在教师指导下，初步理清四篇课文思路并做好批注
	（四）课后练习，巩固积累	7. 布置课后作业，引导学生积累本单元课后的生字词；引导学生勾画每篇课文有关时间、地点和视角转换的语句，理清课文思路	7. 积累本单元课后的生字词；自主预习每篇课文，勾画有关时间、地点和视角转换的语句，理清课文思路
	（五）自我评价，总结提升	8. 引导学生结合评价量表自评本课段的学习效果	8. 基于评价量表自评学习效果

续表 2-9

单元课段	任务情境	教师活动	学生活动
二	（一）图文并茂，介绍知识	1. 图文并茂，展示壶口瀑布、各拉丹冬、勃朗峰和丽江相关知识	1. 了解壶口瀑布、各拉丹冬、勃朗峰和丽江相关知识
	（二）整体感知，理清思路	2. 引导学生自主研读各篇课文，理清其思路	2. 自主研读各篇课文，在教师指导下理清思路
	（三）研读课文，绘制游踪图	3. 引导学生熟读四篇课文，圈画课文中有关时间、地点和视角转换的语句，理清作者的"所至"并通过小组合作绘制游踪图	3. 在教师指导下，学生通过小组合作绘制游踪图，并交流分享
	（四）理解"所至"，虚实相兼	4. 引导学生了解游记的写法 5. 引导学生分小组研讨以下问题： （1）《壶口瀑布》中写了"造物者难道是要在这壶口中浓缩一个世界吗"，结合文章内容，说说壶口浓缩了怎样的世界 （2）《在长江源头各拉丹冬》一文中作者多次写到自己在高原上的疼痛、恶心，甚至觉得"要死了"，这些内容与文中的写景有什么关系？ （3）《登勃朗峰》一文有哪些奇景、奇人、奇事值得"乐"？ （4）《一滴水经过丽江》阅读提示中有"这滴水的奇幻生命旅程"，结合课文谈谈其"奇幻"在哪里	4. 在教师指导下，了解游记的写法 5. 在教师指导下，分小组研讨问题，并交流分享
	（五）自我评价，总结提升	6. 引导学生结合评价量表自评本课段的学习效果	6. 基于评价量表自评学习效果

续表2-9

单元课段	任务情境	教师活动	学生活动
三	（一）研读课文，抓住特点	引导学生研读四篇课文，找出文中写景的段落，并从修辞、句式、表达方式等角度加以赏析	1. 在教师指导下，研读四篇课文，找出写景的段落并加以赏析
	（二）细读"所见"，赏析写法	2. 引导学生带着相关问题细读本单元四篇课文，重点是"所见"，并赏析其写法	2. 在教师指导下，学生细读各篇课文，结合相关问题进行讨论，重点是赏析其写法
	（三）赏析语句，积累金句	3. 引导学生赏析各篇课文中的重点语句，感受语言的魅力	3. 在教师指导下赏析重点语句，积累金句
	（四）小结要点，仿写片段	4. 引导学生结合课堂上所学的写景方法，仿写片段	4. 运用课堂上所学，仿写片段
	（五）自我评价，总结提升	5. 引导学生结合评价量表自评本课段的学习效果	5. 基于评价量表自评学习效果
四	（一）速读课文，找出"所感"	1. 引导学生速读各篇课文，找出课文中出现议论或抒情的句子	1. 学生速读各篇课文，找出课文中出现议论或抒情的句子，并分享交流
	（二）品读"所感"，感受情思	2. 引导学生赏析各篇课文中有关议论或抒情的句子，感悟其情思	2. 在教师指导下，学生赏析课文中出现的议论或抒情的句子，感悟其情思
	（三）感悟内涵，探究主题	3. 引导学生探究各篇课文的主题	3. 在教师指导下，探究各篇课文的主题
	（四）堂上练笔，体会情思	4. 引导学生选择一篇文章，任选一个角度，写一段赏析性文字，从语言形式角度把握景物的特征，体会作者独特的情思	4. 学以致用，选择一篇文章，任选一个角度，写一段赏析性文字并体会其情思

续表2-9

单元课段	任务情境	教师活动	学生活动
四	（五）分享交流，学有所获	5. 引导学生从四篇游记中选出最有感觉的段落，在小组内朗读，并描述这种画面及情思	5. 选出四篇课文中最有感觉的段落，在小组内朗读，分享自己的感悟
	（六）自我评价，总结提升	6. 引导学生结合评价量表自评本课段的学习效果	6. 基于评价量表自评学习效果
五	（一）范文引路，完成结构图	1. 引导学生回忆自己印象最深刻的一次游历，初步积累素材 2. 通过范例《各拉丹冬游历记》的结构图，引导学生领悟其方法	1. 在老师的指导下，回忆印象最深刻的一次游历，初步积累写作素材 2. 在老师的指导下，模仿范例的模式，完成《难忘的游历》结构图
	（二）合理选材，列出写作提纲	3. 引导学生根据《难忘的游历》的结构图，选择相关材料和详略安排 4. 结合范例《一滴水经过丽江》，引导学生领悟列写作提纲的方法	3. 在老师的指导下，根据《难忘的游历》的结构图，选择相关材料及安排详略 4. 在老师的指导下，模仿范例的格式，列出《难忘的游历》写作提纲
	（三）认真构思，完成习作	5. 指导学生根据写作提纲，完成习作	5. 根据列出的写作提纲，完成习作《难忘的游历》
	（四）自我评价，总结提升	6. 引导学生结合评价量表自评其习作	6. 基于评价量表，自评习作

续表2-9

单元课段	任务情境	教师活动	学生活动
六	（一）结合评价量表，自评初稿	1. 引导学生结合评价量表，自评初稿	1. 基于评价量表，学生自评习作
	（二）小组互评，推荐优秀代表	2. 引导学生结合评价量表，互评习作	2. 基于评价量表，小组互评习作，推荐优秀代表
	（三）各小组展示，全班同学点评	3. 引导各小组展示习作并组织全班同学点评	3. 各小组展示习作，全班同学结合评价量表进行点评
	（四）教师归纳，总结提升	4. 根据学生展示的习作情况，归纳小结	4. 在老师指导下，小结自己的习作情况，尤其是做得不够的地方
	（五）课后巩固，修改初稿	5. 布置课后作业，结合评价量表修改初稿	5. 基于评价量表，修改初稿

三、科学开展多元评价

《义务教育语文课程标准（2022 年版）》指出："课堂教学评价是过程性评价的主渠道。教师应树立'教 – 学 – 评'一体化的意识，科学选择评价方式，合理使用评价工具，妥善运用评价语言，注重鼓励学生，激发学习积极性。"单元教学评价强调评价方式的多样化和评价主体的多元化。除关注学生单元学习结果的阶段性评价，单元教学评价设计更应重视过程性评价，将评价的过程内嵌在整个教学过程之中。因此，为了更好、更加客观地检验我们教的效果如何和学生学习的情况如何，每一节课，我们都要结合学习目标，有针对性地合理设计课堂评价量表，可以让学生自评、互评、小组自评、小组互评，又可以师生共评，从而清晰地了解到学生的学习情况，学习目标是否达成，还有哪些方面的知识不能掌握，这便于我们及时调整教学策略，提高教学效率。

比如在"第三课段——细读'所见'，赏析写法"这一环节，为了检查学生的学习情况，我设计以下评价量表，如表2-10所示。

表2-10 "细读'所见'，赏析写法"整体评价量表

项目类别	层级指标	等级	自我评价
能找到每篇课文写景的句子并加以赏析	水平1：能找到1处写景的句子	★	
	水平2：能找到1处写景的句子并加以赏析	★★	
	水平3：能找到多处写景的句子并能从多角度赏析	★★★	
能细读每篇课文"所见"并赏析其写法	水平1：准确回答其中1个问题	★	
	水平2：准确回答2～3个问题，而且条理较清晰	★★	
	水平3：准确回答4个问题，而且表达流畅、条理性强	★★★	
能从不同的描写角度来赏析语句	水平1：能写出语句运用的手法或其作用	★	
	水平2：基本上写出语句运用的手法及其作用	★★	
	水平3：能准确写出其手法和作用，语句流畅	★★★	

结合评价量表，学生可以清晰地了解自己掌握知识的情况，明白应该从哪些角度去赏析语句，从而积累写景的方法。

又如在"第六课段——分享交流，共同提升"这一环节，为了让学生更能清楚自己的初稿《难忘的游历》如何，我设计了以下评价量表，如表2-11所示。

表2-11 《难忘的游历》作文评价量表

项目类别	评价内容	层级指标	等级	评价
所至	景点（有比较明确的游踪，交代清楚）	水平1：游踪交代不够清楚	★	
		水平2：游踪交代比较清楚	★★	
		水平3：游踪交代清楚	★★★	

续表 2-11

项目类别	评价内容	层级指标	等级	评价
所见	观察方法（定点观察、移步换景、转换视角等）	水平 1：观察方法不够明确	★	
		水平 2：运用一到两种观察方法	★★	
		水平 3：运用三种或以上观察方法	★★★	
	景物特点（具有鲜明的特点）	水平 1：景物特点不够鲜明	★	
		水平 2：景物特点比较鲜明	★★	
		水平 3：景物特点鲜明	★★★	
	语言表达（用词、句式、修辞、表达方式等）	水平 1：表达比较枯燥，表现力不足	★	
		水平 2：表达较为具体生动，有一定的表现力	★★	
		水平 3：综合运用多种手法，表现力强	★★★	
所感	表达情感（直接抒情或借景抒情，或通过特殊的言语形式表达感情）	水平 1：客观写景，情感不足	★	
		水平 2：有一定情感，但表现方式单一	★★	
		水平 3：运用多种形式表达感情	★★★	
	引发联想（加入文化掌故、民俗风情、天文地理、名人轶事、诗文传说，或者联想到其他景点、事物）	水平 1：很少人文情怀或其他联想	★	
		水平 2：有一定人文情怀或其他联想	★★	
		水平 3：有浓郁的文化气息，信息量丰富	★★★	
	理性思考（引用他人的评价，或生发议论，表明得到的教益或启发）	水平 1：没有或很少理性思考	★	
		水平 2：有一定的理性思考	★★	
		水平 3：思考深入，观点独到	★★★	
详略	材料取舍（能够依据主题和表达需要取舍材料，详略得当）	水平 1：详略不够得当	★	
		水平 2：详略比较得当	★★	
		水平 3：详略得当，主次分明	★★★	

　　结合评价量表，学生可以清晰地了解自己的初稿如何，也可以评价同学的初稿，结合老师和同学的修改建议，明确自己努力的方向，这也成为学生更有效学习"写游记"的一个具体指引。另外，通过老师的指导点拨，学生掌握写游记的相关方法后，学以致用，结合评价量表对初稿进行升格，前后对比，我们可以更加直观地了解学生的学习效果以及我们教的效果，真正实现以评导学导教。

　　总之，在"双减"政策和新课标的背景下，学教评一体化是一种有效的教学方式，在初中语文教学中基于学教评一体化对初中语文大单元教学进行设计，不仅能让零碎的语文知识系统化，而且有利于学生的学习，凸显了学生的主体地位。但是需要明确的是，我们进行大单元整体设计时，要结合课标、教材和学情明确单元学习目标，围绕单元学习目标合理安排教学活动和结合学习目标科学设计评价标准，做到以学定评定教，以评导学导教，以教优学优评，这样才能切实提高课堂教学的有效性。

（本节作者为江门市恩平市沙湖中学　吴宝娟）

第七节　"学教评一体化理念下的课堂教学评价"的案例与反思

一、作业展示导入

　　师：同学们，上星期五我们写了一篇以"双赢"为话题的作文，不知道大家对自己的初稿是否满意呢？（见表2-12）

表2-12　对初稿的评价

评价指标	初稿自评（课前）
A. 审题准确，材料生动，紧扣话题，中心突出，语言生动，有真情实感	
B. 审题准确，材料具体，围绕话题，能表现一定的中心，语言通顺	

续表 2-12

评价指标	初稿自评（课前）
C. 审题准确，材料能表现中心，但没有紧扣话题，语言基本通顺	
D. 审题不准确，材料难以表现中心，没有围绕话题来写，缺乏真情实感	
E. 严重离题，没有中心，空洞无物	

主要优点：_____

主要不足：_____

师：昨天的作业是让大家自评作文初稿，我随便选出两个评价量表，让两位同学来分享自己给作品定的等级，并说说优点与不足。先看第一张评价量表，有请×××同学。

生1：我认为我的作文审题比较准确，优点是选材比较新颖，围绕话题表现中心，语言质朴，字写得还不错，不足是表达不行，语言不够生动。根据量表自我评定是 B 等。

师：很好，挺谦虚的！第二张评价量表是谁的呢？

生2（不好意思地）：嘻嘻！老师，是我的。我也认为我的审题是准确的，可是好像没有什么突出的优点，缺点大概是中心不突出，打个问号，其实我也不太确定。不过我是有自知之明的，我的作文大概只能拿 C 等奖。

师（微笑）：感谢两位同学毫不保留地把他们对自己作文的评价展示出来。其实通过自评，我们不仅可以分析自身作文的问题，也可以了解老师在评价话题作文时的一些关键要点——审题准确、材料生动、紧扣话题、中心突出、语言生动。了解这些，才能知道高分作文有什么标准，才能争取在考场写高分作文。所以，今天一起来评改作文，看看考场作文如何拿高分。

（展示课题）

二、解释"双赢"内涵

师：这次的作文，很多同学都说很难。"难"在哪里呢？老师在大家写作后利用问卷星进行了调查，30%以上的同学认为审题是一个难点，认为选材比较难的同学也超过30%。前面两个同学都认为自己的作文审题准确，那我们如何理解"双赢"的含义呢？到底是双方都获利，还是有的同学认为的一举两得呢？调查表显示你们意见并不统一。

（学生七嘴八舌地议论）

师：老师通过一个视频来更清晰地为大家解释"双赢"的含义。

屏显：（结合视频和文字展示"双赢"的含义。）

"双赢"来自英文 win-win 的中文翻译。

营销学认为：双赢是成双的，对于客户与企业来说，应是客户先赢企业后赢；对于员工与企业之间来说，应是员工先赢企业后赢。双赢强调的是双方的利益兼顾，即所谓的"赢者不全赢，输者不全输"。这是营销中经常用的一种理论。

多数人的所谓的双赢就是大家都有好处，至少不会变得更坏。

师：同学们现在如何理解"双赢"？

生1：双赢就是双方都获利！

生2：双赢就是双方都赢了，没有输的一方。

师：有的同学认为，双赢是得到两个方面的好处，这种理解准确吗？

生3：不准确。双赢强调双方都有付出，一举两得是指一个人付出行动或努力后得到两个方面的好处，只有一方在这里。

师：所以，审题不准确导致了不少同学在写作时选择了表现一举两得的事例来写，这样的话就没有办法写出"双赢"这个话题来了。还有的同学写成了"共赢"，"双赢"和"共赢"一样吗？

生4：不一样，"共赢"的话，赢的不止两方。

师：因此，审题是选材立意的前提，准确审题是考场作文拿高分的关键之一。

三、活动一：我们一起来审题立意

师：审题那么重要，那同学们知道话题作文的审题立意有什么方法吗？

屏显：

题目1：

"双赢"来自英文 win-win 的中文翻译。营销学认为：双赢是成双的，对于客户与企业来说，应是客户先赢企业后赢；对于员工与企业之间来说，应是员工先赢企业后赢。双赢强调的是双方的利益兼顾，即所谓的"赢者不全赢，输者不全输"。这是营销中经常用的一种理论。多数人的所谓的双赢就是大家都有好处，至少不会变得更坏。

以"双赢"为话题写一篇作文。

要求：题目自拟，文体不限（诗歌除外），字数600～800字，文中不得出现真实人名、校名和地名。

题目2：

阅读下面材料（或文字），按要求作文。

现实生活中孤立的人不是社会人，孤立的人是无法生存的，一个人每一天都和别人进行着有意或无意的合作，在合作中生活、工作、学习。

请以"合作"为话题，联系你个人的经历和感情，写一篇文章。文体不限，题目自拟，不少于600字。

师：同学们结合上面两个题目，先独立思考，再合作探究，小组内总结话题作文审题立意的方法，然后各小组派代表发言。

（学生看着屏幕上的题目认真思考，思索片刻后小组开始进行积极的讨论，各小组讨论热烈，老师巡视，与个别小组交流。讨论完毕，选出小组代表发言。）

组1：我们组认为审题立意的关键是找准话题，理解话题的含义。例如先找出题目1的话题是"双赢"，题目2的话题是"合作"，然后理解"双赢"和"合作"的含义是什么。

师：很好。这组同学认为，找准话题是审题的第一步。可是如何准确理解话题呢？

生1：理解话题，就要分析话题的含义。比如"双赢"就是理解"双"和"赢"，"双"是指"双方"，"赢"就是获胜或获利，所以就要围绕双方都获胜或获利来写。

师：这组同学的分析方法很好！同学们，他们用的是什么方法？我们可以总结一下吗？

生2：话题分解法。

师：可以，或者拆字理解法。还有什么方法？

组2：如果话题前面有一段文字或材料，我们可以从中得到提示。

组3：我们组也这样认为，前面的一段文字是审题立意的关键，例如题目2中的这段材料，通过分析得出合作很重要这一点，这样就可以准确审题与立意。

组4：我们组认为，审题立意要找出题目中的关键词或关键语句，例如在题目1中找出"双赢是成双的""双赢强调的是双方的利益兼顾"这些关键句子可以更好地理解"双赢"。

组5：我们组发现还有很关键的一处是要求，这里也要看清楚。

师：各组都有很大的发现，非常棒！有的组审话题，有的组说分析材料，有的组看要求。综合起来，大家发现了话题作文的题目的结构有什么特点呢？

生3：我来，我发现分为三个部分：材料、话题和要求。审题立意要从这三个部分入手，好像不能只看其中一个部分。

师：很好。大家再比较一下上面两个话题作文的题目，又有什么区别？

生4：题目2好像多了"阅读下面材料（或文字），按要求作文"这句话，意思是不是写作的时候要与材料有关。

师：观察得很细致，确实如此。题目2的第一部分属于材料，"材料＋话题"式的题目，文章的立意受材料限制。题目1的第一部分属于提示语，也称为导语，一般对话题做出了具体的诠释，暗示了话题的含义或选材的范围，文章的立意不受它的限制。

因此审题立意的方法总结一下：根据题目结构来分析，阅读导语或材料，得到话题的内涵或选材的范围，根据导语提示或材料限制来立意，还要看清写作要求。这种审题立意的方法我们又叫什么好呢？

生5：结构分析法。

师：老师还有一种方法。有时候我们虽然理解了话题的内涵，但如果这个话题的内涵比较大的话，我们还可以利用三问法来审题立意。三问，就是问"是什么""为什么""怎么样"。例如"双赢"，就问"双赢是什么""为什么要双赢""怎样可以双赢"。可以选择更小的切入点来写作。如选择"怎样可以双赢"，就可以想到"互助合作可以双赢"这个点，然后就选择这一点来立意。同样在选材的时候就选择通过互助合作得双赢的材料来写即可。因此，我们很多同学说，选材很难，主要是审题立意时没有选择小的切入点来写。

总结一下以上几种审题立意的方法。

板书：

1. 话题分解法

2. 结构分析法（三部分）

3. 问题分析法（三提问）

生6：老师，那选材还有没有好方法呀？

师："双赢"这个话题虽然是营销学方面的名词，讲的好像是企业之间或是国家之间的问题，但选择这样的事例来写不容易。我们可以选取生活的小事来写，通过小故事讲如何"双赢"这个大道理。我们平时要善于积累生活的事情，把生活各领域的事情做个归类，例如学校领域的、家庭领域的、社会领域的事情有没有可以表现"双赢"的呀？

生7：学校里，小明教我数学，我教小明英语，我们一起进步了，是双赢。

生 8：老师教会我知识，我学习不断进步，老师掌握更多教学方法，教学水平不断提高，教学成绩也不断提高，获得学校的荣誉。这是不是双赢？

师：对。同学之间互相帮助，取长补短，就可以双赢。师生教学相长，共同进步，也是双赢。家里面有没有？

生 9：妈妈教我做饭，我做饭给妈妈吃，也是双赢。

师：很好！同样，大家把各个领域的事情总结归纳，再选择你认为最能突出中心的一个或多个事例来写即可。

因此，审题立意要善于以大化小，选材的时候要懂得以小见大。

四、活动二：我们一起来评卷

师：同学们，发下去的三篇学生例文，你们认为哪篇等级更高，哪篇等级最低？根据评价量表说说理由和例文的优缺点。

主要优点：_____

主要不足：_____

生 1：我认为例文 2 等级最高，它写帮助别人，自己也得到好处的故事，审题准确，情节出人意料，挺有创意的，不足是语言表达一般般。

生 2：根据评价量表，我认为例文 3 等级最高，例文 3 所写的与同学互相帮助、互相鼓励从而两人共同进步了这件事符合"双赢"的含义，所以审题是准确的，而且能紧扣"双赢"这个话题，语言比较生动，有真情实感，不足是详略方面不太得当。我认为这篇文章至少可得 B 等级，甚至是 A 等级。

生 3：我也同意例文 3 等级最高。我认为例文 1 等级最低，因为这篇文章写的是自己在一次活动中有两个方面的收获这样一件事，只有一方获益，是一举两得，而不是双方获益，所以审题不准确。例文 2 和例文 3 能写出双方获利，审题准确。不过例文 2 的语言一般般，而且好像整篇文章都没有"双赢"这个词，显得中心不突出。还有这个故事的情节显得太戏剧化了，不够真实。

师：三位同学虽然有自己的见解，但对于作文想拿高分，首要的标准是什么？

学生齐答：审题准确。

师：确实，刚才我们也强调了审准题是首要条件。例文 3 比例文 2 高分的关键又是什么？

生4：紧扣"双赢"来写，中心突出。

师：很好！所以想要拿高分，要紧扣话题，突出中心。而这次大家的作文确实在这两个方面存在问题。

屏显：

初稿的基本情况。

主要优点：①结构完整；②语言较生动。

主要问题：①审题立意不准确；②没有凸显话题，没能突出中心。

五、活动三：我们一起来修改升格

师：所以例文1体现了很多同学审题不准确的问题。例文2则体现了我们很多同学在写作文时没有突出中心的问题。现在我们针对例文2，小组讨论，想想如何修改可以升格拿高分，想好以后在例文2上面直接修改。修改后展示修改作品。

屏显：

例文2：

一本书

有一句话说得好，"赠人玫瑰，手留余香"。你帮助了别人，可能也会帮助到自己。

有一次在浏览网络的过程中，我看见有人说到一本书，他们把一部分内容写了下来，我看了之后觉得很有意思，便查找有没有详细资料，但我只了解到了书名和封面。第二天，我便到书店去寻找。我满怀希望地在书店来回寻找，却连它的影子都没看到。我想大概是这家书店没有吧。于是走遍了我所知道的书店，当我踏出最后一家书店时，我捏着手里的零花钱站在门口。我沮丧极了。

不久，我准备回家，转身看到了一个衣着不整、头发蓬松的男人，他在人群中格外显眼。只见他着急地在路上徘徊着，逮着每个路人都要谈几句话。我感觉很奇怪，于是就在原地看了许久。通过我的观察，他貌似在求助。不知不觉，他一路走到我面前，焦急地把他的背包放下，说他需要帮助，他见我没有走开，便开始讲述他的故事。他一边讲，一边用手挥舞着，好像在为有人听他说话而高兴，又好像为自己的经历感到悲伤，还掺杂着一丝自责。听完后，我得知他是来找工作的，刚准备上班，钱包就丢了，距离上班还有两天，便只能求好心人能赞助他撑过去。我犹豫了一会儿，把身上的钱给他了。他绷不住了，流下了泪水。他一下了变得说话不利索了，他蹲下来，打开背包，在里面拿了他为数不多的物品中的一件递给我。他说感谢我，但他又没什么能报答我，就给了我一本书，然后就匆匆忙忙地离开了。我回到家一看，这就是我要找的书啊！

帮助别人就是帮助自己。那个男人得到了帮助，我也得到了我想要的书。(613 字)

(各小组讨论热烈，老师巡视，与个别小组交流。讨论完毕，学生当场修改，修改完毕。用手机投屏展示学生当堂修改的作品，学生说说修改的意图。)

组 1：我的修改主要是在语言方面下功夫，它的语言不优美，没有什么描写。所以，我运用修辞手法来使语言更优美，在文章后面增加"我"的心理描写来丰富文章内容。

组 2：我们组觉得把情节改得合理一点才行。为什么最后那个男人会送"我"一本书，而且刚刚好是"我"想要的书呢？所以，我们改了一下男人的身份，写为是个刚毕业出来找工作的学生。

师：语言确实需要提升，情节也要改得合理。但例文 2 的突出问题是什么？好像还没有改出来。修改文章要抓住最突出的问题来改。

组 3：例文 2 最突出的问题是中心不突出，没有紧扣"双赢"这个词来写，所以我在开头结尾加入句子点题，突出中心。

师：很好，除了加入"点题"句，还有没有突出中心的方法？

组 4：这个故事的中心是互相帮助得双赢，但它重点写了"我"对男人的帮助，而男人对"我"的帮助好像只是给了"我"一本书，双方的付出就不突出了。所以，情节改为男人为了报答我，帮我找到了这本书。突出双方都有付出，就更好地突出中心。

师：很好。突出中心还有一法：在文章围绕话题，适当加入抒情议论的句子。

板书：

点题

——紧扣话题议论抒情。

——首尾呼应话题，点明主旨。

师：同学们可以结合以上的方法对例文 2 进行修改，也可以把以上的方法运用到修改自己初稿的过程中。最后，老师展示老师修改的两篇下水作文给大家。

屏显：

升格篇1

双赢的智慧

生活中许许多多的事，仅靠一个人的付出或许并不能完成它，但"赠人玫瑰，手有余香"，付出获得了回应，那么两个人都会有收获，就会共赢。

有一次在浏览网络的过程中，我看见有人说到一本书，他们把一部分内容写了下来，我看了之后觉得很有意思，便查找有没有详细资料，但我只了解到了书名和封面。第二天，我便到书店去寻找。我满怀希望地在书店来回寻找，却连它的影子都没看到。我想大概是这家书店没有吧。于是走遍了我所知道的书店，当我踏出最后一家书店时，我捏着手里的零花钱站在门口。我沮丧极了。

不久，我准备回家，转身看到了一个神色慌张、满头大汗的男人，他东张西望，在人群中格外显眼。只见他着急地在路上徘徊着，逮着每个路人都要谈几句话。可是路人要么警惕地打量他，拒绝继续听他说话，要么不理睬他直接离开。我感觉很奇怪，于是就在原地看了许久。通过我的观察，他貌似在求助。不知不觉，他一路走到我面前，焦急地把他的背包放下，说他需要帮助，他见我没有走开，便开始讲述他的故事。他一边讲，一边用手挥舞着，好像在为有人听他说话而高兴，又好像为自己的经历感到悲伤，还掺杂着一丝自责。听完后，我得知他是刚毕业的大学生，在找工作，工作还没找到，钱包和手机都丢了，想求好心人借他个手机求助一下。我犹豫了一会儿，借了手机给他，还把买书的钱给他做路费。他绷不住了，流下了泪水。他说："小伙子，太感谢你了！这钱你急用吗？我迟点还给你。"我说："不急，我只是拿钱来买书的，可是书没有找到。"他问我是什么书，我告诉了他，真巧，他说他见过。他带着我到图书馆找到那本书。

原来帮助别人就是帮助自己。那个男人得到了帮助，我也得到了我想要的书。我顿时领悟到"赠人玫瑰，手有余香"的真谛——这便是双赢的智慧。

升格篇2

双赢
——由一本书得到的启示

老师布置我们要写一篇作文，题目是《双赢》，可是什么是双赢呢？

我印象中记得好像有一本叫"双赢"的书，我便到图书馆和书店去寻找。可是我走遍了附近的图书馆和书店，却连它的影子都没看到。我沮丧极了。

准备回家，转身看到了一个衣着不整、头发蓬松的男人，在人群中格外显眼。只见他着急地在路上徘徊着，逮着每个路人都要谈几句话。他走到我面前，焦急地把他的背包放下，说他需要帮助。他一边讲，一边用手挥舞着，好像在为有人听他说话而高兴，又好像为自己的经历感到悲伤，还掺杂着一丝自责。原来他是来找工作的，钱包丢了求好心人帮助他。我犹豫了一会儿，把身上的钱给他了。他竟感动得流下了泪水。他蹲下来，打开背包，递给我一本书。他说没什么能报答我，就以书来道谢吧。然后就匆匆离开了。我回到家一看，这就是我要找的书啊！

帮助别人就是帮助自己。那个男人得到了帮助，我也得到了我想要的书。哎，这不是双赢吗？

读完了《双赢》这本书后，我对"双赢"这个词的理解更加清楚了。我想："双赢"，就是双方都获利呀！我也得感谢书店门前的那个男人！于是开始写作文。这时问题又来了，虽然我理解了"双赢"的含义，可是作文水平极低的我不知道选材构思呀。我冥思苦想也不得方法。突然看见旁边的小明同学紧锁着眉头，不断地用笔戳着作文本，快要把作文本戳穿了。我问："小明，你在干啥呢？"小明回答说："我不知道'双赢'是什么意思。作文不知该如何下笔？""小明，我来给你解释，可是你得教我怎么选材构思。"小明是作文高手，对选材构思很有心得。我解释"双赢"给他听后，他惊讶地问："你真厉害，你是怎么知道的呀？"我告诉他我看了一本书才明白的，还告诉他这本书的由来。小明顿时灵机一动，"你用这件事做你的作文题材不就行了吗？还有今天你给我解释什么是'双赢'，我教你如何选材构思，最后我们都把作文写好了，这不也是'双赢'吗？不过，我认为书店门前那件事太过巧合，不如我们两人合作双赢这件事。"

哦！原来取长补短、互相合作也是双赢啊！

得益于这本书，再加上小明的帮助，我的作文一下子就写好了，我不禁得意起来。大家都来问我快速写作文的好方法，我告诉他们我找到了一本书，还有和小明合作双赢的过程。小红和小花对这本书很感兴趣，都想要借来读一读。这可麻烦了，作文明天就得交了，借给谁好呢？这时小红和小花两人凑在一起商量了一下，最后，小红跟我说："我们商量好了，你先借给小花吧。我先去洗澡吃饭，小花先看，等小花去洗澡吃饭时我就接着看，晚上我一起看。"

互相帮助，双方得益，双赢。

取长补短，合作互利，双赢。

协商对话，妥协互惠，双赢。

人与人之间是这样，国与国之间是不是也应该如此呢？

六、小结收获

师：同学们，通过本节课的学习，我相信大家都学有所获。让我们对这节课的收获进行总结。

生1：我学会了审题立意的三种方法。

生2：我学会了选材要以小见大。

生3：我懂得了写话题作文要审准题目，突出中心。

生4：我了解了评价作文和修改作文的方法。

七、课后作业

师：学有所得，还要学以致用，今天我们的作业是同学们运用今天所学内容修改自己的初稿，再让同学帮忙评价。下课！

八、案例分析与反思

"考场作文如何拿高分——'双赢'话题作文评改课"是一节"基于课程标准的学教评一体化"的作文评改课。

"学教评一体化"是保证课程有效实施的一种基本策略，指在课程实施中，以教学目标为指导，使学习、教学、评价之间彼此相符，保持一致。那么学教评一体化理念下的课堂教学评价应该如何开展呢？下面作进一步具体的分析。

（一）课前的学情分析和评价为课堂评价作充分的准备

"学教评一体化"主张"先学后教"，要求教师对学情作准确的分析与了解。教师在评改课之前，首先要有对学生初稿进行细致评改的过程，通过教师评改让学生了解这次写作训练的基本情况与存在问题。

这个案例中，可以看到，教师全部批阅后发现学生的问题十分明显，一是审题不准确，二是话题不凸显或者没有围绕话题来写。教师为了更全面地了解学生出现这种问题的成因，为了更加准确地了解学生写作的困难，还特意进行了一次针对此次作文情况的问卷调查（见图2-4）。线上调查问卷让学生进行自我反馈，这种问卷调查的形式其实也可以看作学习评价的一种，是让学生对自我的学习能力与问题进行自我鉴定的过程。

1.你认为这次作文训练最难的一点是（ ）（单项）[单选题]

选项 ⇕	小计 ⇕	比例
A审题（如对"双赢"的分析理解）	26	30.23%
B拟题（想好题目）	6	6.98%
C立意（确定文章的中心）	17	19.77%
D选材（写什么内容）	30	34.88%
E文字表达	4	4.65%
F写法	2	2.33%

图2-4 问卷调查

结合对问卷星的调查数据的分析，教师进一步了解到学生认为这次作文训练的难点是审题与选材，而选材立意的困难也主要源于对题目的不理解，再综合多次考试作文情况，不少学生在审题方面确实存在一定问题。教师最终确定以"准确审题与学会点题"作为此节作文课的教学目标。

教师结合初稿情况与调查问卷结果准确分析学情，抓准主要问题，才能对症下药，由此更加准确地制定教学目标。通过老师初评与学生自我鉴定的形式，为这节写作评改课中开展的各项课堂评价作充分的准备。

（二）评价量表是课堂评价的金钥匙

课堂中评价量表很有用。虽然量表设计很费心思，但善用评价量表指导学生评价与修改，可以事半功倍。

案例中教师设计了一个作文评价量表，贯穿作文评改的整个过程，这是极为实用的。

而且案例中评价量表的设计，也是围绕着"学会审题和学会点题"的教学目标来设计的，评与教和学也是保持一致的。正如前面所讲的课前的自评，作文评价量表是作品评改课的评改指引，是学生修改提升的金钥匙，也是学生以后写作时的方向性指引。这是"以评促学"的一个体现。同时，教师根据学生在课堂上的表现来进行教学的调整或总结，这也是"以评促教"的表现。

（三）课堂评价要充分尊重学生的主体地位

《义务教育语文课程标准（2022 年版）》提出："要充分尊重学生的主体作用，关注学生在兴趣、能力和学习基础等方面的个体差异，引导学生开展自我评价和相互评价。"

案例中，教师给予学生充分的自评与互评的时间和空间，给学生自主合作探究的机会，老师在学生思考、发言后再总结，再进行补充。这一点也极为重要，在自评互评的过程中，如教师过早的干预会影响学生思考与评价，因此，正如新课标中说到的"组织学生互相评价时，教师要对同伴评价进行再评价，提出指导意见，引导学生内化评价标准、把握评价尺度，在评价中学会评价"。学生自评互评、自改互改的过程也是思维发张的过程，同时也是提升审美能力与写作水平的过程。

综上所述，学教评一体化理念下的课堂教学评价应该是这样的。

（本节内容作者为江门市台山市新宁中学　黄露芹）

第八节　古诗文默写有效备考策略

恰如军事上的备战讲究知己知彼和训练有素，复习备考不仅应当熟知考情和学情，更应当在此基础上针对学生的现有水平与考情要求之间的差距进行针对性训练，力求使其达到尽可能好的应考状态。

一直以来，古诗文默写的复习备考工作存在着"实践上重视，研究上轻视"的失衡局面。即几乎每个老师都会经常性地训练考生们背诵默写考纲规定的古诗文，但很少有人能真正从记忆规律的角度探索有效提高默写质量的科学策略。因此，在古诗文默写备考过程中，存在着大量的机械记忆、单调重复等事倍功半且扼杀学生学习兴趣的不良行为。

多年来，笔者所任教班级的学生古诗文默写基本都能保持 9 分左右的良好水平，正是基于摸清考情和学情，遵循古诗文学习和记忆的规律，科学训练的结果。现阐述如下，以就教于大方之家。

一、精准把握考情是有效备考的基石

默写题一般出现在广东省中考试题的第 1 题，分值 10 分。近几年，每年的试题都由选自不同朝代的古诗、词曲和文言文三种综合而成。每年都涵盖了三个年级不同的学期的内容。一般第 4 小题考查理解型默写，分值 2 分；第 5 小题考查四句诗词，分值 4 分。具体有如下三种类型。

（一）理解型默写

理解型默写是指要求考生根据命题人所提供的含义、作用、意义等的提示语所作的默写类型。要求考生一是准确无误地识记整首诗，尤其是主旨句、中心句、过渡句、议论抒情句、整齐的句子等关键性语句；二是透彻理解其含义。一般有如下三种常见情况。

1. 解读式理解默写

解读式理解默写即针对古诗文中的重点语句作解读式的提示，要求考生在理解的基础上默写指定的作者作品中的名句。如广东省 2014 年试题"《归园田居（其三）》中，写陶渊明早出晚归，表现他闲适恬淡心境的句子是：□□□□□，□□□□□。"再如广东省 2013 年试题"《茅屋为秋风所破歌》中体现诗人推己及人、心忧天下的诗句是：□□□□□□□，□□□□□□□□！"

2. 比较式理解默写

比较式理解默写即以含义、意境、写法等方面类似或相反的指定诗文为提示，要求考生理解默写指定的作者作品中的名句。如试题：四季中的花，在诗人笔下各具情态。白居易《钱塘湖春行》中"□□□□□□□，□□□□□□□"，描绘春花初绽、春草吐绿；杨万里《晓出净慈寺送林子方》中"接天莲叶无穷碧，映日荷花别样红"，摹写莲叶田田、夏荷怒放；陶渊明《饮酒》中"□□□□□，□□□□□"，再现秋菊淡雅、南山悠悠；王安石《梅花》中"墙角数枝梅，凌寒独自开"，点染冬梅傲雪、风骨凛然。再如广东省 2011 年试题：王安石《登飞来峰》中的诗句"□□□□□□□，□□□□□□□"与杜甫的"会当凌绝顶，一览众山小"有异曲同工之妙。

3. 开放式理解默写

开放式理解默写即限定主题、写法或内容，但不限定篇目，要求学生理解默写。如毕业在即，初三的同学们欢聚一堂，满怀的依恋和深深的祝福溢

满在我们的心头。在此现场的你会借诗句"_____，_____"作为临别的赠言来表达离情别意。（课内外均可）

（二）运用型默写

今人学习古诗文的目的之一就是在说话和写作中活学活用。就考试而言，主要是在主题、内容等方面设定提示语让考生直接引用恰当的语句。

如广东省 2012 年试题"看待别人的进步，我们要有发展的眼光。正如《孙权劝学》中所说的'□□□□，□□□□□□'。"再如：和谐是什么？和谐是陶渊明"山气日夕佳，□□□□□"的从容；和谐是白居易"几处早莺争暖树，□□□□□□□"的生机；和谐是王昌龄"洛阳亲友如相问，一片冰心在玉壶"的真诚；和谐是"己所不欲，□□□□"的境界……和谐原来就是一种感觉，人人都生活在阳光之下的感觉！

（三）直接性默写

直接性默写即以填空的方式，考查学生对大纲指定的 24 篇文言文和 39 首诗词及其关键语句掌握的情况。一般有两种情况。

1. 直接默写上下句

具体可分为给上句默下句、给下句默上句、给前后默中间、给中间默前后几种情况。如 2014 年试题第 1 小题"人恒过然后能改，□□□□□□□□□□，征于色发于声而后喻。（《孟子》两章）""□□□□□□□，五十弦翻塞外声，沙场秋点兵。（辛弃疾《破阵子》）"

2. 直接默写四句

通常在第 5 小题，完整默写一首绝句，或将律诗、词曲中空缺的四句补充完整。一般每句 1 分。如 2014 年试题第 5 题要求"默写李白的《闻王昌龄左迁龙标遥有此寄》"。2013 年广东省试题则要求"把白居易的《钱塘湖春行》默写完整"，考生应补充完整中间两联。

二、训练针对学情是有效备考的要诀

教师指导学生复习备考，类似于球类运动赛前教练对运动员的强化封闭训练。除了尽可能准确地了解所可能面临的对手的情况，还应当要尽可能弥补运动员存在的缺憾，使其具有全面扎实的功底。默写题的复习备考应当从如下三个方面着力。

（一）切实摸学情

学生从来都不是空着脑袋进课堂的，到了复习备考阶段尤其如此。不应当在本班学生早已熟练掌握的内容上空耗时间，而应当针对他们屡考屡犯的不足之处进行补救性训练。为了摸清学情，笔者通常采取如下程序。

1. 逐篇摸底

第一轮复习时，笔者通常每天安排 6 分钟左右的时间，在提前一天预告基础上，让学生整篇直接性默写。为求仿真效果，用方格子练习纸，限定时间，马上交互批改，有错误的用红笔一一标出来。然后发回默写者，简要说明失误的原因。

第二轮复习时，笔者通常在提前预告第二天要默写的 5 篇古诗文基础上，设计两套仿真试题，让学生限时作答。交互批改与及时反馈的做法与第一轮时一样。

2. 失误统计

笔者所作的失误统计分为三种类型：一是每个学生曾经出现过的默写错误；二是本届学生每首诗中曾经多次出现过的默写错误；三是往届学生每首诗中经常出现的默写错误。有了这些个性与共性兼顾的统计情况后，后续的补救工作思路就显得格外清晰。

3. 归因分析

经过多年的积累与研究，笔者发现学生们默写的失误大概有以下几种原因：一是同音替代，即由于不理解意义而用读音相同或相近的字代替了，如"童稚携壶浆"中的"壶"误为"湖"，"浆"误为"姜""江""缰"等；二是笔画失误，由于对字形笔画掌握不甚明了而写了错别字；三是形近替代，如把"丁壮在南冈"中的"冈"写作"岗"，将"水面初平云脚低"中的"低"写成了"底"；四是张冠李戴，即由于记忆不准确，将不同作品中的诗句混搭在一起，如"最是一年春好处，暂凭杯酒长精神"；五是胡编乱造，完全记不起来又不甘心丢分的部分考生偶尔会编造出让人啼笑皆非的诗句，如"足踏热土气，背顶毒日光"；六是方言干扰，即由于用方言记忆造成的似是而非的答案，如"白云千载空休休"中"休休"。

（二）训练对症下药

1. 加深理解

上述六种失误的主要原因在于学生在识记前没有透彻地理解诗文的具体

含义。笔者通过五种方法让学生强化记忆：一是咬文嚼字，即以"因形求意"的方法让学生透彻理解失误字独特的意义，如"征蓬出汉塞"中"蓬"字上边的草字头表明它属于草本植物，"塞"下边的"土"字表明跟某个特殊的地方有关；二是形近比较，即通过形近字的彼此比照区别其意义，如学生们经常误"无为在歧路"中"歧"为"岐"，经过比较，学生很快明白了二者都是左形右声的形声字，"岐"多用于地名和姓氏，"歧"指岔路，更合乎语境；三是古今勾连，即通过古词今译的方法牢固地记忆，如"东风不与周郎便"中的"郎"常被误为"狼""朗"，是因为学生没弄清楚此句中的"郎"即对年轻人的美称；四是反复训练，即通过反复读、反复写的方法踏实地记忆；五是多维并举，即根据"记忆金字塔"的理论，通过读字音、写字形、解字义、想相关画面等方式多感官联合记忆。

2. 过关筛选

经过进一步理解后，将本班学生的个性和共性的失误的诗文再次拿出来进行过关测试。笔者一般采用"过三关"的方法层层检验成效：一是小组过关，即小组内的一对一式的过关，监督者需对过关质量负责，因为抽查时有不合格的会受"连坐"，而且要在"小组默写过关表"上注明过关的等级，如 A 表示一次性过关，B 表示两次过关，C 则是三次；二是抽查过关，即笔者针对 B 与 C 等级的学生抽查，不过关的再"回火"补救；三是测试过关，即通过模拟测试、统考等方式检验记忆效果。

（三）考前模拟强化

1. 仿真训练

到第三轮复习时，笔者通常将考纲规定篇目按诗、词、文搭配成 50 套左右的仿真试题，确保每篇诗文出现 5 次左右。再次暴露学生们记忆的薄弱点，然后有针对性地强化记忆。

2. 自主命题

笔者认为，会答题、会讲题、会命题是由低到高的不同层次，一旦学生能命制较高质量的仿真试题，他们答题的准确度会显著提升。笔者通常在讲清楚"考什么（考点）"和"怎么考"题型的基础上，让学生们各自根据指定篇目自行命题，标明命题人。然后采取投影命题全班同做、抽取一份限时答题、让命题人批改答题情况并课后个别交流等灵活的方式，让学生们学得兴味盎然。事实证明，这样的复习方式既有趣，又有效。

三、遵循记忆规律是有效备考的保障

记忆的过程其实就是与遗忘作斗争的过程。笔者在设计古诗文默写备考计划时，始终坚持如下科学记忆的原则。

（一）化整为零

心理学研究表明，当需要记忆的材料数量偏大时，把记忆的组织适当分散成若干小单元后，再依次存贮，记忆的效果就可能好些。笔者不赞同一些教师专门用几个课时记忆考纲指定篇目的做法，那样不利于记忆的保持。应当将需要记忆的古诗文分散到每一天的复习中，利用课前、早读、午读、自习、课后等零碎时间进行。每天任务不重，但日积月累，效果就很明显了。

（二）及时巩固

艾宾浩斯遗忘曲线警示我们：遗忘是与记忆相伴相生的，对记忆内容的遗忘遵循先快后慢的规律。因此，我们可以通过及时巩固的方法，使学生们的记忆效果稳定在一个较高的水平，最终由瞬时记忆变为长时记忆，取得理想的复习备考效果。

（三）循环往复

关于记忆的"时间律"和"强化律"研究表明：每次信息的重复输入，其维持记忆的时间是各不相同的；刺激强烈、新鲜能激起兴趣，使人感受突出，就会使记忆强化。因此，笔者在复习前都会规划好古诗文默写的周全备考计划，使复习进程呈现"周而复始"的循环往复局面。

正如拳击比赛除了正面突击的直拳，还有出奇制胜的勾拳。如果在古诗文默写备考中除了必要的勤奋练习，更注重遵循记忆规律科学地"巧"练，必定能在取得理想的考试成绩的同时，促进学生语文学习的兴趣和能力，从而取得"应试与发展兼顾"的良好成效。

（本节作者为江门市怡福中学　周望菊，江门市教师发展中心　周华章）

第九节　七年级下册第六单元
《语言简明》写作指导

一、名师说课

统编教材在写作教学的编排上更为注重系统性和可操作性。写作教学各单元的设计力求"一课一得，得得相连"，要点突出，简明扼要。"语言简明"是七年级下册第六单元的写作教学内容，这是继第五单元"文从字顺"之后，在写作语言上的进一步要求。学生经过大半年的写作训练，侧重点从中心、选材到语言表达，这是符合写作规律的，也能扎实有效地提高学生的写作能力。

《义务教育语文课程标准（2022年版）》对第四学段的写作明确要求"能与他人交流写作心得，互相评改作文"。并在教学建议部分指出"重视引导学生在自我修改和相互修改的过程中提高写作能力"。评价建议部分也提出"重视对作文修改的评价。要考查学生对作文内容、文字表达的修改……要引导学生通过自改和互改取长补短，促进相互了解和合作，共同提高写作水平"。基于课标要求与多年写作教学实践，我们认为好作文是学生在教师指导下反复修改出来的，初稿之后的反复修改是有意义的写作指导的关键。为此，本人设计并执教了一堂关于"语言简明"的写后升格指导课。

根据以上内容，结合学生初稿，确定以下学习目标：

（1）能借助评价量表评价自己和他人的初稿。

（2）能根据评价结果，有针对性地修改升格自己和他人的初稿。

（3）能说出使语言简明的技法。

本课教学分为四个部分：

（1）学习准备：用评价量表自我评价初稿，初步自评优点与不足。

（2）写作评议活动：用评价量表评价例文。

（3）学习活动：赏析范文和课文，感悟技法。

（4）写作修改活动：根据所学技法，讨论修改方案，限时修改。

（5）学习活动：反思小结学习收获，课后完成对自己初稿的修改升格。

统编初中语文教材写作部分，七年级下册侧重写作基础能力的训练。本课例的核心设计意图在于通过写作评议和反思活动，有效提升学生的写作水平。

鲁迅先生提倡写文章"写完后至少看两遍，竭力将可有可无的字、句、段删去，毫不可惜"。在写作训练中，应重视引导学生对初稿反复修改，这是写好作文、提升写作能力的不二法门。

二、课堂回放

（一）第一部分：借助量表，自评初稿

师：上一节作文课，我们收获的作文知识是语言简明，知道了语言简明的内涵和要求。我们还完成了作文《那一刻，我真想＿＿＿》的初稿。今天的作文课，老师想先请同学们做一回小老师，我们一起来研究如何对自己和他人的初稿进行修改和提升。首先，请同学们重审作文题目。

（教师屏显作文题目）

师：看到这个题目，你有什么想法？

生1：这是半命题作文。"那一刻"，告诉我应该写给自己很深印象的事情。要求写一篇记叙文。

师：半命题，你的判断很准确。那么，这个题目中，有哪些关键词？

生2：第一人称"我"，写的是自己的事。

生3："那一刻"，突出了时间很短，要求事情发生在很短时间内。

生4："想"是打算的意思，这件事没有实现，表明留有遗憾。

生5："真"强调了程度很深，是发自内心的、迫切的想法。

师：好，看来同学们的审题能力都很强啊。这个作文题目要求以第一人称写一篇叙事的记叙文，事情发生于很短时间内，还要由很深的现实遗憾激发强烈的愿望。那你们在横线处补充了什么内容呢？请四位组长说说你们小组的补题，规矩是后发言的同学不能重复前面的答案。

生6：我们的补题是《那一刻，我真想为他点赞》《那一刻，我真想念奶奶》《那一刻，我真想回到童年》《那一刻，我想从头再来》。

生7：《那一刻，我真想长大》《那一刻，我真想找个地缝钻进去》《那一刻，我真想狠狠地骂自己一顿》《那一刻，我真想唱这首歌》。

生8：《那一刻，我真想吃》《那一刻，我真想外婆》《那一天，我真想自己当家自主》。

生9：我们的题目是《那一刻，我真想哭》《那一刻，我真想说"不"》

《那一刻，我真想<u>发火</u>》。

师（——写在黑板上）：还有补充吗？

生（七嘴八舌）：《那一刻，我真想<u>给他一个拥抱</u>》《那一刻，我真想<u>跟他合照</u>》《那一刻，我真想<u>发言</u>》。

师：我们已经有了 17 个各不相同的题目，同学们请以评卷老师的视角挑出最欣赏和最不看好的三个题目，并说说理由。

（学生们先自主思考 3 分钟，再小组交流 2 分钟。）

生10：我们组最欣赏《那一刻，我真想<u>找个地缝钻进去</u>》《那一刻，我真想跟他合照》《那一刻，我真想<u>说"不"</u>》，因为这些题目给人画面感，很生动形象；《那一天，我真想<u>自己当家自主</u>》《那一刻，我想<u>从头再来</u>》《那一刻，我真<u>想念奶奶</u>》这三个题目不太好，前面两个改动了半命题，第三个好像把"想"改成了"想念"，不合适。

师：是的，半命题作文是不能改动命题人给定的题目的。有理有据，好。

生11：《那一刻，我真想<u>为他点赞</u>》《那一刻，我真想<u>狠狠地骂自己一顿</u>》《那一刻，我真想<u>唱这首歌</u>》这三个题目最好，让人仿佛看到竖起大拇指的图景，还有悔恨的心情很真实，唱歌很有悬念的感觉，读者会想，什么歌？为什么要唱？从而想读这篇作文。《那一刻，我真想<u>吃</u>》"吃"很真实，可是读起来怪怪的。《那一刻，我真想<u>外婆</u>》很难写出很好的中心来，难以得一类卷。

师：好。补题的内容既可以是词语，也可以是短语，但是补题是半命题作文的第一次亮相，作者应该抓住这个能给读者第一印象的关键机会。补题有两个标准：基本标准是正确，即不能出现语病，不能有歧义，当然不能随意更改命题人给定的半命题，《那一刻，我真想<u>外婆</u>》很明显就没有抓住"想"不是想念，而是打算、希望等意思；较高标准是出色，即生动形象，让人过目不忘，比如《那一刻，我真想为他点赞》让人如见其人，还应当紧扣中心，便于写下去。

我们在预习时，要求根据评价量表，对自己的初稿进行评价，（教师屏显评价量表）请同学说说自我评价。

生12：这是我的自我评价。我认为我的题目没有问题，《那一刻，我真想<u>哈哈大笑</u>》，我的材料也能围绕中心展开。可是我有一些意思不知道该用什么词语表达。（见表 2 - 14）

表2-14　自我评价（1）

评价指标	5	4	3	2	1
1. 补题正确，没有错误、歧义，且与中心联系紧密	√				
2. 中心明确，行文围绕中心，不旁生枝节		√			
3. 表述清晰，明白易懂，语句不重复啰唆			√		
4. 词语准确、规范，词语选择能清楚表达意思			√		

师：所以在第3点和第4点这两项，你只给了自己3。

师：老师发现，在第1点这里，同学们对自己补充的题目都还满意，自我评价高。当然事实上刚才我们这么一分析，有些同学的补题还需要努力。第2至第4点，许多同学都只给了自己3？能告诉老师理由吗？

生13：我觉得我的作文中心不突出，写作文的时候补好题目后我马上想到了一件事情，一口气写完作文后，才发现有很多和中心无关的语句，表达不准确。

生14：我的作文语言表述不好，用来用去就是那些词语，感觉平时积累不够。

生15：我觉得选择的素材还不能很好地突出中心，详略安排也有些不满意。

师：看来同学们对照评价量表，对自己作文的评价比较中肯。下面老师来总评上一次同学们的初稿，主要优点是：行文基本能够围绕中心展开；能够运用课堂所学内容，基本实现语言简洁。主要缺憾是：叙事过程为了"简"而影响了"明"，导致有些意思交代不清，中心不够突出。所以，咱们今天要继续探究使语言简明的技巧，然后修改初稿。

（二）第二部分：运用量表，评价例文

师：老师这里有一篇初稿，请结合评价量表进行评价。

那一刻，我真想找个地缝钻进去

①俗话说："人非圣贤，孰能无过。"我只是一个普普通通的初中生，也并不觉得自己很高尚，于是犯点错误就好像吃饭睡觉那样平常。我记得最清楚的那一次，是小学三年级的时候。因为当时很无知、顽皮，便觉得开玩笑和恶作剧特别的好玩，于是就在星期天发生这样一件事。

②早晨，天空很黑，不久便落起了大雨。这场雨落得很快，没多久就歇

了。妈妈便说去市场买菜，我也跟着去了，妈妈走进一家蔬果店，让我站门前不要乱跑，我便在门口看着马路。马路上人来人往，有的人提着篮子买菜，有的人牵着孩子赶路，还有的人骑着摩托或开小车飞驰，很是热闹，确实不愧是在城市中心闹市区。但在我眼里，并没有什么吸引力，因为我已经从乡下来这里十年了，一切都不再新鲜。如果是我那些乡下的表哥表弟们眼里看，情况也许不一样。

③突然我看到门口有许多已经烂掉的菜叶。我脑子里便弹出一个恶作剧，刚好这些菜叶和地面都有水，门前有一个不是很深的小水潭，我便用脚把一些菜叶，踢进水潭里，心想：人走过时肯定会滑倒。

④不久，第一个"受害者"来了，是一位比我大的男孩，他的脚一踩到菜叶，差点儿摔到地面，他什么都没说，拍了拍裤子便进去了，我高兴地笑出了声音。

⑤十多分钟后，几年青年，提着袋子走了过来，其中一个青年，脚还没踏进店门就整一个人滑倒在地，裤子都湿透了。他的样子很生气，又很气愤地在骂："谁放的叶子，滑死人了，真的是没良心……"

⑥我看情况不妙，便溜走了，进去找妈妈，妈妈买了好多好吃的水果，我边走边吃。突然，脚踩着东西一滑，就摔到了地上，我正要斥责时，立刻把口闭上了。

⑦那一刻，我真想找个地缝钻进去，我真是自己挖坑埋自己啊！

师：你对这篇例文如何评价呢？

生16：我的看法是如图所示，因为这篇例文补题很出色，可是它的中心不突出，有些地方该交代却一笔带过了，导致表意不明。（见表2-15）

表2-15 自我评价（2）

评价指标	5	4	3	2	1
1. 补题正确，没有错误、歧义，且与中心联系紧密		√			
2. 中心明确，行文围绕中心，不旁生枝节				√	
3. 表述清晰，明白易懂，语句不重复啰唆				√	
4. 词语准确、规范，词语选择能清楚表达意思			√		

师：有些地方？哪些语句让你有这样的评价？

生16：比如"突然，脚踩着东西一滑，就摔到了地上，我正要斥责时，立刻把口闭上了"。为什么会摔倒？摔倒了没有感觉吗？比如疼痛、难受。摔倒了心里怎么想？妈妈好像不是特别关心似的，也没有反应。

师：有道理，该"明"的关键地方不够"明"。还有没有补充意见？

生17：我认为它的语言表述层级是3，我觉得第一段空发议论，完全是多余的，不知道它想表达什么，可以删去，从第二段开始更紧凑，至少可以从"小学三年级的时候"开始写。

生18：第3点，我给的层级是3，我觉得它的语句有点啰唆，比如说第二段中对马路景色的描写和感悟那几句。

生19：我认为第4点词语方面的层级是3，例文中很多词语不能简明地表达意思。像"门前有一个不是很深的小水潭"。

生20：我认为例文的补题没有问题，作文也比较流畅。可是它的内容无法突出"真想找个地缝钻进去"这个题旨。而且跟刚才几位同学提及的一样，它的语言不够简明，一些语句的表述不够明白。

师：好，中心不突出、语言不简明。综合同学们的意见，我们认为例文的优点主要是补题正确，叙事比较流畅；缺憾主要是材料没有紧紧围绕中心展开，该"明"的关键内容不够"明"，导致中心不突出，语言表述不清晰。那么，我们要如何修改，使例文的语言更为简明易懂，突显中心呢？

（三）第三部分：赏析范文，感悟技法

师（屏显）：请同学们齐读这个片段。

生：每天放学回家，总能看到那一大片的向日葵，那是妈妈最喜欢的花。向日葵是一种草本植物，喜欢充足的阳光，其幼苗、叶片和花盘都有很强的向光性。每当看到向日葵，我都会想起许多暖心的事……

师：范文中，你认为哪些语句是与中心不符的？

生21：向日葵是一种草本植物，喜欢充足的阳光，其幼苗、叶片和花盘都有很强的向光性。第一句说向日葵是妈妈喜欢的花，最后说看到向日葵，就会想起暖心的事。可是中间这几句，很明显就是百科全书上的句子，和前后句子没有关系。

师：你认为这一句偏离了中心。

生21：其实，范文中的向日葵应该是有象征意义，向日葵代表的是妈妈，或者妈妈对孩子的爱。而中间这句里的向日葵，仅仅就只是我们日常生活中看到的植物，向日葵。

师：你完全理解了小作者的意图，真棒。片段中的表述，对语言有什么影响？

生21：它这样表达不清楚，语言不简明。

师：我们如何修改？

生21：直接删掉和中心没有关系的句子。

师：删掉后语言更简明。我们来齐读一遍修改过后的片段。

生：每天放学回家，总能看到那一大片的向日葵，那是妈妈最喜欢的花。每当看到向日葵，都会让我想起许多暖心的事……

师（屏显）：请大家再看另外一个片段。

生：后来发生了分歧：我的母亲说她要走大路，因为我的母亲觉得大路平顺，可是我的儿子说他要走小路，因为我的儿子觉得小路有意思。不过，家里是我做主，一切都取决于我。我的母亲老了，我的母亲早已习惯听从她强壮的儿子；我的儿子还小，他还习惯听从他高大的父亲；妻子呢，在外面，我的妻子总是听我的。

师：语言表述有什么问题？

生22："家里是我做主，一切都取决于我。"很啰唆。

生23：有很多"我的"，重复啰唆。

师：同学们的分析得很准确。我们来看看课文《散步》中的表述。（屏显）

生：后来发生了分歧：母亲要走大路，大路平顺；我的儿子要走小路，小路有意思。不过，一切都取决于我。我的母亲老了，她早已习惯听从她强壮的儿子；我的儿子还小，他还习惯听从他高大的父亲；妻子呢，在外面，她总是听我的。

师：语言表述重复啰唆，就缺少了简明之美，我们可以把化繁为简。

师：请同学们再来对比一下下面三组句子。（屏显）

生：1. 花下很多的蜜蜂不停地闹着，大小的蝴蝶飞来飞去。

2. 花下成千成百的蜜蜂嗡嗡地闹着，大小的蝴蝶飞来飞去。

师："不停"和"嗡嗡"哪一个词语更为精妙？

生24："嗡嗡"，当我一读起来的时候，我的脑海里就好像有那种声音在回响，一下子把我带入那个场景。

师：画面感就出来了。再来看第二组句子。（屏显）

生：1. 树叶却绿得发亮，小草也青得直入眼帘。

2. 树叶却绿得发亮，小草也青得逼你的眼。

师：一个"直入"，一个"逼"，哪一个词语令你印象更为深刻？

生25："逼"这个字让我印象很深刻，让我的感受更强烈，好像不得不去看。

师：一个词语竟有这样的妙处，真是太神奇了。我们再来看看最后一组句子。（屏显）

生：1. 是的，广阔的草原上到处开满了像星星一样多的小花。

2. 是的，广阔的草原上到处点缀着星星点点的小花。

师：请同学们对比"开满"和"点缀"。

生26：我觉得"点缀"用得更好。因为它是一个书面语，"开满"我们常常是在口头上表达。

师：这是书面语和口语的区别，书面语的使用会让我们觉得很高级。那么"像星星一样多"和"星星点点"呢？

生27：我觉得"星星点点"更好，它更简明。

生28："像星星一样多"就是要表达多的意思，虽然它用了比喻，可是"星星点点"更简洁，也形象地写出了多的意思，而且"星星点点"读起来更加朗朗上口。

师："星星点点"，一个四字词语的使用就足以生动形象地表达出小花的特点。刚才我们通过三个例子，进一步学习了使作文语言简明的技巧。同学们可以总结一下吗？

生29：偏离中心的内容要去掉，重复啰唆的语句要删去。

生30：我们要学会选择恰当的词语表达意思，活用动词和四字词语。

师：非常好，我们来归纳一下。如何在叙事过程中使语言简明、准确？①去次留主。②删繁就简。③巧用词语。

（四）第四部分：活用技法，限时修改

师：刚刚我们收获了使作文语言简明、准确的法宝。下面，我们尝试运用这些法宝，修改一下例文，帮它升格。请小组讨论修改方案，用时5分钟。

师：时间到，请小组汇报你们的修改方案。

生31：我们小组认为例文中关于"我"的心理变化太突然，一开始就想捉弄别人，接着恶作剧成功很得意，竟然一下子就因为自己的摔倒转变了态度，不太合理。而且，前两次摔倒的都是青年人，好像有些重复，不如把第二个中招的改成另外一种人，让作者的态度发生转变了，这样更顺，表意也更明确了。

生32：我们小组认为例文中的口头语很多，可以在词语的选择上进行修改。比如"落"雨可以换成"下雨"，还有结尾的"自己挖坑埋自己"可以表达为"自作自受"。

师：对，精选词语，可以使作文达到什么效果呢？

生32：更准确清楚地表达意思，也使作文看起来更文雅。

师：好，活用书面语，可以为作文增色。现在，请同学们结合小组修改方案，完成对例文的修改，限时 10 分钟。

（生自行修改，小组讨论，10 分钟后展示）

生 33：我们小组重点修改前两段。我们的修改稿是：

小学三年级的一个星期天的早晨，我真的羞愧难当。

那天早晨，天空很黑，一场大雨下得很快就停了。我跟着妈妈去市场买菜。妈妈走进一家蔬果店，让我站在门前玩，不要乱跑。我便很无聊地在门口看着马路。

生 34：根原稿相比，修改稿更简洁明了，意思很清楚。

生 35：我们重点改第五段。

十多分钟后，一位中年妇女牵着四五岁的小女孩走过来了。小女孩蹦蹦跳跳的，脚还没踏进店门就整个人滑倒在地，裤子都湿透了，雪白的袜子很快被殷红的血迹染红了。她顿时哇哇大哭起来。那个妇女连忙扶起小女孩，气愤地骂："谁放的叶子，真是没良心！宝贝别哭，乖……"她好像怀疑是我干的，我连忙溜之大吉。

生 36：修改稿把第二个摔倒者换成了一对母女，意思更明确了，作者的态度也由开始的开心变得紧张，有变化，好。

生 37：我们修改的是第六段。

我看情况不妙，便溜走了，进去找妈妈。

妈妈买了我最爱吃的香蕉。我不停地催着她买单，她刚结完账，我就忍不住掀开皮大吃起来。妈妈还要赶着去看望外婆呢。于是我边走边吃。

突然，我好像脚踩着东西，身不由己地失去平衡，后脑勺重重地敲在地上，简直有些眼冒金花了。我正要张口大骂时，忽然想到我也中招了，赶紧把口闭上了。

妈妈有些气急败坏，因为我身上第一次穿的新衣服已经惨不忍睹了，沾了不少脏兮兮的水，还有菜叶子的颜色。我生怕更多人看到我的狼狈样子，赶紧拉住妈妈离开。

师：把自己自作自受的场面和感受活灵活现地展现出来了，实现了自我教育。这个修改稿很好。想看老师修改的吗？

生（兴奋地齐声回答）：想。

师（屏显）：

那一刻，我真想找个地缝钻进去

小学三年级的一个早晨，天黑沉沉的，不久便下起了大雨。这场雨下得很快，没多久就停了。妈妈便说去市场买菜，我也跟着去了。

妈妈走进一家蔬果店，让我站门前不要乱跑，我便在门口看着马路。马路上人来人往，有的人提着篮子买菜，有的人牵着孩子赶路，还有的人骑着摩托或开小车飞驰，很是热闹。

百无聊赖的我突然看到门口有许多已经烂掉的菜叶。地面湿漉漉的，门前还缺了一块砖，积雨之后形成了一个小水坑。我脑子里顿时弹出一个恶作剧，我便鬼使神差地把一些菜叶踢进水坑里，从表面看，很容易误以为是平地。我偷偷地想：倒霉鬼走过时肯定会滑倒，那就好看了。

不久，第一个"受害者"来了，是一位比我大的男孩，他的一脚踩到菜叶上，差点儿摔到地面。他皱了皱眉头，什么都没说，拍了拍裤子便进去了。我差点笑出了声。等他进去后，我赶紧把菜叶恢复成原状。

十多分钟后，一个老奶奶提着袋子，拄着手杖，弓着腰蹒跚地踱了过来。脚还没踏进店门就整个人滑倒在地，裤子都湿透了，手杖都摔掉了。她很气愤地在骂："谁放的叶子，滑死人了，真是缺德……"

我怎么也高兴不起来，因为她的样子让我想起了乡下的奶奶。我不敢上前扶她，又生怕她发现我这个始作俑者，便一溜烟似的溜进去找妈妈。妈妈买了好多好吃的水果，她刚付完款，我就迫不及待地挑最喜欢的葡萄吃起来。

妈妈急着回家做饭，我便边走边吃。突然，脚踩着什么东西一滑，就身不由己地摔到了地上，结结实实地摔了个"嘴啃泥"，一阵钻心的疼痛从下巴处火辣辣地蔓延开来。我正要破口大骂哪个没公德心的坏蛋乱扔垃圾时，猛然想到自己先前的所作所为，立刻把口闭上了。

妈妈赶紧扶我起来，一边心疼地帮我擦拭，一边一连串地责怪乱扔垃圾的人"真没素质，早晚摔跤"！刚才摔倒的老奶奶不知道什么时候也站在旁边，关心地问："哎呀，你不要紧吧？"我只好表示感谢，拉着妈妈赶紧狼狈地离开。

那一刻，我真想找个地缝钻进去，我真是自作自受啊！

（五）第五部分：反思小结，升格作文

师：这节课我们通过对上一次作文的评议和对典型例文的修改，请同学们回顾总结，这节课你有什么新收获呢？

生33：我学会了用评价量表去看别人的作文。

生34：我学习了可以从题目、中心、语言等方面去评价作文。

生35：我知道了从哪些方面修改作文，使语言简明、准确。

师：老师介绍了哪些法宝？

生齐：去次留主、删繁就简、巧用词语。

师：很好，这是使语言简明、准确的技巧。下面就请同学们再次回看自己的初稿，然后和同桌交换，最后提出修改自己和伙伴的初稿的建议和修改设想。

（学生自主修改、交流，教师巡视、指导）

师：刚才同学们都很认真地为自己和伙伴的作文提出修改建议，老师想看看你们的成果。

生36：我的初稿是《那一刻，我真想放弃》，同桌建议是删掉第二自然段："上了初中，讲究的是德智体美劳的全面发展，体育便不再是无关紧要的课程，甚至成了重点考察项目。"和中心联系不紧密。我自己的修改设想是，有些语句可以用更精确的词语表述，像"我真的已经累得不行了"，修改为"精疲力尽"。

师：很好，你们的修改意见已经落到细节了。

生37：我的初稿是《那一刻，我真想回家》，我再看我的初稿，发现最大的问题是表述不清楚。比如："为什么我会想家？因为我的父母。每个子女，都会想他的父母，无论何时何地，回想起父母对我们的爱，那一定会，说不会的，那一定都是骗人的。"

师：你想表达什么？

生37：即便我已经长大，我还是会想家。

师：好，期待你升格后的作文。

生38：我的初稿是《那一刻，我真想哭》，我的修改设想是首先题目要改改，同伴说没有想看的欲望。然后就是人物对话啰唆，口语化。

师：重新补题？如何切入呢？

生：从作文想要表达的中心，我想表现的是我的难过。

师：好，你可以再仔细想想。我们常说"题好文一半"，作文题目很重要。

生39：我的初稿是《那一刻，我真想留下来》，我的修改设想是精炼词语表现动作。

如"我抬头一看，看见老师眼里流露出了一种情绪，那好像是欣慰，不舍，还有着点孤独，我心脏一阵抽搐，嘴唇翕动了一下，想说什么，却又说不出口，只能不住地点头"。

师：同伴如何评价呢？

生39：动词用得不好，抽搐、翕动。

师：也就是词语部分还要再三斟酌。

生40：我的初稿是《那一刻，我真想回家》，我也是语言表述不清楚。比如"我的眼睛忽然模糊了，眼泪挣扎着涌出眼眶，我忍不住哽咽的泪珠止不住地往下淌"。同伴建议修改"我哽咽着，忍住不哭，可是泪珠却止不住地往下淌，刹那，泪水模糊了我的视线"。

师：好，你的同伴很用心。

生41：我的初稿是《那一刻，我真想哭》，我的修改设想是删繁就简，删掉与中心联系不大的语段。如第一段"人生就像一幅油画，是多姿多彩的。在这路上，我们会经历许许多多的事：有让人快乐的，有令人后悔的，有使人愤怒的……当然，也会有想哭的时候"。第一句话和后面其实联系不紧密。

师：在初稿时，你写这一句的原因是？

生41：让作文更有文采。

师：我们不能为了文采而生搬硬套一些偏离中心的句子、词语。

几位同学和我们分享了对自己初稿的修改设想和伙伴建议。看得出来，大家对如何修改、升格自己的作文都已经心中有数、胸有成竹，课后，请同学们运用这堂课所学的知识完成对《那一刻，我真想＿＿＿＿》作文的修改升格。下课。

三、专家点评

本课例是我们研究的广东省"十三五"规划课题"学情视角的初中作文教学的全程优化的实践研究"在"江门市名师大讲堂"活动中成果推广的典型案例，体现了如下鲜明的特色。

（一）坚持学情视角，活动有分、有合

我们认为，旨在助学的教学活动在很大程度上类似于挠痒痒。伸手之前必先弄清楚受众哪几处痒、程度如何，伸手试挠时应不停地询问受众的感受，要根据受众的要求不断变化挠的部位、轻重和次数。写作指导与此同理，也应当基于学情基础、针对写作初稿、服务于学生需要。多年的实践经验警示我们：有意义的写作指导往往位于初稿呈现之后。因为初稿通常会暴露学生写作中存在的种种缺憾，而这些缺憾有些学生能清醒地意识到，有些却不被察觉。教师的责任就在于引导学生正视不足，聚焦问题，进而群策群力地修改升格，在反复修改中逐渐领悟写作规律，掌握写作技法，实现写作

素养的稳步提升。本课例中，田老师从初稿中引导学生发现补题的要领，察觉初稿多方面的不足，结合范文总结写作技法，进而活学活用于修改自己的作文。教学活动始终调动学生积极参与，想方设法让学生主动探寻，教师作为"平等中的首席"，通常最后归纳、点拨。由于总是基于学生感性的亲身实践，理性的知识梳理便水到渠成，要言不烦。

（二）依托评价量表，有效定向、定级

众所周知，评价量表具有定向、定级功能。本课例以精心设计的评价量表贯穿始终，很好地发挥了量表的教学支架功能。在学习准备阶段，教师要求学生用评价量表自我评价初稿，初步自评优点与不足，避免了评价尺度的杂乱无章。在写作评议活动中，教师要求学生依托量表，评价典型例文，避免了学生纠缠于病句错字等常规思路，直接将研讨的焦点聚拢于初稿亟待解决的要害之处。在反思小结环节，教师再次提醒学生结合评价量表梳理学习收获，犹如写文章讲究前后照应一般，能让评价量表深深地烙印在学生脑海中。纵观整节课学生的发言和修改等表现，由于有了评价量表这个操作性强的教学支架，学生的自评和他评显得有理有据，重点突出。当然，基于学教评一体化的理论，评价量表务必紧扣学习目标，本课例中的评价量表正是针对学习目标来设计的，确保其一一落实。

（三）借助典型例文，助学有序、有法

与一般作品相比，典型例文具有更广泛更突出的代表性。我们认为，例文不仅包括文质兼美的课文和特点突出的范文，也包括充分体现学情倾向的典型病文。田老师灵活选取了课文《散步》中的精彩片段、三组对比鲜明的范例和能代表学生初稿主要不足的反例，从正反两方面给学生以启发。教师并不急于将例文中蕴含的潜在写作技法"灌"给学生，而是颇有耐心地激发学生在自主思考基础上展开讨论，在咬文嚼字和对照赏析中发现规律，在众说纷纭和思维交锋中寻找契机。终于在学生畅所欲言基础上，摈弃了传统的陈述性写作知识的讲授，循循善诱地归纳出合宜的程序性写作技法。

（本节发表于专业期刊《中学作文教学研究》。课例作者为江门市蓬江区潮连中心学校 田丹，点评者为江门市蓬江区教师发展中心 周华章）

第十节 《〈抓住细节〉写后指导》课堂实录

一、教学实录

上课铃响，师生问好。

师：同学们，上周我们写了七年级下册第三单元作文任务二《＿＿＿＿的那一刻》，老师用如下评价量表对大家的初稿作了评价。（见表2－16）

表2－16　评价量表

指标类型	评 价 指 标	4★	3★	2★	1★
常规指标	切合题意，立意明确，中心突出				
	材料具体生动，有真情实感				
	结构完整，注意照应，详略得体				
	语言通顺，规范流畅				
	卷面整洁，书写工整				
特别指标	补题恰当，利于写作				
	细节真实、生动、典型				

这个量表分为常规指标和特别指标，各占50%的分值。常规指标是从中心、材料、结构、语言和卷面五个方面整体评价一篇作文；特别指标是这次作文训练的专项，包括补题和抓住细节两个方面。四种星级分别对应优、良、中、差。

下面21个同学榜上有名，请举手示意。

（学生举手示意）

师：初稿显示大多数同学有如下优点：（屏显）①补题正确，一些同学能以出色的补题赢得优势；②主题明确，选材能围绕中心，且有个性，很少类似素材；③卷面干净，语言表达通顺，部分同学的表述流畅而有特色。

半命题作文的补题是作者第一次亮相，很大程度上能左右读者的第一印象，所以务必慎重。补题的基本要求是正确，不能出现语法错误、歧义费解等现象，初稿有两位同学补题欠妥，我已经作了个别批注；较高要求是出色，下面17位同学的补题达到了出色的要求，请榜上有名的同学举手示意。大家请思考：这些补题好在哪里？

（屏显）

掌声响起（爱钰）烟花烂漫（慧莹）红日初升（杨妍）擦杆的那一刻（峻熙）

落花飘零（黄睿）冲上顶端（伊乐）满盘氤氲（杰斯）走过斑马线（廖嘉）

蛙声响起（翠钧）失而复得（栩天）冲出水面（思翰）发现禾雀花（兰彧）

重新执笔（梓阳）热泪盈眶（昕彤、思诚）潸然泪下（雅琳、谦德）

生1：他们的补题很生动，有的设置了悬念，比如"失而复得"，让读者很想了解丢失了什么。

生2：有的补题有双层含义，比如"冲上顶端"，可能既指到了最高点，又指到达新境界。

师：好！就记叙类文章而言，出色的补题有（屏显）"画面感强、富有文采、巧设悬念、耐人寻味"等特点。比如"掌声响起""蛙声响起"让我们如闻其声，"烟花烂漫""满盘氤氲"富有文采，"冲出水面"很可能一语双关、耐人寻味。以后我们遇到半命题补题要"谋定而后动"，最好有几种备用方案，挑选出色而方便行文的最佳选项来写。

初稿中很多同学的选材富有生活气息，各有各的精彩，极少"撞车"。（屏显）

伊乐：过山车冲上顶端克服恐惧体验美不胜收。

祎然：拿快递忘带钱，陌生叔叔代付款。

思翰：赛场上战胜懊恼，输了比赛，突破自我。

杨妍：战胜惰性，克服艰难，登顶观赏红日初升。

慧莹：情绪烦闷进茶馆，因烟花烂漫悟出真谛。

颖彤：烈日下摔倒，被志愿者救助的独特体验。

子为：爬山途中领悟关键在于懂得努力值得。

晋立：关键时刻从替补位置上场，力挽狂澜。

晓桐：情绪低谷被艰难开放的桂花树激励。

峻熙：坚持拼搏，在跳高擦杆那一刻感悟价值。

程毅：拔牙自我加压，导致不必要的痛苦。

师：请作者们举手示意。处处留心皆学问。只要用心观察，我们的家庭生活、学校生活和社会生活中的写作素材取之不尽、用之不竭。

一分为二地看，初稿有如下不足：（屏显）①详略失当，"那一刻"匆匆带过；②缺少细节，内容不够具体、生动。单元要求"回忆那一刻的细节或场面，再现当时的情景要尽量写得具体，还有写出当时的感觉"，但一些同学写了与"那一刻"关系不大的很多内容，反而对关键的内容一笔带过；由于缺少细节，文章不够具体生动。下面请同学们说说细节描写的含义、价值和要求。（板书）细节描写——含义、价值和要求

生3：细节描写是对人物、景物和事情等的细微刻画。

师：（板书）细节描写——细微刻画

生4：细节描写能以小见大，画龙点睛。

师：对。（板书）以小见大，画龙点睛，还有传神再现。

生5：细节描写必须真实、生动、典型。

师：（板书）真实、生动、典型。你能简要解释这三个词语的含义吗？

生5："真实"指细节必须是真的发生过的，"生动"指细节要活灵活现，"典型"……（语塞）

师：作文中的真实有两种，一种是已经发生的，另一种是可能发生的，比如把发生在别人身上的事情移植到自己身上，把发生在其他学校的事情安排到我们学校，前者是生活真实，后者是艺术真实，强调符合生活的逻辑。"典型"指有代表性，比如我们每学期选举优秀学生，因为他们代表了表现出色的学生，他们就是"典型"。大家明白了吗？

（学生做笔记，点头。）

师：每一种写作技法都要弄清楚几个问题，是什么？有什么用？注意事项是什么？还有最重要的一点，就是怎么运用？下面我们欣赏初稿一类卷，大家请看例文一，用刚才的评价量表，想想它好在哪里？还有什么修改之处？

例文一

"雨过天晴"的那一刻（569字）
江门市蓬江区紫茶中学　陈尚伊

①站在台上的那一刻，望着黑压压的人群，我的心跳加快了不少。是的，如果演讲顺利的话，我就可以佩戴上那光荣的"三道杠"。

②我还没有习惯在大庭广众下演讲，好像感觉到脑海中原本记住的一些文字慢慢地在空气中溜走、逝去。我像个木头人一样呆呆地站在那里。

③"她怎么了？"喊喊喳喳的疑问声在耳边荡漾着……我努力地回想着

演讲稿上的内容，但怎么也想不起来。当更多的似乎是可怜我的眼神朝我直线射来时，大雾似乎弥漫了我的双眼，连成串的泪珠夺眶而出。羞愧的我并没有发现班上何时安静了。

④同学们安静地望着吴老师，我抬头，吴老师轻轻一笑，那一抹笑沁入心扉，像是一种特殊的鼓励，我偷偷用手抹去眼泪，那一抹笑让我好像拨开云雾见青天。脑海中的记忆像是海浪拍打着礁石一般——强势回归。有点犹豫，有点后怕，有点开始激动……

⑤同学们似乎看破我的念想，班上一阵雷鸣般的掌声，久久不能平息，这阵掌声，让我如梦初醒，这阵掌声，让我信心满满……

⑥脑海中的文章，一点点地浮现，我怀着激动的心情，为同学、为老师开始了一场激情澎湃的演讲……末了，同学们那"地动山摇"的掌声将我吞没在热情的声浪里。是老师那莞尔一笑，是同学们的掌声，让我战胜了恐慌，找回了自信！

⑦尘封已久的故事，再一次像放电影一般一幕一幕地慢慢闪现。黑夜曾经吞没了我，可老师和同学们的鼓励拉着我走向光明。那一刻"雨过天晴"让我明白了人间的真情。

（学生阅读、深思，之后交流）

生6：我觉得作文选了我们很熟悉的材料，表现师生之间的真情，语言很美，结构很严谨，确实很不错。

生7：补题很不错，"雨过天晴"原来是指在老师的鼓励下渡过难关，耐人寻味。

生8：有好几处细节描写很精彩。比如第②段写"我"忘词的难堪，第④段写吴老师的笑给"我"的心理感受，还有第⑥段"掌声将我吞没在热情的声浪里"，很生动。

师：大家的意见很不错，刚才大家较多地从"精心锤炼语言（板书）"的角度分析，确实，这篇作文语言很生动，用很多精心锤炼的词语和修辞手法增强了表达效果。除了刚才大家提到的，还有第③段"喊喊喳喳的疑问声在耳边荡漾着"中"荡漾"，化无形为有形，转听觉为视觉，很传神；"当更多的似乎是可怜我的眼神朝我直线射来时，大雾似乎弥漫了我的双眼，连成串的泪珠夺眶而出"中"射""弥漫"等词语细腻地展现了"我"尴尬的心境。此外，这篇文章还有一个值得借鉴的写法——标题中暗含着细节，行文过程中照应展开（板书）——标题中"雨过天晴"很有画面感，含蓄地预告了主要事件，行文中写了"雨"的到来、"雨中"挣扎和"雨过天晴"的感受，条理清晰地逐层展开，很有意思。刚才表扬的补题出色的同学，其实都可以借鉴这种写法，升格自己的初稿。

下面我们再看两位同学的精彩片段，看看有什么值得借鉴之处：（屏显）

天空离我好像很近，湛蓝色上几片白云十分轻薄，好像触手可及；远处可以看见一片淡青色的湖，在阳光照耀下波光粼粼，十分亮眼；再低头，一棵棵大树像是一个个小绿点，行走的人如蚂蚁般大小，另一边的河像是一条蓝色的飘带……

杨伊乐《冲上顶端的那一刻》

金光乍现。一缕柔柔的光亮冲破层层云雾，铺在大地上。那是一幅怎样的盛景！火红中晕染着一层金黄，宛如一幅油画，红日点缀着朝霞，镀上金光。山也变得翠绿无比，映着这初升的红日。 杨 妍《红日初升的那一刻》

生9：这两段都是写景，感觉到两位同学心情都很好。伊乐写了天空、白云、湖水、大树、行人和河流，都很美。

生10：杨妍眼中的太阳初升的景象很壮丽，还用了比喻，把眼前的景象比作油画。

师：是的。两位作者眼里的自然景色都带有强烈的主观色彩。主要运用了暖色调，传达出作者舒适、赞美的情感。请作者说说，在写作文时，你先想到要写什么景色？还是先想到要表达什么心情呢？

生11：先想清楚所要表达的情感，再根据情感的需要选择景物，然后再加上修饰词语和修辞手法。

师：好！就是我们经常说的"一切景语皆情语""景为情设""融情入景"。刚才尚伊的例文一如果也能采用这种方法就更好了，因为从题目看应当一语双关，既写自然的雨过天晴，又指心情的变化，但只有实写，缺了虚写，请尚伊注意修改。

下面我们看看如下两个片段为什么这么精彩。（屏显）

鲁迅先生的笑声是明朗的，是从心里的欢喜。若有人说了什么可笑的话，鲁迅先生笑得连烟卷都拿不住了，常常是笑得咳嗽起来……许先生本来包得多么好，而鲁迅先生还要亲自动手。鲁迅先生把书包好了，用细绳捆上，那包方方正正的，连一个角也不准歪一点或扁一点，而后拿着剪刀，把捆书的那绳头都剪得整整齐齐……

（萧红《回忆鲁迅先生》）

向人们低声絮说些什么事，还竖起第二个手指，在空中上下摇动，或者点着对手或自己的鼻尖……夜里我热得醒来的时候，却仍然看见，满床摆着一个"大"字，一条臂膊还搁在我的颈子上。 （鲁迅《阿长和〈山海经〉》）

生12："连烟卷都拿不住了""笑得咳嗽起来"让我们如见其人，如闻其声；鲁迅先生一系列细微的动作，把他严谨细致的作风写得活灵活现。

生13："低声絮说""竖起第二个手指，在空中上下摇动，或者点着对手或自己的鼻尖""满床摆着一个'大'字，一条臂膊还搁在我的颈子上"这些细节描写抓住了人物的特点，还表现了小鲁迅对长妈妈的反感、厌弃。

师：分析得很到位。这两个片段抓住了典型的细节，精心锤炼语言，让描写对象在读者眼前活灵活现，而且特点鲜明，令人过目不忘。锤炼语言有消极修辞和积极修辞两种，消极修辞除了精选词语，还有选择合适的句式，积极修辞就是我们经常提到的修辞手法。刚才尚伊的作文中就运用了好几处精彩的修辞，如"我像个木头人一样呆呆地站在那里""脑海中的记忆像是海浪拍打着礁石一般——强势回归"，准确而生动地写出了"我"当时的感受。

下面，我们以锤炼语言的方法，升格这一句话：（屏显）

教室的门突然开了。

"＿＿"一声，教室的门突然被＿＿开了。

生14："砰"一声，教室的门突然被冲开了。

师：好。这么一改，表现了进门的人什么心情？什么性格？

生14：急躁，火爆，没礼貌。

师：好。要根据需要描写人物的动作细节。还有其他答案吗？

生15："咔嚓"一声，教室的门突然被撞开了。

师："咔嚓"合适吗？一般什么事物被强力折断了可以用，如风把树枝吹断了；而且与"撞"字不搭配。最好怎么改？

生15："咣"一声、"嘭"一声可以吗？

师：好。也是急躁、粗犷的。还有其他答案吗？

生16："吱"一声，教室的门突然被按开了。进门的人很文静，有礼貌。

师：好。可见要生动地再现场景，不一定要很多文字，锤炼词语就可以做到，这就是细节描写的魅力！

下面，我们欣赏一段综合运用了三种细节描写的范文：

那天我又独自坐在屋里，看着窗外的树叶"唰唰啦啦"地飘落。母亲进来了，挡在窗前："北海的菊花开了，我推着你去看看吧。"她憔悴的脸上现出央求般的神色。"什么时候？你要是愿意，就明天？"她说。我的回答已经让她喜出望外了。"好吧，就明天。"我说。她高兴得一会坐下，一会站起："那就赶紧准备准备。""哎呀，烦不烦？几步路，有什么好准备的！"她也笑了，坐在我身边，絮絮叨叨地说着："看完菊花，咱们就去'仿膳'，你小时候最爱吃那儿的豌豆黄儿。还记得那回我带你去北海吗？你偏说那杨树花是毛毛虫，跑着，一脚踩扁一个……"她忽然不说了。对于"跑"和"踩"一类的字眼，她比我还敏感。她又悄悄地出去了。她出去了，就再也没回来。

（史铁生《秋天的怀念》）

生17：这个片段有好几处精彩的细节描写。比如"窗外的树叶'唰唰啦啦'地飘落"，写景中可见作者万念俱灰的心情；母亲"挡在窗前"的动作细节写出她唯恐儿子想不开的心思，"悄悄地出去了"表现了母亲的体贴、关心。

生18：这个题目包含着细节，然后课文中有三处写到秋天的景象，如开头的雁阵、落叶，结尾处的菊花盛开，可见用了第一种写法。

师：好！明察秋毫！明确了细节描写的要领之后，我们借助刚才的评价量表，分析学案上的两则例文，看看有什么优点和不足，应该怎么修改。

例文二

冲过终点线的那一刻

江门市蓬江区紫茶中学　　邓咏程

年少轻狂，不过是抱着满腔热血和一往无前的冲劲向前进。

——题记

①夜晚，蝉在窗外不知疲倦地叫着，竹子的叶被晚风吹得摇曳，沙沙作响，也将我的思绪带回了那个十月。犹记得，冲过终点线的那一刻……

②"紫茶中学第三届运动会正式开始！"伴着主持人一句末了，热火朝天的运动会拉开了序幕，少年们充沛的精力与热情都在等待这一刻。

③随着时间流逝的步伐，操场上已是人山人海，扔铅球比赛中，一位敦厚的女生紧绷着脸，咬着牙，腰一屈，手一举，抛出了那颗沉甸甸的铅球；在跳高比赛上，一位高挑的少年弯着腰，伴枪声响起迅速前冲，矫健的身姿在空中闪过，稳稳当当地落在垫子上。

④"现在请（1）班的同学们到跑道上准备。"800米女子比赛要开始了，我的心好似被揪住了。来到跑道上，随着震耳欲聋的枪声在耳边响起，我猛一回神，开始了比赛。身边的人像离弦的箭冲了出去，留给我的是背影。我立刻提上了速度，三呼一吸地向前跑。一开始还游刃有余的我，随着一分钟、两分钟，一圈……我开始脱力，火辣的阳光照射着我，我有点晕头转向，喉咙好似要咳血，脚更好像被生拉硬拽着，心中胡思乱想："要不我放弃吧？我要累坏了！"我的脚步开始慢下来了。

⑤"学姐加油！学姐加油！"一阵洪亮的声音在我耳边响起，是学弟学妹在为我加油。我心中涌出一丝力量，再次向前奋勇奔去。40米，30米，20米，最后10米！世界好像都慢了下来，在等着我，身体顿时充满力量，向前奔去，脚冲过终点线的那一刻，我好似赢了全世界。将汗水挥洒在空中，将热血绽放了青春。

⑥"春风得意马蹄疾，一日看尽长安花。"青春是激情，是轻狂，是勇往直前，冲过终点线的那一刻，是我青春中绚烂多彩的一笔。

例文三

被点亮的那一刻
江门市蓬江区紫茶中学　黄　豫

①窗外炽热的阳光透过枝丫将整间屋子照亮，掺夹着楼下不绝于耳的蝉声，空调发动机的嗡嗡声，楼下小孩的嬉戏声，给夏天又添加了一份活力。

②可原本欢快悦耳的声音到了屋内却变成了如此的烦躁。已经不知多少次了，不堪入目的分数、老师责备的声音……桌上放着一道刚写完的数学题，一看参考答案，怎么又不一样啊？把我刚开始时要提高数学成绩的决心，瞬间击得破碎。

③我还能怎么办啊！

④我丢下手中的笔，用力揉着自己的双眼，尝试浇灭自己内心的烦躁。

⑤突然，一个小小的身影映入了我的眼帘。一只小小的蚂蚁正在试图搬起比他身体大好几倍的蛋糕碎。小小的身子居然还妄想搬起这么大的东西！

⑥过了不一会儿，蛋糕碎居然开始慢慢动起来。只见那蚂蚁竭尽全力地搬着蛋糕往角落那边移，慢慢地消失在我的视角里。

⑦然而，那抹黑色的身影却久久浮现在我的脑海里，且愈加耀眼明亮。

⑧连小小的蚂蚁都在竭尽全力地搬起一个庞然大物，那我又怎能因为这区区几道数学题折了腰？

⑨刹那间，窗外的蝉鸣似乎约定好一般一起停止，就是这一刻，我拥有了一些从未领悟过的东西，只觉得原来枯燥的夏天突然变得柔和了。窗外的天空万分晴朗，一切都是那么的美好。

⑩我又重新坐回到桌子旁，带着内心被点燃的光，准备和数学题继续奋战……

（学生自主阅读思考3分钟左右，之后同桌互动，师生交流。）

生 19：中心突出，选材很真实，语言也通顺，甚至有些细节让读者感同身受，如"喉咙好似要咳血，脚更好像被生拉硬拽着"，但例文二详略不当，"那一刻"写得太少，前面的内容太多了。

生 20：我也认为应该重点写"冲过终点线的那一刻"作者的见闻感受，其他的要压缩。

师：作者的意见呢？

生 21：是的，我现在感觉到应当把跟中心无关的内容压缩，甚至要删去，把主要的篇幅用在冲线前后的心情变化上，因为这样才能更好地突出战胜松懈的主题。

师：材料的详略和取舍要根据表达中心思想的需要。看来本文的修改要动大手术，必要的时候要忍痛割爱，重新调整详略。例文三呢？

生 22：例文三中心突出，选材很有生活气息，我们很熟悉，语言通顺，结构也挺好的，但有些细节不太恰当。比如开头的环境描写明明充满了"活力"，后面接着写自己"烦躁"，不太好。

生 23：我同意她的看法，我还觉得最关键的"那一刻"描写不足，好像转变得太快了，应该仔细描写蚂蚁搬蛋糕碎屑的细节。

师：作者怎么看？

生 24：他们说得有道理。我准备把开头写得有烦躁的感觉，再加上一些细节描写，让义章更加具体、生动。

师：好！下面给大家 8 分钟时间，一、二组修改例文二，需要大动干戈；三、四组升格例文三，添改几处即可。开始！

（学生自主修改，6 分钟后交流，之后师生互动。）

师：好！下面先请一、二组的代表发言。

生 25：我把前三段都删去了，因为它们跟中心关系不大，直接从第④段开始写，然后详写临近冲刺前的疲倦、冲刺时的感受和冲刺后的欣慰。

生 26：我保留了第①段，因为这段引起回忆也挺好的；然后接着第④段写。细致地写"我"因为很累而准备放弃，在学弟学妹们的呐喊助威声中重新振作，于是冲了过去。最后不要喊口号一样，改为这次的经历让"我"明白其实只要肯努力，完全可以战胜放弃，迎难而上。

师：好，下面请欣赏老师的修改示范。（屏显）

随着发令枪声响起，身边的人像离弦的箭冲了出去。我立刻提速飞奔。一开始还游刃有余的我，随着一圈一圈的狂奔，我<u>开始上气不接下气，心几乎要跳出来</u>，渐渐掉到队伍的最后。

火辣辣的阳光照射着我，我有点晕头转向，<u>喉咙干得发痛，胸口像塞住</u>

了什么似的疼痛难忍，似乎要咳出血来，脚像被人生拉硬拽着，每迈一步都有千斤重。一个声音突然在脑海中回荡："要不放弃吧？再跑会累坏的！老师也说'安全第一'。"我的脚步不由分说地慢下来了。

"学姐加油！学姐加油！"一阵洪亮的声音猛然令我一震，是学弟学妹在为我加油。一股力量突然从心底涌出，就像战士们听到了嘹亮的冲锋号，催促我向终点奋勇奔去。40米，30米，20米，最后10米！世界好像都慢了下来，我分明看到终点处有一条鲜艳的红绳在向我招手。

我浑身顿时充满力量，不顾一切地向前奔去。在冲过终点线的那一刻，我看见几个熟悉的身影迅速涌过来架住了我，有人赶紧塞过矿泉水和毛巾，有人兴奋得满脸通红地告诉我比赛结果……这时我什么也听不进去，只是默默在心里为自己喝彩，因为我终于战胜退缩，以昂扬的姿态不负呐喊声，为自己的赛场添加了精彩的一笔！

从那以后，每当稍有懈怠时，一想到冲过终点线的那一刻，我就信心百倍，迎难而上！

注意画线语句，老师综合运用了刚才归纳的三种细节描写的技法，把标题中"冲过终点线"的过程写得很细，加上了一些心理感受的细节，最后深化主题，由冲刺延伸到其他事情，画龙点睛。

请三、四组的代表发言。

生27：我删去了第①段最后一句"给夏天又添加了一份活力"，因为这段景物不能表现活力，应围绕"烦躁"来写才合适。还要把第②段提前为第①段最后一句。这样更协调。

生28：我觉得删去了第①段最后一句就可以了，景物除了正面烘托，还可以反衬，以乐写悲也可以的。我详细描写了蚂蚁搬蛋糕的细节："只见那蚂蚁一会儿用嘴去咬蛋糕企图拖着走，一会儿用前足努力推，但蛋糕纹丝不动，一会儿又爬上蛋糕屑，终于，蛋糕屑慢慢往角落那边移，渐渐地消失在我的视角里。"我力求达到老师所说的，不出现"竭尽全力"，让读者自己通过文字去感受。

师：好的。下面看看老师前六段的修改示范，后面的没有改动。（屏显）

①窗外炽热的阳光透过枝丫将整间屋子照得晃眼，掺杂着催命似的蝉声、空调主机的嗡嗡声，楼下小孩的嬉闹声，给本就燥热难当的夏天添加了一份难受。

②已经不知多少次了，不堪入目的分数、老师声色俱厉的责备、家长失望的眼神……桌上放着一道刚耗费九牛二虎之力才完成的数学题，一看参考答案，怎么又不一样啊？我刚下定要提高数学成绩的决心，瞬间像鼓胀的气

球一样被击得破碎。

③我还能怎么办啊！就像落水的人好不容易抓到了一根救命稻草，却连稻草也被冲走了！

④我丢下手中的笔，用力揉着双眼，尝试浇灭内心的烦躁。

⑤突然，书桌下一个小小的身影映入了我的眼帘。一只小小的蚂蚁正在试图搬起比他身体大好几倍的蛋糕碎屑。小小的身子居然还妄想搬起这么大东西！我冷冷地想：真是个可怜虫！

⑥但我分明地发现，那只可怜虫先是尽力向前推，接着使劲往后拖，然后努力往旁边抬，之后又绕着蛋糕碎屑焦急地转圈，还时不时用纤细的触角敲击着……过了好一会儿，蛋糕碎屑居然开始慢慢动起来。只见那蚂蚁竭尽全力地搬着蛋糕往角落那边挪，一毫米，两毫米……终于慢慢地消失在我的视野里。

老师也是抓住题目中"点亮"的过程，在行文中逐渐展开，添加了很多生动的细节，尤其是艰难地搬运蛋糕屑的细节，希望突出中心，也让文章更加栩栩如生。

下面请同学们说说本节课的收获。

生29：我懂得了要从常规指标和特别指标两个角度评价自己的作文，还明白了细节描写的定义、价值、原则和要领。

生30：我学会了要围绕中心运用细节描写，不是为了细节而细节。细节描写也不是越多越好，关键在于有助于表情达意。

生31：细节描写可以用精彩的词语和修辞手法、题目和文章的照应、融情于景三种方法进行。

师：看来大家都有所收获，请牢记这节课的评价量表和板书，这就是全课的精华。（见图2－5）

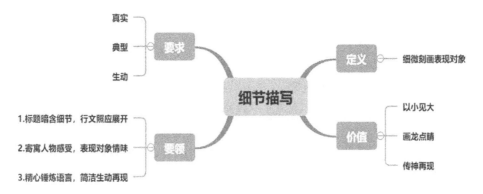

图2－5　板书示意

课后的作业是用评价量表评价自己的初稿，运用细节描写的要领修改自己的初稿。

这节课就上到这里，下课！

二、教后反思

上述写后升格指导课具有如下三个特点。

（一）学教评一体化，训练过程扎实

在备课时，我很清楚地提醒自己，这节课务必弄清楚以下四个问题。

（1）要帮助学生去哪里？即学习目标有哪些，这些目标应当处于大多数学生的最近发展区内，但仅凭他们自身的努力无法到达，必须依靠教师的帮助和指引。经过慎重考虑，我把目标确定为三点——能说出细节描写的含义、价值和写作要领；能根据表达的需要抓住细节，并以恰当的细节描写升格初稿；能借助评价量表评价他人和自己的初稿。每个目标的陈述对象都是学生，关键动词都清晰、可检测，因为学习目标是对学习结果的预期，具有导教、导学、导测评三个功能。

（2）大多数学生上课前在哪里？通过初稿诊断，不难发现大多数学生的起点水平。根据"以终为始"的原则和任务分析法，从学习目标反推到学情起点，可以逐步预测大多数学生可能遭遇的学习障碍，比如他们之所以详略失当、缺乏细节，可能是因为抓不住细节，不懂得选材与组材的原则；进一步分析，可能是他们不懂得应当紧扣中心选材，他们不明白细节描写的含义、要求和要领……如此层层深究，直至大多数学生的起点状况。

（3）用什么方法帮他们去那里？上课的思路与备课时刚好相反，应当以大多数学生的起点水平为逻辑起点，设计三个左右的主要学习环节，拾级而上，从弄清关键写作技能——细节描写的内涵、价值和原则出发，接着借助课文和学生佳作开发关于细节描写的关键技能，进而用于在教师现场指导下对例文的修改升格，最后在反思基础上让学生小结收获，用以修改升格自己的初稿。

（4）如何知道他们是否到达？为了准确地诊断学情，我从常规指标和特别指标两个维度设计了评价量表，并以四个星级区分其水平层次。上课之初，引导学生用量表评价初稿，评判初稿的水平表现；在剖析三篇例文时，提醒学生以量表为标尺——评判；在布置升格初稿的作业时再次提醒学生以量表为依据。通过示范帮助学生逐渐掌握评价的方法，进而学会互评和

自评。

从课堂实施效果看，整节课学教评一体化，训练过程充分而扎实，学生学有所获。

（二）坚持学情视角，助学策略贴心

众所周知，每节课都是为具体班级的学生量身定制的，因为教师多年前就已经掌握了上课的内容。因此，我坚持从十个方面落实学情视角：一是以初稿诊断为逻辑起点，即助学活动务必针对本班学生初稿的优势与不足，要符合上课班级学生的实际；二是以评价量表为核心要领，将本节课的核心知识浓缩在评价量表中，力求易懂好学会用；三是以导学预习为交流基础，由于内容量较大，课前布置学生自由预习，形成初步认识以提高课堂效率；四是以学生作文为重要素材，身边的榜样亲切而具有示范性，能增强学生"比学赶帮超"的热情；五是以已学课文为悟法依凭，已学课文不仅极具典范性，还因学生熟识而容易被接受和迁移；六是以多向交流为群学方式，通过学生之间、师生之间的多向交流，提升学习成效；七是以当堂训练为提升途径，"双减"政策之下，当堂训练最能保证训练质量，也更符合学习迁移的规律；八是以及时反馈为促学机制，学习之后立刻看得见自己的努力效果，能形成认真学习的良性循环；九是以自我提升为学习标的，即学习的目标在于提升作者的认识水平，进而转化为更高的写作能力；十是以学业成就为激趣策略，即通过当众表扬、口头发表、佳作品析、作者亮相、中肯建议等方法，想方设法地让学生获得写作的成就感，进而积小成功为大成功，越战越勇。

（三）关注全文整篇，追求有效升格

一些教师喜欢训练学生写片段作文，迷恋于"零件"的精雕细琢，因为片段训练更容易操作。但长此以往，容易陷入"屠龙术"式的纯技术化泥沼——学生可能知道并能熟练写作片段，但一到全文写作却茫然不知所措。在本节课中，我从四个方面让学生时时牢记从整体着眼的原则：①评价量表明示，专项指标必须是常规指标之下的局部优化；②导学例文暗示，无论是精彩范文，还是典型病文，都注重从全篇的视角思考；③当堂训练落实，强调全文诊断和整体升格；④"干货"开发凸显，即关键技能的三维发掘都无一不指向写作意图，引导学生不是为了细节描写而写细节，要始终坚持全文视域。

虽然整节课学生积极投入，现场生成精彩，但也有明显的不足。如整节

课前松后紧，过多"悟"法，"用"法有所欠缺；教学内容贪多求全，专项欠突出，"消化"不透彻……正因为缺憾的存在，亟待我们加大研究力度，力求写作教学的进一步改善。

（本节作者为江门市蓬江区教师发展中心　周华章）

第十一节　七年级作文教什么？怎么教？

七年级是初小衔接的关键年级，应当在前三个学段写作教学的基础上，遵循初中生的认知规律，继续培养良好的写作习惯，在写作成就感的激励下不断增强写作兴趣，为八、九年级乃至更长期的语言表达打下坚实的基础。为此，教师务必在七年级开学之初就解决"教什么""怎么教"这两个根本问题。

一、七年级作文教什么

《义务教育语文课程标准（2022 年版）》关于第四学段写作的教学目标与内容明文规定："注重写作过程中搜集素材、构思立意、列纲起草、修改加工等环节，提高独立写作的能力。根据表达的需要，借助语感和语文常识修改自己的作文，做到文从字顺。能与他人交流写作心得，互相评改作文，以分享感受，沟通见解""写记叙性文章，表达意图明确，内容具体充实"。

《义务教育教科书教师教学用书·语文》（七年级上册）在"编写说明"中明确指出："七年级重点培养学生的写作兴趣和良好的写作习惯，在此基础上初步培养写人记事的能力。"

统编版本七年级语文教材为师生们精心设计了如下单元写作训练序列。（见表 2 - 17）

表 2 - 17　单元写作训练序列

	第一单元	第二单元	第三单元	第四单元	第五单元	第六单元
上册	热爱生活，热爱写作	学会记事	写人要抓住特点	思路要清晰	如何突出中心	发挥联想和想象
下册	写出人物精神	学习抒情	抓住细节	怎样选材	文从字顺	语言简明

因此，七年级写作教学应基于对学生写作兴趣和良好写作习惯的培养，注重写人记事等记叙类作文训练。具体而言，有如下必学的教学内容。

（一）培养积极的写作兴趣和良好的写作习惯

1. 积极的写作兴趣

（1）热爱生活，热爱写作。

学生时期是一个人人生的必经阶段，受教育是为将来幸福的生活做准备的。因此，应该以写作教学为手段帮助学生树立积极的生活态度。作为社会成员，本质上都渴望交流。其实，写作就是用笔谈话，虽然没有当面交流的现场感，但由于文字的稳定性而拥有更多的交流者。热爱生活的学生必然渴望与周围的人交流，热爱写作不仅能帮助学生"情动于中而形于言"，还能促使他们以更严谨的思维、更理性的结构和更规范的语言表情达意。所以，要通过写作教学，帮助学生发现更好的自己，在生活中品尝到更多快乐。

（2）正确理解生活与写作的关系。

王安石诗云："问渠那得清如许？为有源头活水来。"七年级学生的思维水平亟待提高，学会从日常生活中发掘素材和汲取养分尤为关键。因此，要想方设法让学生明白生活与写作是"源"与"流"的关系，只有生活阅历丰富并自觉发现其价值的人，才能写出高质量的作品来。只有主动博闻强记，尽可能多地积累直接经验和间接经验，才能在写作时旁征博引、左右逢源。当然，应当引导学生明白真实有两种，一种是"已经发生"的生活真实，另一种是"可能发生"的艺术真实。作文可以写原原本本的生活真实，也可以借助提炼、组合和虚构来写艺术真实，因为后者是更典型、集中的生活真实。

（3）品尝到写作的快乐。

心理学研究表明：当人们的行为受到积极的评价时，行为主体会产生愉悦的情感，这种愉悦的体验会促使其产生更大的行动内驱力。只有想方设法让学生经常品尝到写作的快乐，他们才会越战越勇，形成写作活动的良性循环。写作的快乐往往来自五个方面：一是教师、伙伴等真实读者的互动交流和积极反馈。二是发表、奖励等多种途径的成就激励。三是作者在初稿与修改稿的今昔比较中的进步感。四是与努力程度相适应的学业成绩的正相关效应。五是作者用文字记录经历、表情达意的成就感。

2. 良好的写作习惯

（1）留心感受。

常言道："处处留心皆学问。"我们只有养成随时随处留心感受的习惯，才能逐渐积累取之不尽、用之不竭的写作素材。留心感受不仅仅是用眼睛观察，还包括听觉、触觉、嗅觉、味觉等。只有自觉运用各种感觉器官主动接收外界信息，我们才能获得对外部世界全面的、立体的、鲜活的印象，从外形、姿态、声音、颜色、味道、气息诸方面真切地感知外部事物，进而获得或愉悦兴奋、或压抑悲伤、或留恋不舍的主观体验。

（2）勤于积累。

写作心理学研究表明：学生的写作能力是写作内容知识、写作技能和写作策略性知识习得、迁移和转化的结果。"操千曲而后晓声，观千剑而后识器"的古训也印证了积累的必要。学生写作的内容主要有直接经验和间接经验两种，前者是指亲身参加实践而获得的经验，后者是从别人处、网络上或书本里得到的知识。因此，不仅要引导学生做生活的有心人，积累亲身经历和体验，还要指导他们通过阅读、倾听、交流等途径获得尽可能多的间接经验。获得各种新的经验后，要通过日记、随笔等方式及时记录、整理，日积月累。

（3）善于思考。

同样的世界会带给人们不一样的感受，就是因为大家的思维方式各不相同。要教会学生以善于思考的态度面对生活。比如网络上一则新的传闻，不宜一开始就人云亦云，应先辨别真伪，追问是不是真的？是完全真实的还是部分真实？接着分辨对错，事件中的各方到底谁对谁错？进而思考价值，这件事对个人有什么启示？对集体、对社会、对国家甚至世界有没有积极意义？最终才是道德判断，如果是善的，应当弘扬、传播；如果是恶的，应该引以为鉴。如果养成这样理性思考的习惯，往往不会被种种现象所迷惑。

（4）程序合理。

根据30余年的写作教学经验，笔者发现一些学生之所以写不好作文，原因之一就在于他们构思的程序不合理。有些孩子拿到作文题目之后马上就会想到一件事，然后不假思索地写下来，也不肯修改，就交了卷。这种应付任务式的写作，结果可想而知。合理的写作程序应该是审题立意—选材组材—列提纲—限时写作—修改誊正。只有遵循合理的写作程序，习惯成自然，才能在限定条件下写出合乎要求的作文来。

（5）自觉修改。

常言道："好文不厌百回改。"好的作文极少是一气呵成的，大多都是学生在教师指导下反复修改而成的。因此，要引导学生透彻地理解修改的重要性，在反复的修改实践中掌握修改的必备知识，逐渐形成合格的修改技能。

（二）理解并掌握一般文章写作的基本要求

1. 思路要清晰

写作思路的具体要求是条理清楚、层次分明。要达到这个要求，先得弄清楚所要表现的中心思想，接着根据中心取舍材料；然后安排好写作顺序；最后把构思的结果用列提纲的形式外化出来，明确全文框架和各部分的主要内容。

2. 如何突出中心

依托典型范例让学生明确中心思想的内涵及价值，掌握突出中心的策略，如在精准审题和素材提炼基础上确定中心，根据中心取舍材料，安排好次序和详略，进而采用一线贯穿、开篇点题、画龙点睛、抑扬对比、铺垫渲染等技巧突出中心。

3. 发挥联想和想象

通过典型范例引导学生懂得联想与想象的区别，明确二者在写作中的价值。结合阅读教学，弄清联想要自然恰切、想象要合情合理且有新意等要求，并能在写作中熟练运用。

4. 怎样选材

懂得素材与题材的区别。知道直接材料与间接材料的特点及各自的价值，善于从日常生活和阅读倾听中积累写作素材，并形成挖掘和积累素材的良好习惯。学会围绕中心选材和组材，注重材料的真实性和新颖性。

5. 文从字顺

懂得"文从字顺"的丰富内涵：基本要求是用词恰当，表意明确，句子连贯，思路清楚；更高要求是连贯得体、前后照应、结构完整、行文通畅。在多朗读、多修改基础上，逐渐养成推敲字句的习惯和能力。

6. 语言简明

理解"语言简明"的含义是既要清楚、明白，又要简要、简洁。把握其基本要求是明白易懂、准确规范。在丰富的正例和反例中，懂得语言简明的关键是紧扣中心，避免重复；领悟到语言简明的常见技法：删繁就简、去次留主、巧用替代、消除歧义。

（三）学习并运用写人叙事类记叙文的写作知识

1. 学会记事

学会交代清楚记叙的要素，写出事情的起因、经过和结果。养成动笔前根据中心的需要理清事情来龙去脉的习惯。学习有感情地记事，注意锤炼语言，再现细节，力求感染读者。

2. 写人要抓住特点

懂得人物描写的含义，学会在细心观察和比较基础上抓住人物特点。能抓住典型事件和细节，从外貌、语言、动作和心理等角度突出人物特点。逐渐学会通过一事写一人、一事写多人、多事写一人等作文。

3. 写出人物精神

懂得人物外形与精神相统一的要求。学会抓住典型细节表现人物的精神风貌，采取对比、衬托、正面描写与侧面描写相结合等写作手法突出、强调人物精神。学会以精彩的抒情和议论升华主旨，凸显人物的精神品质，写出作者的切身感受。

4. 学习抒情

懂得真挚的感情才能打动读者，理解抒情分为直接抒情和间接抒情，明确两种抒情方式的内涵和各自的表达效果。在典型范例基础上，学会恰当地抒发情感，增强作文的感染力。

5. 抓住细节

结合典型的课文范例，理解细节描写的含义和价值，明确抓住细节的关键在于真实、典型和生动。学会在对生活细致观察基础上抓住最能反映人物性格特征的细节，遵循"聚焦、分解、还原、放大"的原则，用生动、简洁的语言再现情境。

二、七年级作文怎么教

（一）统筹规划，落实全年写作训练序列

一线教师们在写作教学中，容易出现三种缺憾：一是无序，即东一榔头西一棒子，训练缺乏体系；二是随意，即缺乏明确的训练目的，事先准备好的训练题目常常临时更换；三是顾此失彼，即与考场作文相关的写作技能点反复训练，将来生活和工作用得上却与考试无关的极少涉及。究其原因，往往就是事前缺乏宏观的写作序列的建构。

鉴于此，应该以统编版本七年级语文教材的单元写作内容为主体，从每次大作文写作的训练题目、训练要点、参考范文等方面设计好全年训练规划。表2–18就统筹安排好七年级每个单元训练的目标，便于师生们心中有数，一目了然。

表2-18　七年级每个单元训练的目标

	第一单元	第二单元	第三单元	第四单元	第五单元	第六单元
七上	《热爱生活，热爱写作》1. 懂得写作与生活的关系，养成细心观察、勤于思考的习惯；2. 懂得写作素材分为直接经验和间接经验，形成积累和挖掘素材的能力	《学会记事》1. 能有条理、有感情地记述事件；2. 能有条理、有细节地叙事；3. 懂得修改的意义，能根据需要局部修改	《写人要抓住特点》1. 详写一件事，以点面结合的方法写出人物的特点；2. 基于细心观察，通过多件事写出一个人的特点	《思路要清晰》1. 明白列提纲的必要性，以倒叙叙事；2. 在列提纲的基础上，以插叙写人；3. 能根据需要修改	《如何突出中心》1. 能说出突出中心的必要性，以主线贯穿全文；2. 能根据中心的需要安排主次详略，运用点题技巧	《发挥想象和联想》1. 能自然恰切地联想，合情合理地想象；2. 了解异常视角，有新意地想象虚构；3. 能根据需要修改
七下	《写出人物的精神》1. 能抓住多个典型细节表现人物的精神风貌；2. 能借助对比、反衬、正面侧面结合、画龙点睛等手法突出人物的精神；3. 能根据需要修改	《学习抒情》1. 懂得抒情的意义，能说出抒情分为直接抒情和间接抒情；2. 能根据表达的需要恰当抒情	《抓住细节》1. 懂得细节的价值，能注重叙事的真实、典型和生动；2. 能运用典型细节写人，给读者真实、生动的感受；3. 能根据需要修改	《怎样选材》1. 能说出选材在写作中的价值，并能以典型、个性化、生活化的素材叙事；2. 在细心观察基础上，能以典型、新颖的材料写出人物特点	《文从字顺》1. 能说出文从字顺的必要性，通过反复修改使语言准确而富有流畅性；2. 能连贯而流畅地写人、叙事，语言富有画面感；3. 形成修改文章的习惯和能力	《语言简明》1. 能说出"语言简明"的含意，在修改基础上增强语言的准确性；2. 在写人叙事过程中，力求语言简明而生动

当然，除了大作文之外，还应当要求学生坚持记日记、写随笔、练片段，坚持日积月累。

（二）摸清学情，注重写作指导对症下药

显而易见，每次写作训练都是为了帮助学生实现有效提升：从不了解某

个知识到透彻理解，从只能模糊认知到娴熟运用。想要每次训练卓有成效，务必先摸清学情，力求有的放矢。摸清学情一般可以从如下四个方面着手。

1. 作品诊断

研读学生作品，可以从思想水平、情感态度、语言表达、写作手法、谋篇布局、卷面书写等方面综合评定学生的写作水平。一般而言，可以从纵横两个维度科学地把握一个或多个学生的写作状况。横向比较是指在一次写作之后，将一个学生的作品与同年级其他同学的作品相比较，在彼此横比中判定该生相较于平均水平的优势或不足。横比重在从静态的角度较为准确地把握学情现状。纵向比较是指将同一个学生在不同时期写成的两篇或更多的作品纵比分析，在今昔对比中判定该生写作关键能力指标的变化情况。纵比重在从动态的角度分析学情现状及变化趋势，使学情分析活动更有前瞻性。

2. 个别交流

学生每次呈现的作品只是最终的成品，我们无法弄清楚作者暗箱一样的思维过程和思维方式。如果能通过个别面谈的方式，让学生自述其构思的具体情况，往往能更加准确地把握其写作能力，弥补对作品分析的缺漏。个别面谈的关键在于以足够的耐心激发并倾听作者的自述，可以通过一系列开放性的"特指问"促使他们畅所欲言，务必让学生袒露心声，切忌使用"选择问""正反问"或"是非问"先入为主地诱导学生跟着教师的思路走。

3. 课堂观察

可以通过以多种方式留心观察学生的表现来把握其参与的兴趣和能力：①师生问答。教师要善于预设富有启发性的问题，并敏锐地从学生的应答中发现端倪，为进一步的因材施教做准备。②小组学习。小组学习活动开始后，教师应当有目的地参与其中，有意识地观察学生的表现——中下层学生重在清楚地表达自己的初步想法，中上层学生重在中肯地评议和有效地帮扶——为准确判定其写作能力积累依据。③展示评议。可以在课堂写作任务布置时，就以评价量表的方式给学生以明确的指引；在学生课堂展示后，要求伙伴们以量表为标尺，有理有据地对自己和他人的作品评议分析。

4. 问卷调查

问卷调查是指通过制定详细周密的问卷，要求被调查者据此进行回答以收集资料的方法。问卷一般有纸质版和网络版两种，前者便于统一把控和集中完成，但统计工作较为复杂；后者便于统计，但容易因难以全员参与而造成数据不全。在写作教学中，恰当地使用问卷调查，能在一定程度上把握集体倾向性的学情，为改进教学提供事实支持。答卷一般采用无记名方式进行，这样才能保证学生无所顾忌地说出真实的想法。

（三）厚积薄发，加大写作日常积累力度

要想高质量地完成每次写作任务，除了在写作时殚精竭虑之外，还务必在日常教学中引导学生们从思想情感、写作素材、语言表达和快速构思几个方面加强积累。

1. 思想情感的积淀

由于生活阅历相对简单，认知水平有限，青少年们的作文往往难以表现丰富而深刻的思想情感。因此，很有必要引导他们从课内外阅读的潜移默化、学校教育的正向导引、校外教育的耳濡目染三个方面自觉地接受熏陶，逐渐达到或超过七年级学生应有的思想情感的水平。

2. 写作素材的发掘

一方面，训练学生运用自己的眼、手、耳、鼻等器官留心观察感受，获得对外部世界的直接经验；另一方面，引导他们通过广泛阅读和用心视听尽可能多地获得间接经验类素材，如聚会时亲友的高谈阔论、校会时领导的苦口婆心、讲座时专家的旁征博引、谈天时伙伴们的海阔天空……说者无心，听者有意，往往就有极好的写作素材隐含在这些视听得来的信息中。

3. 语言形式的磨砺

缺乏熟练的语言表达能力常常导致不少学生在写作时"掉链子"。为此，既要从词汇积累、修辞选用、句式锤炼等方面拾级而上地强化语言表达功力，还要从写作手法、布局谋篇等角度提高学生作文的"技术含量"。

（四）着眼帮扶，致力于开发程序性写作知识

一些写作课之所以低效无用，是因为教师常常引导学生们在"是什么""为什么"的陈述性知识上兜圈子，而学生最缺乏的却是"怎么写"的程序性写作知识。如七上第五单元写作训练"如何突出中心"，难点不在于理解中心的内涵和重要性、"围绕中心写作是作文的基本要求"等静态知识，关键在于"怎样做到中心突出"。从学生易学好懂的角度看，先要在审准题意的基础上确定中心，接着根据中心的需要选择合适的材料，进而以列提纲的方式安排好材料的主次和详略，还应采用开门见山、卒章显志、前后呼应等具体技巧突出中心。一般可以从经典范文中开发程序性写作知识，再用反例和学生佳作加以印证，给学生梳理和总结出易懂好用的写作技能。

（五）广义发表，精心培育学生写作成就感

渴望得到他人的肯定和赏识是每个人的天性，借助多种形式的发表活动

强化学生们的写作成就感不失为一种行之有效的策略。发表有狭义和广义之分，狭义的发表即在报纸杂志上的正式刊发，这种"高大上"的发表几乎只是少数写作尖子的专利；广义发表则包括口头发表、书面发表和网络发表等丰富多彩的方式，这种发表形式因其惠及面广、方式灵活、门槛不高而为更多小作者所跃跃欲试。

1. 口头发表

可以利用早读、课前几分钟、晚修、作文课甚至校会、家长会等时间，或朗读整篇优秀习作，或宣读精彩片段，甚至只选读出彩的几句。通常有教师朗读点评、作者朗读他评、他人朗读评议等形式。当自己的作文广为人知、老师和同学们的溢美赞誉之词萦绕心头时，那种成功的喜悦是任何物质享受所无法比拟的。

2. 书面发表

与口头发表稳定性、持久性欠佳相比，书面发表能在一段时间内以稳定的信息形式被周围人们反复阅读和品鉴。可以采用如下书面发表的形式鼓励小作者们：①校内张贴，即每次作文训练之后，可以通过"学生自荐—小组推荐—教师挑选"的方式将学生的佳作连同师生们的评语一起复印，张贴在"学习园地""公告栏"等处，让同学们在课间观摩欣赏；②校内印发，即通过佳作速递、校刊登载、报刊发表等方式及时在更大范围内让学生佳作有更多真实的读者。

3. 网络发表

通过班级博客、班级 QQ 群、班级作文主页、班级作文公共邮箱、班级微信公众号、个人主页、微博等途径，或借助校园网、家校互动平台、校园作文网页等渠道，经常性地上传和展示学生的作文。

作文教学之所以被一些师生视为畏途，原因之一就在于没有弄清楚"教什么""怎么教"等根源性问题。一旦在语文课程标准、统编本七年级语文教材和教师教学用书等资源的帮助下透彻地理解七年级写作教学的目标、内容和要求，并能坚持循序渐进的训练策略，让绝大多数学生的写作能力在原有基础上有所提升应当不再是"老大难"问题。

（本节作者为江门市蓬江区教师发展中心　周华章）

第十二节 "多向挖掘 紧扣立意 一材多用"课堂实录

一、教学实录

师生问好。

师：多年的评卷经历使我发现考场作文存在比较严重的立意和选材"撞车"的现象。希望这节课能帮助大家改善。就记叙文而言，我们有如下评价量表，希望大家能用以优化写作。（见表2-19）

表2-19　课堂评价量表

评价指标	4☆	3☆	2☆	1☆
1. 题材鲜活，有个性，要素交代恰当				
2. 能在多角度挖掘基础上选择合适的立意，中心鲜明集中，能给读者一定的启发				
3. 材料紧扣中心				
4. 详略安排合理				

黑板上有一个素材，那么"素材"和"题材"有什么区别？刘禹锡的《陋室铭》"可以调素琴"中"素"是什么意思？

生：（齐答）不加装饰的。

师：没有写进文章的叫"素材"，但是写进文章中，要表现一定的主题，就变成了"题材"。请同学们想一想，这个素材可以如何安排详略？（屏显）

回家路上，我摔了一跤，校服裤子都摔破了。回家后，爸爸妈妈、爷爷奶奶都来问长问短的。

生1：我认为应该写家长的关心，突出家长对我的关心。

师：也就是进门后爸爸妈妈、爷爷奶奶对我的关心，为什么要写呢？你想表现什么呢？

生1：我想表现家长对我的关心和关爱。

师：她要表现温馨的亲情，详写一瘸一拐地进门后家人关心呵护"我"

的表现。同意她意见的同学请举手。

（几乎所有同学都举手）

师：如果在考场上，大家的作文主题一样，这是好事还是坏事？

生：千篇一律。

师：说严重点，这叫"撞车"。鲁迅先生说过："第一次把女子比做花的是天才，第二次这么比喻的是庸才，第三次还这么干的是蠢材。"如果阅卷老师看到的考场作文类似，容易产生审美疲劳。我们的作文要像我们的脸一样与众不同！要借鉴《挖呀挖呀挖》这首儿歌，看看哪些地方可以挖一挖。比如说，好好走路为什么会摔跤？摔跤之后呢？进门后家人的态度是一样的吗？

生2：心情不好，或路上有石头，可能会导致摔跤。

师：路上有石子，让你不小心踩到了，还有其他可能摔跤的原因吗？

生3：我认为可能是回家路上，有一个水潭或者说当时是一个下雨天，进行一段环境描写，描述因为我在下雨天跑步，然后不小心摔了一跤。

师：与阅读刚好相反，阅读遵循"言—象—意"的思路；而写作文讲究"意在笔先"，其实是"意—象—言"，先得定好中心思想，然后选材组材，确定写法。板书：读（由言到意）；写（由意到言）。你想表现什么主题呢？

生3：后来我校服裤子都摔破了，但是我并没有特别难过，没有一直赖在地上，而是坚强地起来，然后回家了，就是想表现一下我坚强。

师：哦，表现我意志的坚强，体现成长，不再像小时候那样等待家人的呵护，最好由实到虚，联想到精神摔跤后自我振作的经历，使中心更加突出。那么进门后的心情要不要详写？

生3：略写。

师：可以略写，对不对？重点在我摔跤的原因，尤其摔跤后经过内心的挣扎，最后站起来了。

生3：进门后的情节如果要写，可以写我安慰他们，表现我的成长。

师：这个想法很有创意，还有没有其他想法？

生4：我想写在学校发生了一些不愉快的事情，比如和同学吵架，成绩考砸了，然后在回家路上心情不好，没留意路，就摔了一跤，回家之后我爸爸妈妈会问长问短。

师：意在笔先，你想表现什么？

生4：通过一些生活的琐碎小事，表现成长。

师：重点放在摔跤的原因对不对？摔跤的原因在进门后一定要写还是可以不写？

生4：进门后可以不写，因为跟我摔跤的原因也没关系。

师：摔跤的原因可以进一步"挖"。比如说心烦意乱、一心多用、得意忘形……借摔跤表现一个道理，如因为一边看手机一边走路，一边走路一边看漫画，脚踩空了。

一定要注意，阅卷老师不认识你，在作文中尽量不要自爆其短，考场作文尽量写正能量。

生5：我摔跤了，原来是地上有一块砖缺失了，被树叶掩盖了，我想办法把坑填好了，不让其他行人摔跤。

师：非常好！己所不欲，勿施于人。他的发言很有公共意识，可以写《这才是少年应有的模样》，2021年中考作文。当然，绊倒自己的原因有很多，比如地面上有钢筋、石头等，要写出自己做好事的不容易，更能体现美德。比如史铁生的《秋天的怀念》中，妈妈爱儿子原本很普通，但这位母亲遇到三大障碍。

生：（七嘴八舌）儿子瘫痪，要死要活的，母亲自己癌症晚期。

师：是呀！越是难以做到，越是可贵。要除掉钢筋，没有工具，求助于路边的清洁工人也不成功，可能是专门找爸爸帮忙才解决的。

还有没有其他想法？其实这个素材前半段发生在回家的路上，后半段发生在进门后。比如进门后，爸爸妈妈、爷爷奶奶对你摔跤这个事情的态度有什么区别？如果要表现他们的教育方式是不一样的，谁来讲。

生6：爸爸应该都是比较严厉的角色，也许他对于这个事情首先问了我原因之后并不会过分关照我，而是告诉我该怎么做；但是妈妈是宠溺的角色，应该更加突出她关爱我、关照我，比如说帮我处理衣服上那些破洞，然后问我这问我那；像爷爷可能会跟爸爸一样都是比较严厉，但是还是有一种长辈的慈爱在的，所以更多的是对我进行关照之后再来教育；然后奶奶也许就跟妈妈一样，然后从这里凸显出家庭当中每一个长辈的角色特点，是偏理性还是偏柔性，是偏宠爱还是偏严厉。

师：她的意见非常好！我们可能是在不同的教育里面成长，为什么爸爸妈妈爷爷奶奶有时候会产生纠纷或者产生矛盾，可能这个教育孩子的问题，就会让爸爸妈妈产生争吵，对不对？原因就是他们看同样一个问题，我摔倒了，裤子破了，是一个镜子一样，对不对？这个镜子一照，照出教育观念的不同，如果你这样想，你的思维很深入。那我刚才就通过这一个小小的例子来告诉大家一个规律：我们的构思尽量要与众不同。不能只有一种方案，我们的方案至少要有三种，要避开下策，尽量挑中策甚至上策来写。（屏显）

上策：教育差异、自我成长……

中策：人情冷暖、人生教训……

下策：温馨的亲情……

师：下面再来一个素材，大家用4分钟写下自己的上中下三策。看看这个素材可以写哪些主题，根据不同的主题应该详写哪些地方？（屏显）

周末我决定在家门口的小广场上卖报纸，结果50份报纸只卖了1份，忙了一整天了，累得要死。

（生自由写作4分钟，师个别辅导。）

师：这个素材比较简单，可以根据构思调整，我们是导演。每个小组讨论2分钟。大家要注意，意在笔先，也就是说你在写文章的时候，你的头脑是先有素材还是先有主题？

生：有素材。

师："意"是什么意思？我们说审题，我们要表现什么中心，就要"意在笔先"。所谓情动于中而言外。"意"是第一位，然后再选择材料。第二个"意犹帅也，无帅之兵，谓之乌合"。一个素材可以写好多篇文章，那么我们看看这个素材有哪些"意"和哪些主题可以写。谁先来？

生7：我认为可以写挫折。详写50份报纸只卖出了1份，这无疑是对一个人很大的打击，所以是在生活中遇到一些挫折。

师：也就是说只卖出五十分之一的报纸，人生不如意者十之八九，我会把这个小挫折作为人生中的财富。这就是寓理于事的写法。还可以想想可能是因为什么原因没有卖出去？

生7：可能是自己经验不足，也可能是当今社会上的人们不需要报纸这类纸质的东西了。

师：也就是说现在报纸上的信息在很多途径都能免费获取，你在卖报之前有没有做一个市场调研？我们要搞清楚。所以这个挫折可以改为教训，就是在做一件事情之前要先有充分的规划和准备，否则很可能失败。那你这个挫折应该可以是教训（板书），如果要写教训的话，重点要放在哪里？

生8：50份报纸卖出去1份的事。

师：写50份报纸卖出去1份的事，还是写卖报之前、卖报中、卖报之后，它重点又是写哪里？

生8：卖报之后的事。

师：是不是我卖报纸不够努力呀？是不是我卖报喊声不够大？是因为我之前没做够准备。所以，重点要写卖报过后的反思，但是之前的准备也要写一写，卖报纸的艰难也可以写，但重点要放在为什么没有卖出去。那么这个事件蕴含了一个道理，像"走一步再走一步"那样，这个文章就很有价值。

有没有同学想得跟他不一样？

生9：我觉得这个素材可以写"成长"。

师："成长"（板书），怎么写？

生9：原来自己是一个衣来伸手、饭来张口、向父母要生活费的人，某一天就突发奇想了，想给自己赚一下生活费，详写卖报的艰苦，报纸只卖出了一份，最后就领悟出赚钱的不易。

（学生自发鼓掌）

师：掌声说明了一切。她思考了爸爸妈妈赚来的每一分钱都来之不易，从而理解了父母，不再抱怨零花钱太少。还有没有其他理解？

生10：我的主题是体现一个社会现象。

师：（板书：社会现象）愿闻其详。

生10：重点写卖报纸的过程，我希望详写的是过路人和其他人在看到我卖报纸时对我的态度，和为什么只有一个人来买报纸，我可以详写他们看到我在卖报纸时的漠不关心，人们都拿着一些电子产品，因为网络的确是更加的方便。但是我卖报纸是想把这种传统的阅读方式延续下去，但是我发现这种传统的阅读方式逐渐不被社会大众所接受，所以我可以看出的社会现象是：旧事物一定会被创新的新事物所替代，甚至会消失，但是它还是有它存在的意义，然后也会有人把这些事延续下去。

师：生活中有很多东西曾经很美好，但是人们逐渐忘记了，现在社会节奏太快，但是也有一些传承人在那里，呼吁保护曾经的美好。其实，还可以想想，为什么要卖报纸？无非有两种情况，第一个是我自己愿意的，第二种是被别人要求的。那份报纸是谁买的？第一次卖报纸不成功我有没有反思和改进？等等。还有没有其他意见？

生11：老师让我们体验生活。

师：如果是老师要求你卖报纸，可以围绕老师的初衷来发掘。那就跟上述三种立意不一样啦。

生11：是家庭作业让我们去体验父母赚钱的辛苦，换位思考去体恤父母、关心父母，然后做些力所能及的家务。

师：那就到第二种去了，对不对？老师让我们卖报纸，体验劳动不容易，进而体谅父母，这是可以的。还有没有别的同学想说？

生12：我想可能是老师想让我们积极地去参与社会实践，让我们去服务和奉献社会。

师：社会实践（板书）。我们现在的学习强调德智体美劳全面发展，老师想让我服务社会，结果报纸只卖出五十分之一，你有什么感觉？

生12：我的感觉跟第二点差不多。

师：领悟到挣钱不容易，将来生存不容易，所以"不由得加快了——"

生：（齐答）不由得加快了脚步，2022年中考作文题！

师：是呀！现在学习不努力，将来努力找工作。懂得了生存的艰难，现在就要好好学习，培养能力，可以写去年的中考作文了。

生13：我想写"广场上的特别一课"。我第一次卖得很不成功，只有五十分之一。后来我反思改进，向有经验的人请教，结果成功了，或者调整方向，不卖报纸了，找到更好的工作。

师：他一下子讲了两种思路，当我们发现不成功时，可以调整做事方式方法加以改进，也可以调整方向。下面看看老师的提示。（屏显）

下策：体验艰辛，理解父母；珍惜生活，感悟不易……

中策：主动体验；方向比态度更重要……

上策：明白老师的良苦用心；感受到日新月异……

我们可以用刚才的评价量表反思上面两则素材。（屏显，略）

生14：素材二比素材一更鲜活，有个性；两个素材在2—4这三个方面都可以做得比较好。

师：有道理。素材一源自七上第二单元写作任务二，不够新颖鲜活。我们要善于积累素材，并能多向挖掘，一材多用。

综上所述，立意的基本要求是正确，较高要求是新颖、深刻、巧妙。我们要尽量避免只有一种想法，那往往是下策，要追问自己还有没有中策和上策，选取最佳方案，才能脱颖而出。下面是第三个素材，请大家自行思考4分钟，力争有至少三种立意。

校运会400米决赛，我实在想放弃，因为跟其他选手差距很远。同学们的加油声令我振作，我奋力拼搏，但结局我还是最后一名。

（学生独立思考，写关键词。教师巡视，个别指导。）

师：时间到，请各位陈述自己的构思，注意先陈述写作意图，后阐述详略安排。

生15：我想写同学们真挚的情谊。本来我想放弃，但同学们热情的掌声令我坚持；最后冲线虽然是倒数第一，同学们还是热情迎接我，像对待冠军一样对我，令我很感动。

师：想法不错，如果能由赛场联想到平时同学们类似的情谊，点面结合则中心更突出。这可能是下策，还有中策和上策吗？

生15：还可以写我尽了最大努力，还是不理想，问心无愧，很坦然。或者虽然是倒数第一，但取得了有史以来自己最好的成绩，超越了自己。

师：这两个构思都是超越一般同学的，很好，都是个人成长类主题。还有其他想法吗？只能补充，不能重复。

生16：我想写为了救助队友，耽误了冲刺。队友摔倒了，伤得很重，结果我放弃了冲刺，搀扶他一瘸一拐地冲刺。

师：这才是真正的奥林匹克精神！如果救助的是对手，则更佳。

生17：我想写由于赛前训练不扎实，导致冲刺失败，从中得到教训。

师：那就是一种寓理于事的写法。可以是现代版的龟兔赛跑的故事，由于自认为胜券在握而疏于训练，结果赛场上被人超越，非常懊悔。我们可以再用刚才这张评价量表评价素材三及同学们的展示。素材真实而不同于一般大团圆的结局，更真实可信，其他三个方面都可以见仁见智。

今天我们通过三个素材，一起反复印证了两句话：一是写作与阅读思维刚好相反，是由意到言的过程；二是一个素材完全可以多向挖掘，紧扣最佳立意，实现一材多用。希望大家认真领悟，在今后的写作中能灵活运用。

今天的课上到这儿。下课。

二、教后反思

本节课在深圳、珠海、佛山、中山、揭阳、阳江、江门等多地上过，效果都很理想，听课师生们纷纷表示开拓了思路，得到了启发。这节课有三个主要特点。

（一）立足学情，对症下药

所有的课都应该是为一群特定的孩子量身定制的，这节课显然就是瞄准学生考场作文常见缺憾—立意和选材"撞车"—有的放矢。据多年的写作教学实践，我们发现孩子们发生立意和选材雷同的主要原因在于不能有意识地多向挖掘，并紧扣中心详略得当地展开。因此，本节课的教学目标定位为"能多角度挖掘素材的内涵，能根据表情达意需要选择与众不同的立意，并紧扣中心安排详略"。通过三个典型素材示例，激发学生多角度立意，有意识地分辨下策、中策和上策，并自觉地选用出类拔萃的优秀立意。

（二）着眼实效，当堂提升

安徽师范大学何更生教授主张将写作教学的着力点放置于"怎么写"和"为什么这样写"而不要过多训练"写什么"，因为他从写作心理学的角度发现，学生的写作能力其实是写作内容知识、写作技能和写作策略性知识习得、转化的结果。本节课始终让学生拾级而上地思考素材的丰富内涵，基于个人自主思考组织师生多向交流，并引导学生分辨立意普通还是出色。通过三个由浅入深的示例剖析，学生应该能掌握"意—象—言"的写作构思规律，并能当堂领悟通过"多向挖掘"可以在确保"紧扣中心"的基础上实现"一材多用"。

（三）量表导航，学评一致

俗话说："牵牛要牵牛鼻子。"抓住了关键才能使问题迎刃而解。评价量表就是这样的关键，本节课自始至终用量表给学生确定努力方向，明确优化标准。课一开始，教师就亮出评价量表，让学生明晰了奋斗方向；分析完两个示例之后，引导学生由感性至理性地反思梳理，其实也是对照量表矫正和改进；在整节课的思路点拨和发言评价中，也始终紧扣评价量表，确保了学教评高度一致，实现了想教的和实际在教的、想让学生掌握的和学生实际上在学习的浑然一体。从教学效果和调查反馈看，多数学生都表示有明确的收获，也能学以致用。

（本节作者为江门市蓬江区教师发展中心　周华章）

第十三节　"一材多用"中考作文指导

一、创课缘起

不关注学情的教学，无异于空中楼阁。2019年3月，我在所教的初三中考班连续进行了两次作文训练，第一次训练内容是2018年广东省中考作文《恒》，35篇作文中，素材不同的只有12篇，其他为相同素材或套用老师提供的范文，更有甚者，出现了2篇抄袭之作。第二次训练是自由创作一篇作文，结果截然相反：35篇作文中素材相同的只有2篇，没有套作或抄袭现象。通过两次训练的对比分析以及与学生面谈，我发现主要问题如下：①学生在命题的作文写作中，审题、立意的思路打不开；②学生平时积累的写作素材不少，但不能灵活运用。本着"一课一得，得得相连"的教学思想，我设计了这节课——引导学生灵活运用写作素材，让一粒种子，发出多片叶，结出众颗子。

二、创课思路

学生学习的难点主要在于不知如何从"多角度"挖掘素材，如何"灵活"运用素材。在教学中，我借助"红包"的故事，这个贴近学生生活、易引发共鸣的素材引导学生学习从多角度挖掘素材的价值，明确：一则素材，可以从不同人物、事件的不同阶段进行挖掘。从"人"入手，当事人和旁观者，角度不同，立场不同，对同一件事会有不同的认知和感受，自然得出不同的结论，获得不同的体悟。从"事件"入手，关注点落在起因、经过、结果等不同阶段，也可挖掘出不同的话题，进而产生不同的立意。此外，对人物、情节进行适当的增删改，也是灵活运用素材的方式。

"实践是检验真理的唯一标准"，在方法指导后通过近年来广东省中考作文题的实践演练，巩固课堂所学。

三、教学现场

（一）教学活动一：故事牵引，多方挖掘

教师讲述"红包"的故事，学生从不同人物、事件不同阶段多角度挖掘。

师：同学们，春节过去一个多月了，你们的红包用完了吗？你们是怎么用的？

生：买喜欢的零食，花得差不多了。

生：我买漫画书了，还剩500多元。

生：我的没花，留着有大用途，不过这是我的秘密，打死也不能说。

（师生笑）

师：你们真幸运，可以按照自己的心意使用红包。你们知道吗？有一个和你们同龄的初三学生，他最后一个红包是被别人要走的。你们知道被谁要走了吗？被他的老师。而且他有个同班同学和他遭遇一样。老师向学生索要红包，听了这样的事，你们有什么感受？如果把这个当成作文素材，可以挖掘什么话题？

生：可怜的学生，可悲的红包，可气的老师。

师：你们知道这个老师为什么向学生索要红包吗？原来放寒假前最后一

节课上，这个老师指导学生朗读技巧，发声时嘴唇要用力，这样吐字更清晰。老师随口举了一个例子："爸爸。"结果有两个淘气的男生立刻应和："哎！"引得全班哄堂大笑。这个老师没有当众批评捣蛋的学生，只是开玩笑说：既然你俩想给我当"爸爸"，春节快到了，你俩要给我发红包呦！故事听到这里，你们刚才的感受有什么变化吗？作文话题有变化吗？

生：有趣的、懂得尊重学生的老师，淘气的学生。

（板书）

尊重

师：这个老师向两个男孩儿索要了两个红包，一共是 14 元 9 角 9 分。她自己又添了 5 元多钱买了一大包"旺旺仙贝"，新学期的第一节课和全班同学分享，并且告诉大家：这是淘气的男同学对影响同学们上课表达的歉意。课后，老师又把那两个男孩儿单独叫到身边，教育他们：做人要慎言、慎行。有些错误我们有机会弥补，甚至一笑置之；有些错误却可能导致终生的遗憾，永无弥补的机会。年轻不是放纵的借口，别人的包容也不是肆无忌惮的理由。

生：这是一个有智慧的老师，有包容心的老师。

（板书）

智慧、包容

师：同学们刚才所说的"慈爱""尊重""智慧""包容"等，就是在用不同角度挖掘这则素材的价值。这些都是从人物"老师"入手，如果换成当事学生，能挖掘出哪些话题呢？

生：可以挖掘"教训""启迪""感恩""成长"等话题。

（板书）

教训、启迪、感恩、成长

师：从旁观者——课堂上的其他学生、这位老师的同事、当事学生的家长等方面入手，相信大家又会有不同的收获吧？

生：如果我是家长，我会感动于老师为我的孩子所做的一切。

生：如果我是这位老师的同事，我可能会震撼于她的教育方法。

生：如果这件事发生在我们班级，我感受到的是师生和谐、亲密的关系。

（板书）

和谐

师：一个"红包"故事，我们可以从中挖掘出多少话题，就可以有多少种立意，这就是"一材多用"。

（二）教学活动二：实践演练，灵活运用

借助近年广东省中考作文题，灵活运用"红包"故事，进行"一材多用"的实践演练，巩固所学。

（屏显）

中考题（"★"代表难度）

2018年：《恒》★★★

2017年：《原来____》★

2016年：《我真想》★★

2015年：《特别的》★

2014年：《是我制胜的魔杖》★★

师：大家看看，这个"红包故事"如果作为写作素材，你们能把它用到哪篇作文中？

生：我把"老师向学生索要红包"这个素材用在了2015年的中考题中，题目是"特别的惩罚"。

师：如果你的题目是"特别的惩罚"，你是从素材的什么角度挖掘了什么话题？

生：从人物"我"也就是犯错误的一个男生的角度，也算是从事件角度吧？挖掘的话题是"惩罚"。

师：在接受惩罚的同时，"我"也受到了教训，所以我们从"教训"即事件的意义角度思考，会不会更好？

（板书）

教训

师："特别的惩罚"，这个题目很吸引人，好！还有不同的思考吗？

生：我用在了2016年的作文里，题目是"我真想为你点赞"，为老师能巧妙化解尴尬，包容犯错的学生而点赞。

师：我也为你点赞！

生：2014年的作文，题目是"包容是我制胜的魔杖"。我把自己假想成了故事中的老师。

师：你的构思角度很独特！

师：你们觉得这个"红包故事"不适合用在哪一年的中考作文里？

生：我觉得2018年的作文"恒"不适合这个故事。

师：大家也这么认为吗？

（大多数学生点头）

师："恒"这个题目，大家首先会想到什么？

生：坚持不懈。

生：恒心，毅力，遇到挫折不屈不挠。

师：嗯，这么理解的人很多。"恒"可否理解成"持久、不变"呢？比如"保持初心"是不是"恒"？

生：可以。

师：我们再来看看这个"红包故事"，老师没有当众批评学生，而是以特殊的方式教育学生，从头到尾，什么是不曾变过的呢？

生：老师这样做是为了教育学生，"教育"不曾变过。

师：当众批评也是教育的方式，这个老师为什么不这样做呢？

生：尊重学生，怕学生没面子。

生：因为老师爱学生。

师：你说到点子上了：是因为"爱"。对学生的爱，对工作的爱，这个老师才采取了这样"特别的惩罚"。所以你们说说，这个故事从头到尾不曾变的是什么？

生：爱！

师：瞧，用到"恒"这篇作文上了吧？我们刚才为什么想不出来呢？我想主要有两个原因：一是对"恒"的理解片面；二是没从"情感"角度挖掘出"红包故事"中"爱"这个话题。

（板书）

爱

师：这都是思维局限的表现，"一材多用"，有助于我们思维拓展。

师：我们现在再来对比分析一下："扶老奶奶过马路"这个素材经常在作文中出现，是我们今天研讨的"一材多用"吗？

（学生摇头）

师：有什么区别呢？

生："扶老奶奶过马路"是把一个素材用到多篇作文中去，但都是为了赞美乐于助人的精神；而"一材多用"是从不同角度挖掘素材，用到不同话题的作文中去，话题之间可能差着十万八千里呢！

师：是的，素材不是平面的，而是立体的；不是死的，应该是充满生机的。打一个比方，我们手中有一条鱼，以前来了客人，无论他是哪里人，有什么不同的喜好，我们都丢给他一条鱼。现在，我们是根据客人的不同口味端出不同的鱼。客人是四川的——

生：酸菜鱼。

师：客人是东北的、广东的——

生：红烧鱼、清蒸鱼。

师：是啊，素材的利用就如同这条鱼。我们不要把一则素材盲目套用到任意作文中去，而是要挖掘素材本身不同角度引发的不同话题、不同思考。"横看成岭侧成峰，远近高低各不同。"同一则素材，思考角度不同，我们的感悟和启发就会不同，进而写出不同的作文来，这就是"一材多用"。

（三）教学活动三：例文指路，明晰缺误

以学生习作《最美"惩罚"》为例，分析"一材多用"需要注意的问题。

（屏显）

最美"惩罚"

"不畏浮云遮望眼，自缘身在最高层。"琅琅书声像往常一样响彻在校园上空，我却没想到，不寻常的事情即将发生。

"同学们，你们朗读流利，声音洪亮，但是有几个字发音不准。我们不但要掌握字的读音，还要掌握发声的方法。"发声还有啥方法呀？不就是上嘴唇下嘴唇一碰就行了吗？老师又在故弄玄虚啦。我心里默默吐槽。"气息的调整，发音器官的配合，都是有讲究的。"看着班里一群不以为然的眼神，语文老师顿了顿，"我们的嘴唇也是发音器官，大家千万不要让它在工作的时候偷懒。比如'爸爸'这个词，我发两遍音，你们听听是否一样——'爸爸'……"还没等老师的第二声"爸爸"出口，我就条件反射般张口应和了一声："哎！"一瞬间的沉默后，教室里爆发一阵笑声。

天啊，我干了什么啊！刚才那个人是我吗？

"小威同学，你要给我当'爸爸'？"就在我后悔之际，语文老师终于开口说话了。"我……其实……"哎呀，平时口齿伶俐的我现在怎么不会说话啦？"既然如此，新年快到了，你给我包一个红包吧。咋样啊？小威'爸爸'？"啊？这就解决了？"行啊，没问题，不就是一个红包吗？老师，我给你包一个大的！"我拍着胸脯，一颗心终于平安着陆。

大年初一那天，我兑现了一半的承诺：给语文老师发了一个红包，但是不大，五元。

新学期第一天，语文老师带着一大袋旺旺仙贝走进教室，我们正诧异，老师开口了："这是小威同学的红包换的，大家一起分享，作为小威同学纪律散漫扰乱课堂的惩罚。"哈，原来是这样！吃着我的红包——哦，是旺旺仙贝，我心里甜甜的。

师：有同学把"红包故事"写成了作文，请大家点评。

生：这篇作文只有题目出现了"惩罚"一词，文中好像没有出现。

师：没有吗？

生：哦，有，在结尾一段"这是小威同学的红包换的，大家一起分享，作为小威同学纪律散漫扰乱课堂的惩罚"这句话中出现了，但是我觉得还是不够。

师：什么不够？

生：作文对"最美惩罚"不够突出。

师：这篇作文有六百多字，为什么还让人感觉主题不突出呢？

生：因为作者重点写的是犯错后的心理活动，不是"惩罚"。

生：写"惩罚"的只有三百字左右。

师：看来作者犯了"详略不当"的错误。如果我们帮他修改，如何安排详略？

生：略写"犯错"，详写"惩罚"的过程。

师："惩罚"的过程可以写什么？说具体一点。

生：老师惩罚"我"时的神态、语言、动作，"我"的反应，也可以用同学们的表现进行侧面烘托。

师：还能写什么？

生："我"发红包给老师时的心理活动。

生：大家分享旺旺仙贝的场面。

生：老师教育"我"的话语。

师：同学们这么一改，作文就大变样啦。这回突出"最美惩罚"了吧？看来灵活运用素材要注意"详略得当"的问题呀。

（板书）

素材加工——详略得当

师：同学们再看看，这篇例文与老师讲的故事相比，有什么地方不同？

生：老师的故事中犯错误的有两个男生，作文里变成了一个。

生：作文里人物描写很细腻，老师的故事里没有讲过。

生：作文没有写老师教育学生的话语。

师：所以我们写作文的时候，可以根据需要对素材进行改写，比如对情节进行增删改。

（板书）

增删改

如果说积累素材像拍照，我们加工素材就是 P 图，突出重点，弱化、裁剪非重点。

师："一材多用"我们就研讨到这里了。老师送给大家几句顺口溜：

（屏显）

一材多用小妙招，挖掘加工不可少。

人物事件增删改，详略适当得分高。

四、创课所得

"多角度观察生活，发现生活的丰富多彩，能抓住事物特征，有自己的感受和认识，表达力求有创意。"这是《义务教育语文课程标准》（2011 年版）对第四学段关于"写作"教学提出的明确目标要求。本节课旨在培养学生多角度挖掘和灵活运用素材的思维意识与能力，让日常积累的素材真正为我所用。黄厚江老师说：我们所强调的生活积累，就是善于把普通平常的生活"据为己有"，使之成为写作的材料，写作的源头，写作的动力，写作的灵感。

灵活运用素材即一材多用，也有助于打开学生的思路，让思考更具有广度和深度。而思考的过程，就是一个积累的过程；有了思考过程的积累，才会有思想的积累。

五、学生作品

最美"仙贝"

"不畏浮云遮望眼，自缘身在最高层。"琅琅书声像往常一样响彻在校园上空，我却没想到，不寻常的事情即将发生。

"同学们，你们朗读流利，声音洪亮，但是有几个字发音不准……"语文老师为我们做出了点评，找出我们的不足之处。"发音其实也是一门学问"，老师"沙场秋点兵"般扫视了全班，而后才继续讲起来"我们不但要掌握字的读音，还要掌握发声的方法。"发声还有啥方法呀？不就是上嘴唇下嘴唇一碰就行了吗？老师又在故弄玄虚啦。我心里默默吐槽。

"气息的调整，发音器官的配合，都是有讲究的。"看着班里众多不以为然的眼神，语文老师顿了顿，"这样吧，我给大家举个例子。"哈，语文老师的斗志又被我们激发啦。"我们的嘴唇也是发音器官，大家千万不要让它在工作的时候偷懒。比如'爸爸'这个词，我发两遍音，你们听听是否一样——'爸爸'……"还没等老师的第二声"爸爸"说出口，我就条件反射般张口应和了一声："哎！"教室仿佛被强行按下了暂停键，随后一阵爆笑席卷而来。望着老师还没来得及合拢的嘴巴，我心倏地一跳——完蛋了！

语文老师默默望着我，不出声，不出声……全班同学的目光也在我和老师身上来回徘徊、徘徊……苍天啊，大地啊，我干了什么啊！刚才那个人是我吗？一定不是，一定不是……不是……不是……吗？为啥我全身这么热啊？为啥有汗从头顶滚下来啊？我的凳子怎么这么扎啊？是不是哪个倒霉催的野孩子偷放了钉子？谁呢？小胖？昨天我好像笑他吃饭像饥民来着？嗯，一定是他！这个倒霉催的野孩子……好吧，我也挺像倒霉催的野孩子……

"小威同学，你要给我当'爸爸'？"就在我胡思乱想之际，语文老师终于开口说话了。"我……其实……"哎呀，平时口齿伶俐的我现在怎么不会说话啦？"既然如此，新年快到了，你给我包一个红包吧。咋样啊？小威'爸爸'？"啊？这就解决了？"行啊，没问题，不就是一个红包吗？老师，我给你包一个大的！"我拍着胸脯，一颗心终于平安着陆。

大年初一那天，我兑现了一半的承诺：给语文老师发了一个红包，但是不大，五元。

新学期第一天，语文老师带着一大袋"旺旺仙贝"走进教室，我们正诧异，老师开口了："这是小威同学的红包换的，大家一起分享，作为小威同学纪律散漫扰乱课堂的惩罚。"哈，原来是这样！吃着我的红包——哦，是旺旺仙贝，心里甜甜的。

"做人要慎言、慎行。有些错误我们有机会弥补，甚至一笑置之；有些错误却可能导致终生的遗憾，永无弥补的机会。年轻不是放纵的借口，别人的包容也不是我们肆无忌惮的理由。"讲台上，语文老师望着我，望着全班同学，缓慢而又轻柔地说道。

仿佛一股电流，让我的全身都震悚起来：原来，这是老师给我们上的特别的一课呀！咽下最后一口仙贝，依然是那么甜香。我想，属于我的最美的"仙贝"永远吃不完，她此刻就站立在讲台上，也会一直站立在我的心上。

（本节内容获"三新"作文创课一等奖，并发表在《新作文·中学作文教学研究》，作者为江门市蓬江区五邑碧桂园中英文学校 林秋实）

第十四节 《发挥联想和想象》课堂实录

一、课堂实录

（一）活动一：重温经典，领悟要领（10分钟）

师：同学们，我们今天上课的主题是"发挥联想和想象"。在上课之前，老师想问大家，什么叫联想？什么叫想象？（教师板书课题，学生思考）

生：虽然联想和想象都有一个"想"字，但他们是有区别的。联想是由一件事物延伸开来，想到另一件事物；而想象是从无到有，也就是想象的事物与原本的事物是没有关联的。

师：刚才她告诉我们，联想就是由A事物想到与之相关的B事物，用简洁的语言表述就是"由此及彼"；而想象就是从无到有，或者叫"无中生有"。

（教师板书：联想——由此及彼；想象——无中生有）

师：请大家结合《天上的街市》这首诗的具体内容说说，诗中哪些地方运用了联想，哪些运用了想象？

生：《天上的街市》第一节诗，诗人从"街灯"联想到"明星"；第二、三、四节诗都运用了想象。

师：第一节诗中，诗人为什么不由"街灯"想到其他对象呢？

生：因为它们都有相似之处，很明亮。

师：这位同学告诉我们，第一节诗中诗人由"街灯"想到了"明星"，又由"明星"想到了"街灯"，它们有相似之处，那就是在黑暗中能发出光亮。这个同学说到第二、三、四节诗运用了想象，但是没有给我们讲清楚，我想请一位说说，二、三、四节诗是怎么展开想象的呢？

生：我觉得第二、三节诗是运用了想象，缥缈的空中是不会出现街市的，但是郭沫若想象空中出现了街市，还有珍奇的物品；而浅浅的天河上牛郎织女骑着牛儿来往，这是现实没有的，所以我觉得这是想象。

师：天上本来是没有街市的，这是无中生有；但有了街市，必然会出现物品，这应该是联想，那是属于什么类型的联想？

生：他们之间有关联，是相关联想。

师：这位同学说到，第三节诗出现了牛郎织女的生活，我们知道，传说中的牛郎织女过着孤独、分离、有相思之苦的生活，但是在郭沫若的笔下，他们过着自由、幸福的生活。这是一种富有新意的想象。

师：同学们，在日常生活中，如果我们要运用联想和想象，需要注意什么呢？请大家打开书本，快速找到关键词。

生：联想要自然恰切，想象要合情合理，联想和想象要富有新意。

师：同学们，刚才我们在回顾《天上的街市》如何展开联想和想象的时候，可以用下面这张思维导图来呈现。（见图2-6）从中发现，运用联想和想象还需要注意什么呢？

图2-6 《天上的街市》思维导图

生：一是联想和想象要紧扣主题，二是联想和想象要能够表达你的情思。

师：同学们把"需要围绕主题"这个要领补充记录在语文书第128页的相应位置上。

师：我们可以把联想和想象的三个要领以评价量表的方式呈现出来。表2-20将为我们提供一个标准。接下来的活动，我们将依据这张评价量表来尝试联想和想象。

表2-20 "发挥联想和想象"评价量表

指标	联想	想象
★★★★	能紧扣表情达意的需要，自然而贴切地联想，使表达效果得到显著增强	能紧扣主题展开合情合理的想象，富有新意，给人以深刻印象，使表达效果得到显著增强
★★★	能围绕表情达意的需要，自然地展开联想，联想能明显增强表达效果	能围绕主题展开合理的想象，想象能明显增强表达效果

续表 2 - 20

指标	联想	想象
★★	基本上能围绕表情达意的需要，按一定的关联展开联想，联想能在一定程度上有助于优化表达效果	基本上能围绕主题展开合理的想象，想象能在一定程度上有助于优化表达效果
★	联想不自然，不能扣住表情达意需要，对表达效果几乎没有什么帮助	想象不合理，不能围绕主题，对表达效果几乎没有什么帮助

（二）活动二：走进情境，触发情思（5 分钟）

师：同学们，今天是 12 月 29 日。这个日期，让我不由得想到：2021 年已经走近尾声，而 2022 年的脚步也离我们越来越近。那么，当我们走进这样一个熟悉的情境（PPT 展示学校教学楼通往宿舍楼的连廊图片），面对即将来临的 2022 年，这条光彩夺目的校道，会触发你怎样的情思？大家想想。

生：我想到 2021 年是很值得我们珍惜的，因为这里有我们和同伴相处的快乐、幸福，也偶然有沮丧、伤心之类的感情，但不管怎样，我们都要向着光，向着前方，走向未来。

师：你说得真好，如果用一句话来概括你触发的情思，我们可以说是，对过去一年的回忆。请坐下。

师：这时候我需要找一位同学来帮老师做一下记录。（学生推荐同学）好，请你在黑板上记录。

（学生板书：对过去一年的回忆）

生：我会触发自己对人生的感慨。我觉得这条走廊就像我们人生中的道路，它看起来也许是漆黑一片的，但是我们总会遇到很多盏灯，把我们前方的路照亮。

师：这位同学已经由感性上升到了理性的思考。谢谢，请坐下。

（学生板书：对未来人生的思考）

师：有人是对过去的回忆，有人是对未来人生的思考。那么，你可能会触发怎样的情思呢？你来说。

生：我看到这条走道有很多盏路灯，2022 年即将来临，我感受到了光明，非常向往将来的美好生活。

师：也就是对美好生活的向往。很好，请坐下来。

（学生板书：对美好生活的向往）

师：在短短的一分钟内，不同的同学所触发的情思是不一样的。那么你呢？你来说。

生：我想到这条路是光明的，路在脚下，我们应该珍惜当下，做最好的自己。

师：一句话，对当下生活的珍惜。

（学生板书：对当下生活的珍惜）

师：同学们，我们来看一下黑板上记录的不同的同学触发的情思：有对过去一年的回忆，有对未来人生的思考，有对美好生活的向往，有对当下生活的珍惜。2022年即将来临。你们猜猜如果陈老师走进了这样的情境，我会触发怎样的情思？

生：您有可能会对新的一年充满期待。

师：好，再补上去：对新的一年的期待。

（学生板书：对新的一年的期待）

师：当然，不同的人走进同样的情境，所触发的情思是不一样的。

（三）活动三：紧扣主题，展开思绪（10分钟）

师：情思深沉，思绪飘飞，联想与想象，为你的心灵插上了翅膀。那么，你要怎样抒发你的情思呢？接下来，我们以六人小组为单位，每个小组选好一个黑板上所呈现的主题，紧扣所选主题，选择屏幕上的校道图景中合适的对象，展开联想和想象，参考《天上的街市》的思维导图，进行思维导图的绘制。同学们，清楚要求就可以开始活动。

（学生以小组为单位讨论并绘制思维导图，5分钟）

师：同学们，刚才每个小组都很积极地投入到集体的思维碰撞中。下面，我们先请1～2个组的同学来给我们展示一下他们集思广益所呈现的思维导图。

（发言的小组先将思维导图白板纸粘贴在黑板上再陈述）

生：我们组选定的主题是——对未来人生的思考。首先，我们可以看到图中的校道地面有一些光圈，从这些光圈我们想到可能是代表希望，因为有希望，我们才有动力前进。第二个就是影子，这幅图里面除了光，还有一些影子，这些影子可能是代表一些挫折和黑暗。而在这些挫折和黑暗里面，有这些灯光，也就是代表帮助我们寻找前进方向的人或是事物，我们才能在挫折中继续前行。然后，我们看到这条路很笔直，可能是象征着我们要一直去坚持的方向。最后，道路的尽头，可能就是我们追寻的梦想。

师：谢谢第八组，同学们的掌声已经是对你们最好的评价。我们看到这个组在选定主题后，短短几分钟内，他们所触发的联想和想象很丰富。不过有一个小建议，我们要紧扣住联想和想象来表达，所以你在一些术语的表述上还要纠正一下。好，再请一个小组分享从不同的主题所展示的联想和想象。

生：我们组展开联想和想象的有四个对象。首先，我们看到走廊上有一个个的黑暗，由此我们联想到人生中难免遇到的一个个挫折。但我们看到在这些黑暗旁边，是一个个的光圈，这些光亮，就是当我们跨过挫折之后有一种"柳暗花明又一村"的感觉。我印象特别深刻的是有一次我走到这个走廊时，雨下得很急，风刮得比较大，有一块玻璃板有点破裂所以漏雨，我就被这突如其来的雨淋到了。由此我联想到人生中的很多时候，我们会猝不及防地被一些突发事件、不幸砸中，这时我们往往会陷入低谷，陷入消沉的状态。第二天早上，我从这儿经过的时候，发现那个有点破裂的玻璃板已经被工作人员修好了。由此我想到对应人生中遇到的一些困难、挫折，除了只靠自己、硬靠自己的力量，我们也会得到很多人的帮助。以上是我们小组由这块破裂的玻璃板所生发的联想。

师：你是由这块破裂的玻璃板出现漏洞展开了相关联想，谢谢你们小组，掌声送给你们。

师：刚才两个组都不约而同地围绕着对未来人生的思考这一主题。有没其他小组所选的主题跟他们不一样的？（有其他小组举手）我想现场采访一下你们是怎么展开联想和想象的。

生：我们组选的主题是——对过去一年的回忆。我们一起再看下屏幕上的这幅图，主要画面是校道，还有校道上的部分黑暗处和一些光亮。这让我们不由自主地想到过去的 2021 年太不容易了。你看，这条道路是漫长的，我们就由此联想到了漫长的 2021 年。再看看这个黑暗处，就能联想到 2021 年我们走过的那些艰难——郑州水灾、疫情的反扑……但是当我们看到那些光亮的地方，我们就能看到希望。再看看那道路的尽头，不正是那未知的 2022 年吗？那是一个未知的起点，也是一个新的希望。我们由此想到，我们已经走过了这一年，我们已经坚持过这一年了，我们还能再坚持一年吗？我认为答案是——能！

师：你透过这条道路的尽头，想到未来的 2022 年，我们要面对无数个挑战和意想不到的困难，所以你要坚持下去，这属于什么思维方式？

生：想象。

师：老师给你一个建议，你们组的主题可以改为"对过去的回忆"以及"对未来的展望"。

（四）活动四：依图创作，以诗传情（15分钟）

师：同学们，我们已经发挥了集体的智慧，运用联想和想象的思维方式将我们的思维导图呈现出来。那么接下来我们能不能再走一步，一起来看看下面的学习任务。继续以小组为单位，根据每个小组绘制出的思维导图，模仿《天上的街市》，以"夜幕降临，校道上路灯盏盏亮起……"为开头，用凝练的语言以诗传情，然后再向全班同学展示。现在，请大家运用好每个小组的第二张白板纸，根据你们的思维导图来进行即兴创作，开始！

（学生以小组为单位进行创作，8分钟）

师：同学们，我看到不同小组所创作的小诗各具特色。现在，每个小组推选一位代表，先将创作的小诗白板纸粘贴到黑板上，再向全班分享。我们在聆听小组代表分享作品时，其他同学对照手上的这张《发挥联想和想象》评价量表，看看在运用联想和想象这种思维方式进行创作时，我们可以给他们小组打怎样的星级。

（第八组代表展示作品）

生：夜幕降临，校道上路灯盏盏亮起，

我想那闪耀的灯定然是帮助我们的人，

引领我们寻找前进的方向。

你看，虽然路上布满黑暗的影子，

但是光中散发出束束灿烂的光芒，

定然是驱散黑暗的希望，

那条笔直的路是我们始终坚持的方向，

那走廊的尽头必然是我们追寻的梦想。

师：谢谢同学们送予他的掌声。你先根据量表自我评价一下，你们小组展开联想和想象进行创作，可以打怎样的星级？

生：我觉得运用联想可以打到三星，我认为我们有一个不足之处，就是有一些语句运用上重复，显得不是很凝练。

师：课后咱们小组再把它凝练提升一下。那么你觉得在运用想象方面可以打什么样的星级？

生：呃，我觉得也可以打到三星。

师：好，我们来听听其他小组对你们作品的评价。

（第一组代表点评第八组作品）

生：第八组创作的这首诗，我觉得联想部分可以达到三星级别。因为它通过校道上的灯联想到帮助我们的人，他们都是散发着光明的。然后它后面的想象也能围绕主题十分合理地展开，将黑暗中的影子想象成我们成长路上所遇到的挫折，把灯中散发出来的束束光芒想象成希望，所以我给第八组创作的小诗运用想象评三星。

师：谢谢你，第八组的同学是否赞成刚才第一组同学给你们的评价呢？认同是吧，好，谢谢你们。再请一个组的同学为我们展示作品。

（第七组代表有感情地朗读作品）

生：夜幕降临，校道上路灯盏盏亮起，

校道外充斥着无尽的黑暗，像2021年那些大大小小的挫折。

在我们感到绝望的时候，

总有一束温暖的光亮点燃内心的希望，

驱使我们前进，历尽坎坷，走到尽头。

回望这年的不懈坚持，

迎来充满了光明的2022。

师：坎坷，这个词的读音要注意一下。这次我们先让其他组的同学来评价一下他们的作品，我们把机会让给离得较远的第四组。请你们根据评价量表给予他们评价。

生：我觉得他们的联想能达到四星，因为他们正好用校道中的黑暗和光明象征他们所联想到的事物，表达对过去的回忆。然后看看他们的想象，我觉得能达到三星。因为小诗最后表达对2022年是充满希望的，对未来有一种向往之情。但是，感觉想象还是比较少，没有更好地用自己丰富的想象力让更多的事物富有感情。

师：你感觉他们的想象展示得不够充分，还不是很富有新意，请坐。其他组的同学也来对刚才第七组的作品做一个评价吧，请第三组。

生：他们小组的作品联想和想象都可以达到三星的标准。因为，他们首先说校道上有一盏明灯亮起，又说校道外充斥着无尽的黑暗就像2021年大大小小的挫折，就是从黑暗联想到挫折。然后当他们感到绝望时，暖暖的光点燃他们内心的希望，这是想象。他们这些联想和想象都比较自然、合理，能比较好地表达出他们的情感。

师：好，谢谢你！第三组和第四组的同学在评价第七组的作品时，都在联想和想象给他们打了三星级，那意味着还有地方可以提升，可以在创意方面更加丰富一些。

师：同学们，不知不觉咱们这节课已经走进了尾声。时间有限，我们没办法一一呈现每个组创作的作品，但是我们可以在课后，将各组的作品完善好粘贴在课室与全班分享。大家一起来给每个组打分、评星级。这节课，我们有怎样的收获呢？老师想请一位同学来谈一谈你的收获。

生：我在这节课学会了如何运用联想和想象来创作小诗，我相信我在以后的写作也会越来越好。

师：我们学会了运用联想和想象这种思维方式来进行即兴创作。是的，同学们，其实只要我们每个人都有一颗联想的心，有一颗会想象的魂，我们自然就可以创造出富有联想和想象的优秀作品。最后，陈老师想把四句话送给同学们，我们一起来读一下。

（全班齐读）

生：紧扣主题展思绪，由此及彼巧联想，想象合情且合理，自然贴切有新意。

师：这节课我们就上到这里，下课！

二、点评

这节课是陈铿老师在 2021 年江门市名师大讲堂活动中精彩的示范课。现场效果好，在中国教师教研网上的同步直播有 11000 余台设备收看，受到全国各地同行的广泛好评。我们认为这节课有如下特色。

（一）定位精准，脉络清晰

上一节课很大程度上类似于写一篇文章。写文章首先要确定中心思想，之后紧扣中心选材，进而安排先后与详略、考虑写作技法、设计铺垫照应之类。教学设计先要根据课标要求、教材体系和学情实际确定学习目标，即是整节课的"中心"；接着根据学习目标确定教学内容、设计教学活动、选择教学方式方法。教学环节之间往往存在铺垫与呼应等关系，教学流程与时间安排颇类似顺序与详略。

本节课以领悟和运用联想和想象的技法要领为学习目标，可谓定位精准。紧紧围绕这一核心，前 10 分钟在摸准学情基础上，以郭沫若的《天上的街市》为范例，引导学生在反思中迅速加深对联想和想象的内涵和操作要领的理解，奠定整节课的基础；接着，用 15 分钟就指定的情境畅所欲言；然后再用 15 分钟趁热打铁，展示交流。整节课一气呵成，主脉清晰。

（二）贴近学情，拾级而上

医生治病务必对症下药，教练训练讲究因人制宜，写作指导也追求贴紧学情。尤其要注意的是，这里所谓的"学情"，不是指该年龄段学生的特点，也并非学校或年级孩子的特点，而是指上课班级学生的实际，因为每节课都是为特定的一群青少年量身定制的。因此，陈老师始终非常重视学情，并据此展开针对性的导学点拨。

整节课大致分为四个环节。首先，以师生对话的方式摸清学情起点，以重温经典的方式帮助学生领悟联想和想象的要诀。接着，设置学生们熟悉的生活情境，以头脑风暴激发其情思。然后，紧扣情思，让学生们进一步放飞思绪。最后，以小组合作的方式依图创作，以诗传情，现场展示。从课堂效果看，学生始终跃跃欲试，热情高涨。

（三）支架适切，助学有法

根据最近发展区理论，一节课应当在设计时就能准确预见多数学生会遭遇的难点，进而搭建教学支架，帮助学生一一化解，逐步顺利抵达终点。

陈老师从四个方面为学生提供贴心帮助：一是引导学生绘制《天上的街市》思维导图，深刻领悟联想和想象的要义；二是提供"发挥联想和想象"评价量表，明晰思维的方向和指标；三是为"以诗传情"提供开头，打开了学生思维的大门；四是两次让学生小组合作，引导学生在学习共同体中懂得倾听、学会合作、愿意分享，达成愿景。从现场观摩看，整节课流畅鲜活，学生时有思维火花迸溅，令人默叹心仪。

（本节发表于《中学作文教学研究》。执教：广东实验中学　陈铿，点评：广东省江门市蓬江区教师发展中心　周华章）

第十五节　评价在"学教评一体化"
作文教学中的导学导教作用

《义务教育语文课程标准（2022年版）》针对"评价建议"做了很大的修改，强调"语文课程评价包括过程性评价和总结性评价""课堂教学评价是过程性评价的主渠道""教师应树立'教学评'一体化的意识，科学选择评价方式，合理使用评价工具，妥善运用评价语言，注重鼓励学生，激发学生学习积极性"。本节以2022年广东省教育研究院"走进粤东西北（汕尾）线上教研帮扶活动"的两节作文指导课为例，谈谈"学教评一体化"策略下，评价在作文课堂教学中的导学导教作用。

　　这两节七下第三单元"抓住细节"作文指导课，一节是周华章老师执教的"《抓住细节》写后指导课"，一节是陈诗慧老师执教的"精雕细琢　妙笔生花"。这两节课是在省教研员冯善亮老师的主持指导下，在前期 20 位教师集体说课的基础上精选出来的课例，都融入了"学教评一体化"的策略。"学教评一体化"是指"在课程实施中，以教育目标理论为指导，使学习、教学、评价之间彼此相符，保持一致"，强调"发挥评价对语文教学的正面导向作用""让评价贯穿教学全过程"。这两节展示课在评价层面的探索与经验，正是值得深入研究的。

一、以评导学的作用

（一）合理运用评价量表等工具，及时诊断反馈，让学习对学生可见

　　评价量表是一种评价的工具，由"任务描述（任务）、某类评价标尺（成就水平，可采取'等级'的形式）、评价的维度（任务所涉及的技能/知识的分解）和对每个表现水平构成要素的描述（具体反馈）"这几个核心部分组成。评价量表要紧扣目标，"追求目标与结果的统一，让评价贯穿教学全过程"。

　　周老师的课例，就是用评价量表贯穿学习全过程的一次典范设计。第一环节，就出示并解释评价量表，引导学生用量表评价作文初稿的水平表现；在课堂学习活动中，不管是归纳要领，还是升格练习，都提醒学生用量表为标尺来评价不同例文；在布置作业时，再次提醒学生用量表评价并升格初稿。周老师设计的评价量表，包括常规指标（基于全篇作文的中心、材料、结构、语言、卷面评价）与专项指标（补题与细节描写的评价）。通过评价量表，引导学生理解这节课的核心理念：全篇作文视角的评价。"抓住细节"这个单元作文指导，很多教师都会侧重关注细节描写的评价，如果处理不当，很容易演变成了细节而细节，陷入只见细节"树木"而不见全篇"森林"的困境。那么学生掌握的只是细节描写的片面知识，而不是可以融入全篇的核心知识。因此，通过时时对照运用这个精心设置的评价量表，学生能诊断细节描写关键技能的获得，也能诊断全篇作文的得失，最后获得思维能力和写作技能的提升。贯穿学习全过程，融写作评价与写作修改于一体的评价量表的运用，实现了邓彤老师所说的三个好处："一是定位，让学生知道自己目前的实际写作水准；二是定向，使学生知道自己该往哪方面努力；三

是定级，可以为不同水平不同层次的学生确定不同的发展阶段。"

类似的评价工具还有课堂快结束时的"自我评价小结"（有论者定义这是姬莉提出的 75 项形成性评价课堂技术之一，名为"分钟作文"）。在课堂即将结束时，周老师让同学们"说说本节课的收获"。表面看是一个简单的小结，但实际是基于本课的学习目标、评价量表以及程序性知识来进行自评。比如一个学生小结道："我学会了要围绕中心运用细节描写，不是为了细节而细节。细节描写也不是越多越好，关键在于有助于表情达意。"评价在这里起到及时反馈的作用，学生能评价并了解自己的学习效果，让学习对学生自己可见。同时，教师也能评判学生本课学习目标达成的效果。

（二）堂上展现评价量表形成的过程，让学生参与量表的开发，有效内化知识

评价量表与评价任务设置得越好，对学生的引导就越有效。因此，评价量表与评价任务一定要基于目标，而且让学生明白易懂。为了达到这个效果，除了依仗教师的系统工作先行设置评价量表外，还可以与学生共同开发评价量表。让学生参与建构评价量表是有意义的，"可以帮助学生了解任务期待，增强学习动机，并让教师获得关于学生先备知识、技能水平、自评能力和学习动机的反馈"。陈诗慧老师的写前指导课"精雕细琢 妙笔生花"，就是一节呈现了量表生成与运用过程的课例。陈老师先设计"正向分析学方法"，引导学生通过《台阶》《卖油翁》的片段，探究外貌描写、环境描写、动作描写等细节描写的评价维度。接着在"逆向思维寻策略"环节，设置问题"如果你是杨绛，一个濒死之人来家里送香油鸡蛋，你会怎么描写""如果你是那个悬崖上的小男孩，你会怎么描写当时的心理状态"，引导学生回答并与原文对比，探究外貌、神态、心理等细节描写的评价维度。对评价维度的探究，其实也就是对写作策略的探究，是通过完成评价量表开发任务的形式，教会学生"怎么写"，让学生深度参与知识建构的过程。探究之后，学生通过小组汇报的形式，完成外貌、神态、语言、动作、心理、环节描写等细节描写的评价维度的细化，生成了一个融汇了集体智慧的细节描写评价量表。学生在共同参与评价维度开发的过程中，对评价维度有着真切的理解与把握，有效内化了写作的程序性知识。这节课，课堂生成度高，评价同样贯穿整个课堂，是以评导学的精彩运用，是充满创意、令人激赏的创新设计。

但这节课在下一个"妙笔生花用量表"环节中有一些遗憾。学生使用量表仅仅停留在获得了多少颗星，而没有评价为什么获得这些"星星"。如两位学生分享"六星"等级小作文时，仅仅是朗读小作文，而不是运用量表来评价自己的作文哪方面较好，所以获得一些"星星"；哪方面还有不足，所以没有获得另外一些"星星"。学生的评价性陈述缺席，评价量表的导学作用缺失，未能通过学生的评价来判断学生是否懂得纯熟运用评价量表，是否掌握量表中的写作知识。量表作为一套可以评价现有作文并指导作文修改的评价标准，理应在及时的运用中进一步内化知识。

二、以评导教的作用

（一）评价支撑教学，评价诊断学情，有效推进教学

评价不仅有导学的功能，还有导教的功能。教学设计中的评价工具、评价任务等内容，同样能引导教师找准教学方向，避免偏离教学目标。教师是课堂的组织者，起着主导的作用。备课之初批阅学生初稿，开发评价量表的过程，就是引导教学的过程。这是"由于将作文评价指标从不同维度进行了具体化和层级化，写作教学量表能在写作过程中起到写前确定训练导向和达标层级，写后确定评级标准等作用，便于教师落实教学实践，利于学生自我评价，也易于评价者科学评判教学效果"。

"学教评一体化"的作文教学追求"教"与"评"一体化，也就是说教学的内容与评价的内容是相匹配的，评价评什么，教学就教什么。周老师的课，他上课之初就出示评价量表，接下来的教学活动紧扣评价维度展开。比如紧扣评价量表的"补题""材料"指标，点评表扬了补题出色、选材富有生活气息的同学；再紧扣评价量表的"结构""细节"指标，指出了本次习作存在的主要问题；再接着理清细节描写的定义、价值与原则，引出对细节描写的程序性知识的开发。环环相扣的教学活动背后，有一个评价的底层架构在支撑。

评价还可以达到诊断有据、动态把握学情的效果。在借助评价量表分析例文二、例文三，然后堂上修改这个环节，周老师注意倾听、收集学生的评价发言，动态掌握学情，再做有针对性的归纳指引。怎么归纳指引？周老师都是依据评价量表来开展诊断的，如"专项指标必须是常规指标之下的局部优化""注重从全篇的视角思考"等，牢牢把握住评价的方向，也就是牢牢把握住了本课的目标方向。

（二）善于运用评价语言，处理评价信息，深度推进教学

学生完成评价任务的过程，需要教师的组织，包括指导学生运用评价量表并作出点评，评判学生是否学会等。周老师善于运用评价语言，引导学生的学习方向在本课学习目标之中，不会旁逸斜出。比如这段课堂对话：

师：好，请坐。最后请作者说一下，如果你要修改会怎么改？

生：我会把前面先删减一些，引入太多，不能体现后面"冲过终点线的那一刻"。还有，"那一刻"要加更多细节，可以加一些心理描写，还有动作。最后，还是最好有一个中心，比如说"坚持"啊，一个有含义的词着重写。

师：简单说就是，第一，详和略准备调整，突出重要的。第二，你准备先讲清楚表现什么，有个主题。第一个详略，第二个中心，非常好！

这是在其他同学分析例文二之后，周老师与作者的对话。作者在吸收同学意见并进行个人思考后，对个人作文的修改有着比较清晰的认识。而周老师也非常善于倾听，肯定作者的修改设想，并高度提炼，给予总结性评价。这种在学生思考评价之后，处理评价信息并高度提炼、提升学生思维的评价语言，课堂上比比皆是。如：

"作文中的真实有两种，一种是已经发生的，另一种是可能发生的……前者是生活真实，后者是艺术真实，强调符合生活的逻辑。"

"题目就像帽子一样，戴在头上，能不能帽子太大？能不能帽子太小？不行的。题目跟文章要非常吻合，戴在头上才好看。"

"好！就是我们经常说的'一切景语皆情语''景为情设''融情入景'。刚才尚伊的例文一如果也能采用这种方法就更好了，因为从题目看应当一语双关，既写自然的雨过天晴，又指心情的变化，但只有实写，缺了虚写，请尚伊注意修改。"

如果不善于处理评价信息、运用评价语言，教学的深度推进就会受阻。陈老师的课堂在这方面就存在缺憾。如一个获得"六星"的男生分享作文后，陈老师的回应是："还是有一些地方值得修改的，小组的同学帮助修改好。"另一个"六星"女生分享后，老师的回应是："她写的是一件骑自行车的事件，她里面有很多的语言描写。"在使用量表这个重要环节，教师并没发挥评价中的首席的作用，对发现的高评价的"六星"习作，未引导学生结合量表判定它是否符合这个水平，也没有围绕评价量表指出修改的方向、要点。

课堂教学中，教师要心中有评价意识，眼中有评价量表，及时运用评价

标尺、评价维度、评价语言，让评价更好地起到导教的作用。

参考文献：

[1] 中华人民共和国教育部．义务教育语文课程标准（2022 年版）[S].北京：北京师范大学出版集团，2022.

[2] 冯善亮，向浩．学教评一体化：语文课程实施的一个关键问题[J].语文教学与研究，2019（17）.

[3] 史蒂文斯，利维．评价量表：快捷有效的教学评价工具［M].陈定刚，译．广州：华南理工大学出版社，2020.

[4] 邓彤．写作教学密码：邓彤老师品评写作课［M].上海：华东师范大学出版社，2017.

[5] 程少波．"教学评一致性"：内涵、核心与路［J].福建教育，2020（44）.

[6] 周华章．学情视角的初中写作教学［M].广州：世界图书出版公司，2020：378.

（本节作者为江门市新会葵城中学　苏祖荣）

第十六节　倒叙、插叙巧叙事

一、技法指导

一堆杂乱的积木，经过巧妙的组合叠放，可以变成绚丽的城堡；一块普通的布料，经过灵巧的裁剪缝制，可以变成艳丽的衣裳；同样，一件平平无奇的小事，经过叙事方式的精心设计，可以引人入胜，精彩动人。因此，摆脱一般的平铺直叙，恰当地运用倒叙法和插叙法，是记叙文写作的高招。

（一）倒叙法

倒叙，是根据表达的需要，把事件的结局或某个最突出的片段提在前边叙述，然后再从事件的开头按原来的发展顺序进行叙述。例如《回忆我的母亲》中，作者先从母亲的去世说起，再回忆母亲的一生。

采用倒叙的情况一般有四种：一是为了突出文章的中心，把最能表现中心的部分提到前面；二是为了增添波澜，避免文章叙述的平板和单调；三是引发思考，形成悬念，引起读者的阅读兴趣。四是便于作者调动情感，勾起对往事的深情回忆，更符合生活的真实。

运用倒叙通常有以下三种方法：

（1）结局法，先写事情的结局，再按时间顺序叙述事情的经过。

（2）精华法，先把最精彩的部分写在前面，吸引读者的注意。

（3）景物法，由眼前的风景或物品引起回忆。

注意：倒叙时要交代清楚起点，倒叙和顺叙的转换处要有明显的界限和文字过渡，做到自然衔接。不要无目的地颠来倒去，使文章的条理凌乱。

（二）插叙法

插叙是在记叙过程中，由于表达的需要，暂时中断叙述的线索，插入另一个或几个与中心事件有关的情节和事件的叙述方式。如鲁迅的《故乡》当"我"的母亲谈到闰土时，作者用"这时候，我的脑海里忽然闪出一幅神异的图画来"引出对少年闰土形象的插叙。

采用插叙的情况有三种：一是为了对主要情节或者中心内容起补充作用；二是为了使文章增添波澜，引人入胜；三是为了使人物品质更加突出、形象更加丰满、主旨更加鲜明。

运用插叙通常有以下三种方法：

（1）联想法，通过作品中人物的联想引出插叙内容。

（2）转述法，借助作品中人物的叙说进行插叙。这种方式往往用"听人说""据说""有人说"等词引入插叙。

（3）直述法，不借助作品中任何人的口述或联想，直接在文中插叙一件事，多用"原来""过去""曾经""后来"这些表时间概念的词来引入插叙部分。

注意：插叙的内容应能对中心内容起补充、解释或衬托作用，根据中心内容的需要可长可短，但不能超越表现中心思想的范围，否则会喧宾夺主、烦琐累赘。使用插叙时，要安排好与中心内容的衔接，使过渡自然，内容贯通一气。

二、佳作展示

佳作一

我的外婆

李谭更开纪念中学九 (4) 班 肖宇

如果说这人间只有一份爱不求回报，那就是亲情。

——题记

正月初，妈妈带我和外婆去海边玩。在坐车的时候，外婆闭上眼睛休息，我不经意间瞥了一眼，只这一眼，我就定住了——外婆好像很疲惫的样子。

我记忆中的外婆是忙碌的。由于我小时候由外婆带着，常常看到她忙个不停，操持各种家务。我小时候吃饭吃得特别慢，一顿饭要吃上一两个小时。外婆一口一口地喂，冬天饭容易冷，还得放在火上煨着，直到我吃完。

记忆中的外婆是严厉的。我还是一个分不清左右手的小孩，便被要求规范握笔、学写字，学舞蹈。我常常并不想练，但外婆抓着我描字帖。外婆还让我坚持压腿。现在，我考体育考试做立位体前屈感到很轻松，才知道当初腿没白压。

记忆中的外婆是不知疲倦的。每天主持一日三餐、做家务、第一个到幼儿园接我放学并带上切好的水果……我以前总是得意地向别的小朋友炫耀："今天我又是第一个被接走的！"

可现在外婆却是这样的疲惫。其实我是知道外婆为什么会这么累的——前几年外婆把腿跌伤了，手术室进了两回，到现在腿还时而疼痛。

"以前我带你的时候比赛跑步呀！我说'一二三！'我们两个就一起跑！现在这个腿是跑不动啦……"有时，外婆也会对我这样感叹。外婆身体不如以前了，然而表弟表妹出生了，外婆又担起了带小孩的重任。这么多的事情堆在外婆一个人身上，干的活一直没有减少，她一直那么的辛苦，这能不累么！

我想着，想着……到海边了，外婆也醒来了。

我们下车，看着蔚蓝色的大海，感受着习习的海风，看着站在台阶上沐浴在阳光下的外婆，我忽然想：

一直付出却不求回报，外婆，您是该给自己放个假了。

【点评】

本文通过插叙法，在跟着妈妈带外婆去海边的过程中，插入了关于外婆的三段记忆，与眼前的外婆形成对比。突出了外婆的无私付出，字里行间蕴含着对外婆的感恩与关爱。没有过分的煽情与夸张，浓浓的亲情却浸润其中。

佳作二

海的歌声

李谭更开纪念中学八（6）班 陈翠儿

海滩上，早晨的暖风随着波涛汹涌的海浪吻过我脸颊，我随手捡起了一个小贝壳，不由得又想起了那对姐弟，耳边仿佛又传来了海的歌声……

三年前，我第一次来到这片海滩。夏季火热的天气吞噬着整个城市，人们纷纷踏上了这金色的海滩。我正坐在沙滩伞下的椅上，享受着太阳恩赐于我的热吻。恍惚间看见了一个矮小的身子从我视野中掠过。我从椅子上起来，看见离我不远处有个八九岁的小女孩，她蹲在炽热的沙滩上，左手紧握着破烂不堪的袋子，右手在不停地动着，似乎在忙碌着什么。

那么热的天，如此大的阳光，她为什么蹲在那里呢？我心里呢喃着，好奇心诱使我站了起来，悄悄地靠近那女孩。仔细看，她一头短发，纤细的小手不停地扒开细沙寻找什么。我盯着那袋子里一看——里头全是特殊的贝壳和海螺。

那女孩似乎瞧见了我，并没有感到意外："姐姐，你也喜欢贝壳吗？"我愉悦地点点头，目光落在了她的小手，发现有一处被划伤了。我蹲下来，摸着她的头，问道："你为什么要捡贝壳呢？袋子里已经不少了呀，你要这些做什么呢？"她温柔地笑了，摇摇头道："这是秘密哟。"说完急匆匆地带着那袋"珍宝"，光着脚丫跑了。

第二日，我又碰见了那个女孩。她穿着一身蓝色的长裙，依然在沙滩上收集着贝壳和海螺，我也在椅子上偷偷观察着她。过了许久，她又带着袋子跑出海滩，上街去了。我实在是好奇，便随着女孩轻盈的步伐，跟了上去。

拐了几个弯，女孩到家了。可她没有屋，一直飞奔到了院子里。我来到院子外，抬头张望，女孩的家算不上富裕，而院子里只有花草树木和一堆枯木。女孩手里捧着贝壳，走向树后一个坐在轮椅上的小男孩，说："弟弟，你不是喜欢海吗？"她微笑着把一个大海螺放在他耳边："听呐——这是海的歌声！"她捡出一把漂亮的贝壳，放在他右手里："这是你最喜欢的海！"女孩捧起男孩的头，轻轻拭去他眼角的泪花："等你的脚好了，我们一起去蹚海浪！"

夕阳西下，彩霞弥漫，弥漫了整座城市，还有这座简陋的小屋，这个简陋的院子。恍惚间，远处又传来海的歌声……

【点评】

景物勾起对往事的回忆，海边景物依旧，睹物思人，一个捡贝壳带给行动不便的弟弟的小女孩的形象跃然纸上。简陋的小屋洋溢着人间人情，美丽的景致烘托了美好的情感，二者相得益彰。

佳作三

不明显的幸福
李谭更开纪念中学八（2）班 伍彦冰

这一天，我独自一人整理着房间，不经意间看到了它——一封信，一封来自母亲的特别的信。那段回忆氤氲在周围的空气里，慢慢地，我行走在那段回忆之中。

还记得那时候，爸爸在国外工作，家里只剩下我和妈妈。我要上学，妈妈那段时间工作十分繁忙，每天早出晚归，这个家显得异常冷清。

那时候，每天放学都是我自己一个人走回家，每天到家门口准备开门时，总在心里祈祷着一开门就看见妈妈和一桌子丰富的佳肴，可现实却是……于是渐渐地，我也打消了这种"妄想"。要等到将近六点钟，才等到妈妈回来，差不多六点半我才能吃上晚饭。就是吃饭时，我母子俩也没说上几句话。那时我常想，我是一个不幸福的孩子。

直到有一天，一件事改变了我的看法。那天吃完饭后，妈妈攥着我期末考试的成绩单，很生气地吼道："这次考试你怎么考的！退步了那么多！"我当时的情绪也不好，很不耐烦地答道："平时不是不关心我吗！怎么现在知道关心起我了？烦不烦啊！"听了我的话，妈妈顿时呆住了，眼里充满了泪水，我冲回了房间，把门狠狠地关上了。

我在房间一个人静静待了一会儿，想"刚刚是不是说得有点过了？妈妈好像哭了！"那时，我心中一阵愧疚。正思考着该怎么和妈妈和解时，一阵敲门声打断了我的思路。我开了房门，门外没有人，只有一封信静静地躺在地上。我捡起那封信，坐在椅子上，打开了它，那是妈妈的字迹。

那封信，是这样写的："儿子，今天吃饭的时候，妈妈不该因为你的成绩不好就大声吼你，妈妈也知道你有用功去学，这件事是妈妈不好，平时妈妈因为工作疏忽了你，妈妈保证以后会多抽空陪你。儿子现在你也不小了，不能什么事都要妈妈去帮你想，你长大了，要懂得珍惜时间了，不要在该吃苦的年纪选择安逸，要努力啊！你要是不努力，谁也给不了你想要的生活。

加油，妈妈相信你是最棒的！"

看完这封信，我心中充满了愧疚。走出房门，看见了妈妈洗碗的背影，那是一个多么伟大的背影！一时间，我感到无比的幸福！尽管这幸福是极不明显的！

【点评】

本文通过一封信引发倒叙，将读者带入对往事的回忆，通过眼前的景物勾起对往事的叙述，把自己与妈妈从误会到和解的经过娓娓道来，母子之情渐渐显现。朝夕相处的母亲竟然会给自己写信，一开始便设置悬念；然后，讲述了故事的来龙去脉，凸显了特殊处境中母子的隔阂；最后用一封信融化了冰霜。倒叙的写法使文章跌宕多姿，曲折动人。

佳作四

海边打蚝

李谭更开纪念中学八（2）班 黄晴欣

"呼……呼……"涨潮了，我凝望着烈日下的大海，波纹金灿灿的，那种美妙真是无与伦比。可是，此刻我的心情却不是那么美妙……

我拿出一把锋利无比的打蚝刀，快速地走向一块海水浸泡的石头边。我把最锋利的一边对准一个大蚝，使劲一敲，它的汁水像瀑布般倾泻而出，喷进了我的眼睛。"哎呀！"我急忙掬一捧水清洗。唉！这是我今天第 15 次失败了。

想起今天早上，我看到爸爸拿着工具出门打蚝，就嚷着要跟着去，爸爸笑着说："你会打蚝吗？"我自信满满地说："这有多难？我肯定行！"

好吧，此刻，我承认：我真不行，要不要放弃？海水冲击着礁石，发出"哗啦哗啦"的巨响，就像在嘲笑我的无能。

爸爸似乎听到了我的心声，微笑着走过来，耐心地说："你试试把锋利的那一边对准上下壳裂缝的那一条边，找到最宽的那一处，刀锋和生蚝约呈45 度，用力将刀尖压入至蚝内，轻轻一撬，再切断另一条肌肉，那样的蚝就很完美了。"

我仔细按照爸爸的办法，找到准确的角度，用力一撬，一个完整的大鲜蚝破壳而出，在阳光下闪烁着耀眼的光芒，一如我此刻亮丽的心情。

学会方法果然比乱撬管用多了，我打蚝的速度逐渐加快。

时间匆匆而过，夜幕降临，提着自己亲手打的一桶蚝肉。凝望着皓月下的大海，那么的平静，那么的安详，抬头看见圆月渐渐升高，她那银盘似的脸流露出柔和的笑容，仿佛是对我的褒奖。

【点评】

本文选取了海滨少年特有的生活小事，充满了生活气息。一开始是"抑"，行事不利；接着，插叙出发前夸下的海口，更增添了自己的窘迫和沮丧；之后在爸爸的指导下，迅速掌握了动作要领，收获颇丰，顿时所见皆是佳境。插叙的运用，不仅使全文的叙述更为完整、合理，也使人物的形象更为丰满，从而更好地表现了文章的主题。

（本节发表于《广东教学报·初中语文》，作者为江门市台山市李谭更开中学　李粤秀）

第十七节　以评价量表撬动作文教学

《义务教育语文课程标准（2022年版）》明确要求初中生"写记叙性文章，表达意图明确，内容具体充实"，能"多角度观察生活，发现写作生活的丰富多彩，能抓住事物的特征，为写作奠定基础"，能"根据表达的需要，借助语感和语文常识修改自己的作文""能与他人交流写作心得，互相评改作文，以分享感受，沟通见解"。这是课标对学生作文能力的要求。而以学教评一体化理论为依据的作文教学能有效促进学生作文能力提升。学教评一体化理论是将学习活动、教学目标、教学评价三个因素有机结合，形成紧密的整体。实现学教评一体化的关键在于教学评价贯穿学习活动、教学目标，以评价方式落实课程标准规定的核心素养培养的相关规定。围绕教学评价设计评价量表，通过任务与活动、展示交流与评价等形式将学生的学、教师的教和对学生的评价融为一体，真正实现任务驱动式的有效作文教学。

一、调研学生学情，设定学习目标

学情的调研一直是教学前置手段，准确把握学情能有效设计教学目标。教学目标的准确定位，使其有效地成为教学任务活动设计的依据。学教评一体化理论提出以评价量表来定位学生的作文实际情况，抓准学生的待提高点，围绕此来设定学习目标。评价量表的设定，除了要依据学生实际水平外，更要在课程标准的内容要求、学业要求、教学提示和学业质量标准范畴内。

比如，"写出人物精神"是统编版语文教材七年级下册第一单元的写作要求。本单元写了邓稼先、闻一多、鲁迅、孙权、吕蒙等杰出人物，让学生感受杰出人物的非凡精神品质。透过细节描写等手法，显现出人物的非凡精神，折射出作者的思想感情。所以，本单元写作课要求学生品读课文体会人物精神，并学以致用写出自己熟悉人物的精神品质。因此，学生的课前任务是：运用本单元所学的描写手法及写法，写出自己同窗好友的样貌、外在特征及性格气质。写一段 200 字左右的片段，请写出其精神气质。根据课标内容与教学需求设定以下评价量表，以准确定位学情。（见表 2 - 21）

表 2 - 21　课前评价量表

序号	评价项目	有（请对应打"√"）	否（请对应打"√"）
1	能选用典型事件，写出人物个性或精神		
2	能运用一种或上的手法写出人物个性或精神		

从以上的评价量表分析得出，七年级的学生已经初步把握写人的一些常见的方法，如外貌描写、语言描写、动作描写等。可是未能通过这些描写，写出人物的个性特点。虽在单元学习中初步了解细节描写，却不会写细节描写，所以本课重点在于通过细节描写表现出人物精神。回顾本单元多样的写作方法，如对比、衬托、正面描写与侧面描写相结合等，要指导学生有意识地使用这些方法，才能更进一步提高写作水平。我们还发现学生未能选用有代表性的事例，表现所写同窗好友的精神品质。因此，本节作文课的学习目标最终确定为：①选材典型，聚焦精神；②运用细节，写出精神；③巧用手法，表现精神。这些学习目标既是作文教学的伊始，也是作文教学的终点。

二、围绕学习目标，设定评价量表

学教评一体化理论，强调学、教、评三方互动：以学定评、以学定教，以评导学、以评导教，以教优学、以教优评。学教评三方形成紧密关联的教学闭环。传统的教学一般以教为先，以教导学，以教定评。这是以"教"为中心的教学理念。而学教评一体化以"学"为中心，以学定评、以学定教。这是以"学习"为中心的课程理念。根据这个课程理念我们设定评价量表。评价项目围绕学习目标设定第一层为能选用典型事件，运用两种细节描写手法表现出人物精神；第二层为能选用典型事件，运用一种细节描写手法写出人物精神；第三层为能选用典型事件，写出人物精神。将学生完成程度分为四个等级：完全可以（五颗星），大体可以（四颗星），基本可以（三颗星），有待掌握（两颗星）。以打星的方式进行评价。本评价量表为学习目标设定了完成的程度（即学到什么程度），以使用技法表现精神的数量来衡量学生对本节课学习的效果。具体如表 2 - 22 所示。

表 2 - 22　课堂评价量表

序号	评价项目	完全可以（五颗星）	大体可以（四颗星）	基本可以（三颗星）	有待掌握（两颗星）
1	能选用典型事件，运用两种细节描写手法表现出人物精神				
2	能选用典型事件，运用一种细节描写手法写出人物精神				
3	能选用典型事件，写出人物精神				

　　评价量表的设定，不仅要围绕学习目标，还要根据班级学生实际的学习能力设定。教师不能设定难度过高的目标，以免学生心生畏惧，不肯去完成学习活动。可以分层设定，依个人程度让学生选择评价项目完成，依据量表评价自己的学习任务完成情况。教师从旁指导学生如何运用量表评价自己或别人的习作。本节课中，个别学生就将每项评价项目都进行了自我评价，没看清评价量表意图。学生表现出来的错误，不仅是他对评价量表的使用失误，更表现出教师在使用评价量表前没有进行指导，体现课堂上学生出错是教师引导的缺位。所以以学定教，并不是以学代教，而是在"教"的指导下"学"，设计时以学定教，课堂实施上却要以教优学。

三、依托评价量表，设计学习活动

　　围绕以上的评价量表，设计学习活动。学习活动的设计是课堂成败的关键。学习活动是在有限的课堂时间内完成有效的教学任务。评价量表的项目内容，是设计学习活动的着力点。依据单元目标分析，"写出人物精神"的课堂评价量表内容是：选材典型、运用细节或其他技法写出人物精神的核心任务。因此，设计活动大任务为回顾单元课文，学习写作技法，写出人物精神。

比如，活动一：下面哪些例子写数学科代表小龙正直的精神品质？

晓华没有完成作业向他借作业抄，他拒绝了。

那天早晨，他看到小许没有回校，他帮小许值日。

他在教室外捡到了 20 元，他没有藏起来，而是交到班主任手里。

历史考试时，他看到晓华作弊，他没有默不作声，而是及时向老师报告此事。

评讲时，他发现老师给他算多了 5 分，他课后去找老师改回正确的分数。

学生的回答充满不确定性。经过几轮学生的回答，才能判断出除了帮忙值日一事写出科代表的乐于助人外，其他都是表现其正直。教师接着追问四件事都写进作文吗？学生静默了很久，一个女孩子胆怯地起来说只需要选三件事，教师接着问：哪三件事？男生说：第四与第五件事只选一件即可，因为都是讲学习考试方面。另外一个学生说：可以将第一件与第四件事归并，因为都是写科代表反对或举报坏风邪气，只择一事来写即可。老师引导前者从内容分类、后者从主旨分类，要围绕写作目的来选材。通过课堂上教师的追问，学生有意识地去思考事件是否突出人物的精神，从而选择有代表性的事例。由此归纳出第一条学习支架：选材典型，聚焦精神。

活动二：回顾本单元课文的精彩细节。让学生分析《邓稼先》一文中"我不能走"一句的语言细节，写出邓稼先在危难困险前一马当先、不怕牺牲的奉献精神。追问"闻先生也总是头发凌乱，他是无暇及此"。这句反映闻一多先生什么精神？运用了什么描写？个别待进生积极发言："老师，头发凌乱表现闻一多先生潇洒！"全班哄堂大笑。教师无奈地说："你的理解有道理，可是你上课与周公相会了。"后面有同学积极补答："闻一多头发凌乱，是外貌细节描写，体现闻一多废寝忘食研究古籍。"通过分析课文句子的细节之处彰显人物精神，强调细节是抓住景物人富有特色的细枝末节，写出其特征。引出第二条学习支架：运用细节，写出精神。

活动三：回顾课文的写作技法。此活动流程与活动二相同，先展示课文精彩技法，让学生温故知新。通过此活动有序不紊地梳理整单元的写作技法，强化学生对于写人技法的掌握。顺势引出第三条学习支架：巧用手法，表现精神。

以上的学习活动，都是紧紧围绕量表评价项目设计的。学生完成学习活动，也即评价量表具象化，评价量表为学生完成学习活动提供有效的学习支架，为教师的教与学生的学架设桥梁。学生通过学习活动掌握有效的知识与技能，为修改自己课前习作提供评价标准，为学以致用提供高效的学习工具。

四、运用评价标准，引导习作修改

运用学习支架，结合评价量表的标准，让学生修改自己的课前习作，要求选材典型，运用细节描写，运用技法，通过议论抒情句写出同窗好友的精神气质。教师从旁巡堂，并留意观察学生的修改情况，为有疑难的同学提供帮助。在相当一部分同学修改好自己的习作后，让学生小组交流，选出修改优秀的同学上台展示。根据学生实际修改情况与互评情况，教师选取2位同学的习作投影。第一个学生写到班上男同学行动瑟缩，神态鬼祟。学生依据量表点评说这不是写人的精神。教师补充点评：这同学虽写出个性，但多写负面的精神品质。同学们写人物精神要多写积极向上、真善美的精神品质。后者写了班里的刘峰同学，写他的外貌，像猴子的屁股，红彤彤。他经常说话，影响周围同学的学习听课，所以令人厌烦。但他值日时十分积极，满头大汗，不吝啬劳力，为同学打扫班级。运用神态细节与修辞，写出人物精神。并追问学生如果要写出刘峰的精神面貌，你会选择哪件事来写。学生回答选择后者。最后让学生用量表自评修改后的习作。大多数学生自评自己写作能选择一两种手法来写。只有直面量表评价自己的不足，才有提高写作能力的起点，也是下节作文教学的设计起点。

评价量表撬动整节作文教学。以评价量表研判学情，以学情设计学习目标，以学习目标设定学习任务与活动，在活动中提供学习支架，以任务驱动学习活动，在活动中促使学生运用评价量表，依据量表修改自己的作文，依据量表评价自己的作文，依据量表评价他人的作文，依据量表评价自己的作文收获。评价量表使作文教学具象化，使作文教学中教师的教与学生的学巧妙地融合。

参考文献：

[1] 中华人民共和国教育部．义务教育语文课程标准［S］.北京：北京师范大学出版社，2022：48．

[2] 邓彤.写作教学·密码［M］.上海：华东师范大学出版社，2018：80．

（本节作者为江门市新会华侨中学　钟淑霞）

第十八节　运用评价审清题　把握精准方行远

一、设计说明

　　近几年来，中考作文题的类型在不断变化，有时是命题作文，有时是话题作文，有时是自命题作文。以前的作文题时常附加一段提示语，帮助学生审题，但这两年的广东省中考作文连提示语都没有，只有一个要求。如 2022 年的广东中考作文题目：以"我不由得加快了脚步"为开头写一篇文章。且鉴于中考作文是限时的考场作文的特点，短时间内要完成一篇高质量的考场作文，十分考验学生的思维判断能力、文字理解能力和语言运用能力。因此，如何能快速审准题意，成为写好作文的第一步。如果出现偏题、跑题的情况，无论构思多么巧妙、语言多么优美、立意多么深刻，作文也只能是四类文，最多得 29 分。针对学生作文容易出现对题目的意思理解有偏差、对题目中限制性的条件把握不准确和不全面的问题，我们借"教学评"一体化审题评价量表导学助学的作用，让学生学会思考、判断和分析作文题，了解命题者的意图，准确把握文题的要求、立意、选材范围、文体及人称等。

二、学习目标

（1）深刻认识审题的重要作用。
（2）掌握审题的有效方法。

三、学习重难点

掌握审题的有效方法。

四、教学准备

（1）制作"教学评"一体化《作文审题》导学案。
（2）课前发放审题的例题，学生阅读。

五、课时安排

1 课时。

六、课堂实录

（一）活动一：实例引入　出示课题

师：同学们，你们还记得上学期期末的作文题吗？

生（齐）：他（她）启迪了我。

（屏幕显示）

翻开语文课本，一个个鲜活的人物向我们走来：热诚严谨的藤野先生，富有正义感的托尔斯泰，勤劳宽厚的朱德母亲，坚忍执着的居里夫人，乐观顽强的红军战士，恪尽职守的周亚夫将军……他们的优秀品格滋养着我们的心灵，引导我们求真、向善、尚美。

请从语文课本中选取一位人物，以"他（她）启迪了我"为题，叙写他（她）对你成长的影响。

要求：（1）立意自定，文体自选（诗歌除外）；（2）不少于 500 字；（3）文中不得出现与考生相关的真实信息。

师：此作文题有一个关键的限制条件，从语文课本选一个人物，叙写他对你成长的影响。请问谁忽视了此限制条件，请举手。

（有 4 个同学举手）

师：如果审题上出现偏题、跑题的情况，无论构思多么巧妙，语言多么优美，立意多么深刻，这篇作文也只能是四类文，最多得 29 分。（见表 2 - 23）

（屏幕显示）

表 2-23　四类文的通病

四类文 （15～29 分）	1. 不符合题意，立意不明确，材料难以表现中心，缺乏情感
	2. 结构不完整，条理不清楚
	3. 语言不通顺，错别字较多

师：那么审题审什么呢？

生：审题，人称，文体，字数……

师：（学生畅所欲言后）同学们对审题都有一定的认知，但大部分同学对初中作文的审题还是以审题目和题目要求为主，对导语一般是一览而过，忽视了导语对题目的启发性、限制性和引导性。

（这是本节课的第一步："明"——实例引入，出示课题。以最直观的作文实例引出课题，让学生明确本节课的重难点，同时引导学生认识审题对写作的重要性，唤醒学生的审题意识，为整节课后学生学会审题，并能借鉴评价表的导向作用验证审题的正确性奠定了基础。）

（二）活动二：明确要领　学习技法

师：同学们，作文题目一般由导语、题目、题目要求三部分组成。现在，我们先来看导语。

（屏幕显示）

范例1：全命题作文

夏日傍晚，沉寂多时的蛙声突然在你耳边响起；售书现场，敬仰已久的作家终于在你面前出现；语文课堂，默默无闻的你因一次精彩的展示而获得掌声；潜心沉思，绞尽脑汁的你因一个偶然的契机而豁然开朗……那一刻，相信你的心会像小鸟一样跳跃不止。这些景、人、事给我们快乐，催我们奋进，促我们成长。

请以"我心雀跃"为题，写一篇文章。

要求：①内容具体，有真情实感；②文体不限（诗歌、戏剧除外）；③不少于600字；④文中请回避与你相关的人名、校名、地名。

（学生阅读题目，齐读导语）

师：同学们，这段导语有几层含义？找到并圈画出导语给出的选材。

（学生分层，圈画选材）

生1：导语有2层含义。导语给出的选材有4个，分别是夏日傍晚，沉寂多时的蛙声突然在你耳边响起；售书现场，敬仰已久的作家终于在你面前出现；语文课堂，默默无闻的你因一次精彩的展示而获得掌声；潜心沉思，绞尽脑汁的你因一个偶然的契机而豁然开朗。

师：这个导语列举了生活中的四个场景，这四个场景给出了选材的范围，可以绘景，可以写人，也可以叙事。雀跃是指让你的内心开心地跳跃不止。那你在导语中能找到作文的立意？

生2：跳跃不止、快乐、奋进、成长。

师："跳跃不止"也是作文的立意吗?

生3:不是,跳跃不只是见到某种景色,遇到某事,见到某人的心理感受,属于心理描写的范畴。

师:这位同学对词语的理解还停留在字面意思上。此导语中的"跳跃不止"可以作为选材的中心,选材还可以突出"快乐",而"奋进""成长"则突出了整篇作文的立意。通过一个场景,突出一个立意,一篇作文的写作思路已然成型。所以,审导语的技巧是"一看二分三圈",找选材、寻立意、探思路(板书归纳审题技巧)。

师:那作文题《我心雀跃》的题意是什么?

生4:雀跃是麻雀以跳跃的方式行走。用以形容人因高兴而非常兴奋,像麻雀一样不停跳跃,也形容非常高兴。我的心像麻雀一样不停跳跃。

师:这位同学的回答非常准确,既解释了字面义,又结合导语解释了题中义。那作文题《我心雀跃》的题眼是什么?

生5:雀跃。

师:那么跃雀指一般高兴,还是非常高兴?

生5:非常高兴。

师:如果你看到一位同学非常高兴,你会想到什么?

生5:他为什么这么高兴?

师:所以审题时,应多问几个为什么?因何"雀跃"?如何"雀跃"?为何"雀跃"?所以,《我心雀跃》最适合写一件让我感到特别兴奋而感触很深的事。写事一般用什么文体?

生5:记叙文。

师:记叙文的六要素是什么?

生5:时间、地点、人物、事情的起因、经过、结果。

师:请坐。那么这个题目有没有限定条件,比如,人称?

生6:有,因为这篇作文的题目有"我"字,那么行文必须以第一人称叙述,必须写发生在自己身上的事。

师:这位同学说得非常好。同学们,在审题时,你要在明题意,明题眼,明限制,明人称(板书归纳审题技巧)之后再下笔写作,并且要记得审"题目要求",将要求的关键字圈画出来。(见表2-24)

表 2-24 《我心雀跃》的审题思路

审题 （从导语、题目、要求依次审）	
题目	《我心雀跃》
限定条件	1. 人称：第一人称，"我"，写发生在自己身上的事。 2. 文体：记叙文。 3. "雀跃"是题眼，形容心情很快乐。 4. 不少于 600 字
选材	语文课堂，默默无闻的你因一次精彩的展示而获得掌声
立意	在快乐、奋进中成长

师：同学们，这道作文题审题偏易，所以要选材新颖，立意深刻不落俗套，这样才能得高分。你认为老师对作文题《我心雀跃》的选材怎么样？

生7：很常见，这个选材还是来自作文题中导语的提示。

师：很好，请坐。其实考试作文很难在短时间想到新颖的选材，所以要保证选材的准确性，不偏题跑题，一般的选材也是不错的选择。如果你的考场作文能在立意上小中见大，注重展现个人对个体的体验过程，对自然的探索过程，对社会的思考过程，对生命的追寻过程，那将赢得阅卷老师的青睐。

（这是本节课的第二步："探"——明确要领，学习技法。通过分析全命题作文的审题技巧，让学生在交流中明确审题的顺序、技巧、重点，为半命题作文审题奠定基础。）

（三）活动三：小试牛刀 学以致用

师：同学们，刚刚老师讲解了结合评价量表快速审题的方法，现在，请同学们"小试牛刀"。

（屏幕显示）

范例2：半命题作文

一方水土，一片情意，岭南文化滋养着我们这一方人，它是可口的美食、独特的方言、多彩的山水、悠久的古迹、素朴的人情……

请以"我和_____的故事"为题，来展现你所感受到的这方水土上的特有的情意。

要求：①补充完整题目；②字数不少于500字；③文中不得出现真实的姓名与校名。

（2020年江门市第一中学选拔考试题）

（学生学以致用，进行堂上审题训练）

（此为本节课的第三步："练"——小试牛刀，学以致用。在此环节中，让学生当堂运用所学技巧，找出文题的限定条件，寻找选材立意，探究作文思路，并且明白题意、题眼、限制、对象是什么，让学生高效审准题。）

（四）活动四：对照量表 互评提升

师：写完的同学可以对照评价量表进行自评组评，并请小组成员提出修改建议。

（小组讨论，对照量表评分并提出修改意见，学生展示，师生互评）

师：谁能分享一下自己的作品呢？

生8：我的题目是《我和美食的故事》，主要讲小时候我做美食，送美食给孤寡老人的故事，限定的条件有行文以第一人称叙述，文体是故事，属于记叙文，字数不少于500字，立意是人与人之间的情感。自评8分，组评3分。

师：你对小组的评分满意吗？

生8：不满意。

师：你知道为什么小组评分只给3分吗？请你小组的同学来说一说。

生9：从题目来看，美食太过宽泛，美食可以是肠粉，可以是烧鹅，也可以是荷塘鱼饼……（全场哄笑），如果写多样美食，那么中心就不突出。

师：说得很好，选材一定要准确，具体到某一事物，而不是泛指。那还有没有同学来说说别的看法？

生10：因为题目中强调了"一方水土"和"这方水土"是岭南这一方水土，所以选择的美食是要能代表岭南特色的，如果写的美食是饺子，那这篇作文就偏题了，如果选材偏题，那么立意再深刻也无用。

师：好的，所以对导语中的限制条件一定不可忽视，对题中限制性条件的把握是作文审题的难点，希望同学们通过反复训练，熟能生巧，审准题。

（学生优秀作品展示如表2-25所示）

表2-25　学生优秀作品展示

审题 （从导语、题目、要求依次审）		评价量规	自评	组评
题目	我和陈皮的故事	1星：题目补充完整 2星：题目补充完整、正确 3星：题目补充完整、正确、新颖	2	3
限定 条件	1. 中心：特有情意； 2. 选材范围：岭南文化，与我的成长有关； 3. 第一人称，我； 4. 文体：故事（记叙文）； 5. 不少于500字	0星：没有筛选出任何限定条件 1星：没有筛选出关键的限定条件 2星：能筛选关键的限定条件 3星：能筛选出全部限定条件	3	3
选材	晒陈皮、寄陈皮	0星：选材完全不符合题意，忽视了限定条件 1星：选材基本符合题意，满足限定条件 2星：选材基本符合题意，满足限定条件，准确具体 3星：选材符合题意，准确具体且新颖	2	3
立意	关爱、传承	0星：对限定条件把握不准确，立意无意义 1星：立意不明确、宽泛 2星：立意明确、集中、俗套 3星：立意明确、深刻、鲜明、新颖	3	3

（此为本节课的第四步："评"——对照量表，互评提升。借评价量表，学生自查，从他评中自我反思，从组评中明确方向，从师评中知审题关键。同时，让教者反思本节课的写作教学目标是否达成或问题所在，帮助教者掌握学情，以更好地"助学"。）

师：俗话说：万事开头难。审题是写作的第一步，如果第一步错，那么步步都错。所以请同学们在课后结合我们今天学习的审题方法，结合评价量表自查，完成下面的审题作业。

（屏幕显示）

范例3：自命题作文

有学者说："读史使人明智。"了解过去，可以让我们增长智慧，对现实生活产生新的思考。假如有一部可以跨越时间的电话，可以打给过去的任何人，你会打给谁？想了解什么？打完之后会发生什么事情？

请你以"我挂断了跨越时间的电话"为开头，发挥想象，写一篇故事。题目自拟。

要求：作文内容积极向上，字数在600～800之间，不要出现所在学校的校名或师生姓名。

（北京中考题）

七、教学反思

作文教学如同千里之行，审题正是千里之行的第一步。授课者往往关注写作细节是否生动，选材是否新颖，写作方法是否恰当，而忽视了对学生审题意识的培养，导致学生在写作中往往找不到切入点，找不准定位。本节课基于"新课程改革视域下初中语文导学案教学设计与运用研究"（市级课题）的实践研究，以"写作学情"为起点，以"一课一得"为宗旨来设计整节课的教学。具体如下。

（一）以"扶着走"的方式，回顾范例，指引要领

把江门市八年级上学期期末统考作文《他启迪了我》作为引子引出审题中的问题，强调审题的重要性。通过全命题作文《我心雀跃》为例，让学生共读范例，引导学生知悉审题的顺序、方向与要点。用表格的形式为学生搭建作文审题的框架，为学生提供可感可知的审题策略，解决学生在写作中的审题问题。但从现场效果来看，也有不尽如人意的地方，在讲解与点拨的深度方面，还是略有欠缺。

（二）以"领着走"的方式，任务驱动，量表互评

由全命题作文转为半命题作文，审题的难度增加。以学生的堂上习作为抓手，通过学生习作呈现的问题，在学生与老师的思维碰撞中明确审题审的就是文题的限制条件，从而也明确文题的限制性条件是千变万化的。只有通过不断的审题训练，才能培养审题意识、审题习惯和审题思维。运用评价量

表，既可以对审题起到导学助学的作用，又可以多次验证审题是否正确，让学生审题有路可循，有路可走。遗憾的是，由于一节课的时间有限，堂上探究的审题类型太少，较为单一。当学生在遇到限制性条件多的文题，往往感觉顾虑较多，思考时间较长，难以快速搭建审题框架，也没有形成量表互评反复验证的习惯。

（三）以"自己走"的方式，运用评价，练中致学

练是这一节课的重点方法，整节课的设计都与练有关，在练习中发现问题，在练习中解决问题，在精讲多练中培养审题思维。此节课的作业是第三种作文类型——自命题，难度在全命题与半命题之上，自命题作文审题的关键在于导语，如何在导语中找到有指向、有意义和有价值的信息点，如何让审题指导课达到"学一例"到"知一类"的效果，那将是接下来的作文教改方向。

通过这节课，学生的收获确实颇多，起码他们的心中有了审题量表互评这个抓手。当然，在作文教学中，我们还有很多需要改进的地方。譬如每一类作文题与方法的具体指导与训练，需要在以后的作文教学中学中变，变中学，学中思，思中懂。

（本节作者为江门市景贤学校　罗昕）

第十九节　整本书阅读复习案例

广东省2022年名著中考题型有所改变，如果尝试对多部名著进行比较式阅读，运用"勾连"方法来串联起名著之间的人物、情节、作品主题、艺术特色，能让整本书阅读复习变得更有趣更深入。

一、案例背景和目标设定

（一）课标分析

《义务教育语文课程标准（2022年版）》提出："整本书阅读教学，应以学生自主阅活动为主，引导学生了解阅读的多种策略，关注整体和局部，局

部与局部之间的关系。在考察阅读整本书的过程中，围绕主要环节编制评价量表，制作阅读反思单，引导学生从阅读方法、阅读习惯等方面进行反思，自我改进。"课标明确指出，整本书阅读要关注整体和局部，局部与局部的关系，那关注整体与局部的关系势必就需要培养学生在阅读名著时的勾连思维能力。

（二）设计意图

根据课标要求，立足于拓展型任务群，依托初中 12 部名著教材复习的契机，我们设计了"巧比较　学勾连"的整本书阅读复习专题课。设计课例的前因是：2022 年广东名著中考题型有所变化，新考题都是对多篇名著或单篇名著内进行对比阅读而设置的考核内容，题目不再单一，一定要在对比阅读中运用勾连思维，才能更好地解决这类题型。

（三）学情分析

在设置学习目标之前，我们布置班级学生完成 2022 年文学名著真题。结果发现同学们得分普遍不高，失分的原因是没有准确掌握名著之间的关联性，不能对名著之间的典型人物和情节进行勾连比较。怎样解决这样的问题呢？应该要培养同学们的整合思维，在整合过程中学会勾连比较，找出名著中的人物、情节、艺术特色和主题之间的共性与个性。

（四）目标设定

基于以上思考，确定本节整本书阅读复习课的学习目标：①巧比较学勾连，能找出名著中的共性与个性；②用勾连妙提升，能完成综合练习并自主命题。

二、学习环节和设计意图

（一）环节一：情境导入，初步认识勾连

为了让同学们对勾连法有直观的认识，老师用 4 幅名著经典情节图导入。一方面，初步感知通过名著与名著之间的比较阅读可以找到共同点和不同点，激发同学们的兴趣，营造良好的课堂氛围；另一方面，为下一步的学习和运用勾连法作铺垫。

1. 问题设计

（1）考一考：请说出下面四幅图对应的名著中的人物情节。

（2）说一说：这四幅图中的故事情节有何共性？

2. 设计意图

让同学们初步感知名著之间的比较阅读，引出比较阅读与勾连法的概念，利用"共同点"都是"打"的情节来整合零散的知识，帮助记忆深化。

（二）环节二：合作探究，深入学习勾连

有了上面环节的铺垫，下面就要由浅入深、层层深入，设计梯度问题群，激发同学们对勾连法的兴趣，指导这种探究学习的方法用于我们的名著复习中。

1. 了解学情，确定目标

（1）问题设计。

1）现在老师出示真题，让同学们了解 2022 年广东省卷的名著考题。

请在下表的横线上填入合适的选项，使名著内容和人物相符。（见表 2 − 26）

表 2 − 26　班刊栏目、青春榜样

班刊栏目：青春榜样		
人物	特点	名著内容
红小鬼	坚忍不拔，一心向党	①_____
保尔	刚强不屈，奋斗不止	②_____

A. 他的心又怦怦地跳起来了。他日夜盼望的梦想已经实现了！铁环已经被砸碎，现在他拿起新的武器，回到战斗的队伍里，开始了新的生活。

B. 他以稍微带点激动的语调回答说："……我是站在被压迫国家人民一边的，现在如此，而且，只要我一息尚存，我就永远站在被压迫国家人民一边！"

C. 他们当中有许多人像这个小号手一样，熬过了从南方出发的长征的艰苦。有许多人是出征山西期间加入红军的。

2）接着，请同学们来完成"学情作业单"。（见表 2 − 27）

表 2-27　学情作业单

比较项目	篇名	理由
与《简·爱》在写作手法上最相似的	《海底两万里》	两部小说都采用了第①＿＿人称的叙述视角，使用这种视角叙述的好处是：②＿＿＿＿＿＿＿＿＿＿＿＿＿＿＿＿＿
与《简·爱》在主题思想上最相似的	《钢铁是怎样炼成的》	这两部小说都带有自传性质，两位主人公身上共有的③＿＿＿＿＿＿＿＿＿＿＿＿＿

（2）设计意图。出示 2022 年中考题，是告诉同学们，现在中考对名著的考查不仅仅是单篇名著，而是考查到了多篇名著，以及考查了人物与情节的对应。解答此类题时，同学们一定要熟悉名著中的重要故事情节，这些情节往往就是命题者作为情节勾连的对象。

根据"学情作业单"，从同学们的完成情况可以了解到大家的失分原因，是没有准确掌握名著之间的关联性，不能就整本书对典型人物以及典型人物有关联的人物和情节，或同类型典型人物及情节进行勾连比较。通过学情作业单的分析也是为了引出我们的学习目标：①巧比较学勾连，能找出名著中的共性与个性。②用勾连妙提升，能完成综合练习并自主命题。

2. 学习勾连　明确方法

（1）问题设计。

同学们，我们在初中阶段学习了 12 部名著，能否进行比较阅读，把知识点勾连起来找到他们的共性与个性？下面就这个问题设计题目如下：

1）请同学们完成表 2-28—表 2-34，在完成表格的过程中要感受多部名著之间的勾连方法。

表 2-28　名著之间的勾连方法（1）

人物	典型实例	共性（人物形象）
孙悟空	不满玉帝安排的弼马温官职而大闹天宫	
林冲	被高俅父子陷害，他怒而反抗	
毛泽东	参加革命，领导学生反对湖南督军张敬尧	

表2-29　名著之间的勾连方法（2）

篇目	典型实例	共性（特殊情节）
《简·爱》	简·爱得知罗切斯特的疯妻子还活着，选择离开罗切斯特。她的选择为她赢得了人格的独立，并最终获得有尊严的爱情	
《钢铁是怎样炼成的》	保尔在全身瘫痪、双目失明、失去工作能力时，他又以文学创作为新的武器，继续投入战斗，写出了备受读者喜爱的小说《暴风雨所诞生的》	
《骆驼祥子》	祥子的车被抢走，买车钱被敲诈，虎妞难产而死，祥子卖车葬妻，小福子上吊自杀，面对一系列挫折，他妥协了，最终沦为行尸走肉	

表2-30　名著之间的勾连方法（3）

篇目	解读	共性（艺术特色）
《水浒传》	鲁达、李逵都鲁莽豪爽，但鲁达的粗中有细与李逵的急躁形成对比	
《红星照耀中国》	红军和白军、毛泽东与蒋介石的对比	
《骆驼祥子》	祥子由希望到绝望的对比，虎妞和小福子的对比	

表2-31　名著之间的勾连方法（4）

篇目	解读	共性（特殊情节）
《朝花夕拾》	批判了封建孝道的虚伪，批判了封建教育对儿童的天性的摧残	
《西游记》	批判明朝后期统治者的昏庸残暴、官官护卫等黑暗腐败的现实	
《骆驼祥子》	批判了当时剥削和压迫底层劳动者的黑暗社会	
《水浒传》	批判了北宋末年统治者的腐朽和残暴	

表2-32　名著之间的勾连方法（5）

人物	对金钱的态度（个性—求同存异）
简·爱	
尼摩船长	
严贡生	

表2-33　名著之间的勾连方法（6）

人物	面对困难的态度（个性—求同存异）
保尔	
简·爱	
祥子	

表2-34　名著之间的勾连方法（7）

人物	悲剧命运的不同结果（个性—求同存异）
祥子	
保尔	保尔经历四次死里逃生，即使瘫痪，也凭着自己的坚强意志，通过写作来完成自己的革命事业
简·爱	简·爱童年生活悲惨，但她自尊自爱，自立自强，敢于追求，最后收获了美好的爱情和幸福生活

　　上面表格中提及的共性和个性，寻找共性就是寻找名著之间的共同点，而个性就是在名著之间"从相同行为中比较出不同""从相同遭遇中比较出不同"，都是从情节中提炼相似点，而"从相同气质中比较出不同"是从人物形象方面提炼相似点，其他以此类推。由此可以总结出：勾连法可以从人物形象、故事情节、作品主体、艺术特色等方面提炼相似点，再从动机、过程和效果等方面比较出不同点，结合社会背景，品评人物，深究主旨。

　　2）请同学们完成下列思维导图，思考还能否从这几大勾连中找到更多的勾连点。（见图2-7）

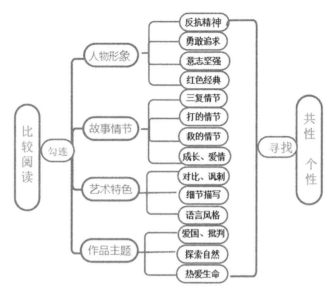

图2-7　名著勾连示意

　　通过表2-28—表2-34的勾连练习，让同学们找规律找方法，可以从名著的比较阅读中找到勾连的方法，先从人物形象、故事情节、艺术特色和作品主题中进行勾连，并从这四大类中找勾连点，可以让同学们思考这四大类的勾连点是什么。如人物形象可以从人物的"反抗精神""勇敢追求""意志坚强""人生理想""红色经典"等方面寻找勾连点，故事情节可以从"三复情节""打的情节""救的情节""成长""爱情"等寻找勾连点，艺术特色可以从"对比""讽刺""细节描写""语言风格""作品人称"等进行勾连，作品主题可以从"爱国""批判""理想""探索自然""热爱生命"等方面进行勾连。寻找这些勾连点是为了让同学们拓展勾连思维，能够在比较阅读的基础上有思辨能力。

　　（2）设计意图。在这一环节中，我设计了关于人物形象、故事情节、作品主题和艺术特色的名著勾连学习单，让同学们能在多部名著中找出它们的共性并在共性中寻找个性。在学习的过程中了解比较阅读方法，培养同学们的勾连思维。最后要大家通过思维导图的形式来总结勾连方法，这又是让同学们能学会将零散的知识进行归纳总结。

　　3. 学以致用，自主运用勾连法

　　经过前面环节的学习，同学们已跃跃欲试运用勾连法。我设计了一组综合练习，希望同学们能学以致用，运用勾连方法完成习题。

（1）问题设计。

练习1：梦想是一个人奋斗的动力，梦想是一个人动力的源泉。阅读名著，你会发现很多人物都怀揣梦想，为实现梦想而不懈努力。请根据要求填写下面表格（见表2-35）。（4分）

表2-35　练习1

名著人物	梦想
《西游记》①_____	取得真经，造福天下苍生
《水浒传》②_____	为家尽孝，为国尽忠
《骆驼祥子》祥子	③_____
《海底两万里》尼摩船长	④_____

练习2：陈白沙中学九年级学生本学期开展了名著《骆驼祥子》和《海底两万里》的阅读活动。请根据阅读提示，完成下列表格（表2-36）。（4分）

表2-36　练习2

人物	事件	性格不同点
祥子	祥子辛苦攒下的钱，被孙侦探敲诈去	①_____ _____（2分）
尼德·兰	在船长生命危在旦夕时，尼德·兰冲向鲨鱼，一叉刺中鲨鱼要害，救下船长	②_____ _____（2分）

练习3：真题练习（2021.四川改编）假如西游记中的唐僧准备再次出发，下列哪个人物有可能和他一起去西天取经？请结合该人物的性格特点和经历，简述理由。（4分）祥子（《骆驼祥子》）保尔（《钢铁是怎样炼成的》）尼摩船长（《海底两万里》）

（2）设计意图。我们通过比较阅读，学会了名著之间的勾连方法，能运用勾连方法找出名著之间的共性与个性。能否将这样的方法运用于实践综合练习中呢？这一环节设置了三道名著综合题，是为了考查同学们在了解了勾连方法后在综合答题方面有何提升，也是为了提高同学们在答题中的思辨能力。

（三）环节三：学会自主命题，灵活运用勾连

现在同学们学习了多部名著之间的勾连法，也通过勾连法学会了综合练习答题的方法，我们能否更进一步了解综合名著题的出卷人的出题思维呢？

1. 问题设计

小组合作，仿照上面的名著综合练习题，用勾连的方法命一道名著综合题。命题提示：① 题目内容包含初中 12 部名著中的任何 2 部或 2 部以上；②明确分值和参考答案；③完成后请小组优秀代表展示。

2. 设计意图

培养同学们的出题思维。有出题思维，必然会认真阅读名著，挖掘新知识并将之总结成问题，也是为了让学生能成为课堂的主人。学生通过对问题由此及彼，由表及里的探究，获得分析和解决问题的能力，从而提高学生的核心素养。

三、教后反思

设计这节课的初衷，就是想让九年级的同学在名著阅读复习中找到一条可行之道，习得一点有效之法。这节课的课堂设计深入浅出，教师用有效的方法激发了同学们对名著阅读勾连比较的兴趣，课堂生成的效果比较理想，说明对同学们进行阅读梳理的方法指导是可行的。

名著阅读教学无论是名著导读课还是综合复习课，老师都要重视导和读，以及进行名著知识的归纳和梳理。鉴于此，我有以下三点思考。

（一）关于读：积极开展阅读活动，维持同学们阅读兴趣的延续性

这节名著复习课，其实就是在名著阅读的基础上生成的，如果学生在初中三年没有认真读名著，他们是不会了解这 12 部名著的人物和情节的，也是不会有深入探究的。如何引导学生读是一个关键，在空闲时间读，在教师引导下读，在同伴学习中读，在阅读活动中读，只有读才能有后续的发展。

（二）关于导：由分到合，注意系统梳理和对重难点问题的突破

这节名著复习课，是在单篇名著的基础上进行综合复习。我们复习的不是一个点，而是一类，是系统性知识点的梳理。怎样梳理呢？这就需要老师

的引导，由初识到认知，由认知到深入了解，由了解到运用。由分到合，由知识的零散到学会知识的归纳，学会用这种方法把各种名著知识点灵活运用到名著综合练习中。

（三）关于梳：由点到面，注意知识点的梳理和总结

名著的阅读是由老师进行引导阅读的，不像平时对教材课文的教学那么深入，那么同学们在浅层次的阅读基础上需要老师进行名著知识点梳理。这一节课就应用了我在名著教学中一个比较浅薄的知识点梳理方式，由浅入深、由点到面、由分到合地进行对名著知识的系统性梳理。

一本好书就如同一艘船，带领同学们从狭隘的地方驶向无限广阔的海洋。在初中阶段，老师应做同学们的名著阅读的"舵手"，既要激发他们浓厚的阅读兴趣，又要培养他们良好的阅读习惯，还要提高他们的阅读思维能力，才能带领同学们畅游名著的海洋，真正提高他们的语文核心素养。

（本节作者为江门市陈白沙中学　龙卉）

第二十节　中考冲刺阶段备考策略漫谈

距离今年中考已不足百日，各校九年级学子即将奔赴考场，在同一跑道上接受检验。经过九年的学习训练，在面对人生中一次重要考试时，特别是面对作为中考第一场的语文考试，考生的心情往往既期待又紧张。我们知道，一份考试成绩的取得与两大因素密切相关，一是实际能力水平，二是临场应考发挥。绝大多数情况下，考生的中考成绩与实际能力水平相符合，但每年也有一些平时成绩较好的考生"失手"或平时成绩平平的考生"逆袭"的情况。想要在中考中发挥正常，避免"失手"，就要提前做好应考心态与应考技巧的攻略。

下面笔者就中考语文考前、考中、考后应注意的问题给考生朋友们支几招，希望能帮助大家正常发挥，减少失误。

一、考前一周

到了考试前一周，备考复习基本结束，知识能力已难再有大的提升。此时此刻，重要的不是你还有多少未掌握的知识要查补，而是要充分激活并运用已掌握的知识。因此，在保持规律的饮食作息基础上，考生这一周的复习策略应采取以自主梳理为主、教师查补为辅相结合的方式。从基础到阅读再到作文，按板块分考点全面梳理。其中，笔者认为梳理过程中重点有"四看"：一看标题背首句，二看错题补缺漏，三看笔记熟方法，四看素材备文料。

古诗文默写处在中考试题的开篇位置，也是大多数考生答卷的第一站。俗话说，"好的开头是成功的一半"，能否成功拿下这一中低档难度题目往往关系到考生接下来能否以充足的信心答完整套题。为避免因紧张而遗忘整首整篇古诗文或张冠李戴的情况，考前一周考生要强化训练只看标题就能熟练准确背出古诗首句、古文每段首句的能力。错题整理的意义就在于把书读薄，每一道错题都是自己思维误区和知识板块局限的反映。翻看错题本就是为了修补缺漏，辨析混淆点，提高复习效率。考前一周应避免盲目刷题，把复习重点放在钻研错题的做法上，明确复习方向从而突破知识薄弱点。备考笔记是课堂上老师强调的重点，也是一些核心知识点。考前一周可以重点翻看基础题各考点、课内外文言文阅读、三大文体和非连文本阅读的答题方法。考前一周按得分类整理自己写过的作文，比较分析得失点，积累打磨较完善的素材及结构形式，为应考作文储备充足的选材。

到了考试前三天，为保持一定的答题感，可以限时训练完成一套中考模拟题。针对发现的问题，适当调整应考策略。

二、考前一天

首先，临考前一天，面对即将开始的中考，具备良好的心态是关键。从命题者角度来说，中考语文命题面向义务教育阶段，要充分考虑不同区域的差异特点，根据本省各地学生的实际情况设定试题难度。因此，相当一部分试题在难度上属于中低档的基础题，是考生可以拿下且不难驾驭的。从考生角度来说，如果认认真真学了九年语文，就应该对自己有信心，相信奋斗的青春不会被辜负。即使"我难""人也难"，只要抱着平常心，把训练过无数次的考点全部做对就实现了自己的目标。总之，心态平顺，则一路阳光；

心态焦躁，则满目风雨。

其次，要提前熟悉考试环境，并按考试要求检查准备好文具、证件等。语文科被排在考试的第一科，为了确保考生能够在正式考试中保持良好的心态，避免因心理压力过大而影响考试的进行，事先去学校熟悉考场的环境是十分重要的。除了熟悉考场的布局和自己的座位，还可以到校园里走一圈，感受一下校园的氛围，并且模拟一下真实的时空环境。另外，为避免考前慌乱，考试用具准备的重要性也不可忽视。考试必备的准考证、黑色签字笔、2B 铅笔、橡皮等装入进场的考试袋，手机、智能手表、涂改液等物品一定不能携带入场。离家前最好再检查一次。

三、当天应考

（一）候考

马上就要与中考语文试卷见面，当面对未知的紧张情绪出现时，考生可采用简单实用的深呼吸法缓解。俗话说，"狭路相逢勇者胜，勇者相逢智者胜"，考生抱着自信从容的心态来完成中考试题往往就能发挥正常。此外，考生在候考答题前，应先将答题卡上的姓名、准考证号等信息按规定填涂完毕并检查，再次检查考试用具，以免占用正式的答题时间。

（二）阅卷

考试就像一趟旅程。考生拿到试卷后，不要急于作答，而应该从头至尾浏览一遍。注意"三看"：一看题型，从那些我们练过的题型中建立信心，把试卷各题的难易度大致排序；二看题量，了解各部分试题的结构，根据难易度题量的比例初步规划整张卷各板块的完成时长；三看作文题，以便更好地利用所准备的素材，并在完成试卷的前半部分时，潜意识中寻求构思立意。

（三）答卷

当然，考生要以平和的心态完成答卷，仅凭心中不断暗示"别紧张"是不够的，我们还要用"有方法"来缓解自己的紧张情绪。这"方法"，就是专业的学科应试技巧。"专业"与"业余"相对，作为一个语文应试的内行，考生在答卷过程中应具备如下六种专业技巧。

1. 科学统筹排时序

考生阅卷之后，已初步规划答题顺序。首先是按平时的答题习惯安排答题顺序，其次是可以从前往后按照出题顺序答题，最后是遵循先易后难的答题原则。遇到没有思路的题目，可以先做上记号，把它们搁置一边，等有思路的时候再回头补答。当然，也不要盲目按习惯或顺序答题，以免在某些板块上耗时过多，影响答题进度。毕竟，在会做的题上确保时间，才是中考获胜的战术。另外在做完一个板块的题目之后，可以有短暂的停歇，以便换个思维模式适应下一板块的答题。

一般来说，语文试题120分，用时120分钟，平均1分钟1分。考生可以根据不同题型做出灵活调整。大体上，积累运用部分原则上是控制在20分钟，文言文阅读10分钟，实用类及文学类文本阅读30分钟，作文50分钟，留出10分钟左右的检查时间。当然，考生还要视试题难度在考场上做出灵活调整。总之，时间分配要合理，给作文留出充裕时间，万不可前松后紧。

2. 服从命令审准题

"备考策略千万条，读懂第一条"，看清题干的指令、审准题目的意思、读懂选文的内容对于考生来说无比重要。如何读懂？圈画关键词是突破口。

一般来说，题目中都有或显或隐的答题指向。有的题干是规定，是"有误的一项"还是"无误的一项"？有的题干是限制，"请从修辞的角度赏析第5段画线的句子"；有的题干是提示，"山村景象在常乐眼里是另一番光景，请根据示例填空，并说说你从中看到了一个怎样的常乐"……读懂题目，圈住关键词就能圈住高分，作答就不会答非所问、事倍功半。所以建议考生审题时看两遍，第一遍力求掌握题目要求，第二遍圈画出关键词语，回扣文本，思考答题思路。千万不要为了赶时间，没有弄清题意就急于下笔导致答题失误。考场如战场，服从命令、听从指挥是第一要务。"欲速则不达"，慢审精圈答得准，快审粗看偏得远。

3. 书写美观要点明

答卷书写要字迹清楚，大小适中，工整规范。特别是古诗默写和看拼音写汉字这两个板块，必须要用正楷字工整书写，不能连笔带笔，以免造成不必要的失分。答题前想好书写内容再落笔，发现错误不要反复涂画，一笔划过即可。

此外，考试作答不在于字数多少，而在于要点清晰、一语中的。中考评卷按点给分，答题卡上密密麻麻一大片字常常费力却不讨好。表述答案时要有分点答题意识：一道题有几问，赋分多少，每一问每一分你认为有几个要点，都要在作答中一一标出序号来，力求逐层答透，命中"靶心"。按序分点答题能让你的答案立刻清晰起来、"精神"起来，让阅卷者快速明晰你的答题思路并做出精准判断，提高你的得分概率。

4. 基础题型拼细节

中低档的基础题目是得分大头，但往往考生在这里痛失许多不该丢的分。"魔鬼就在细节中"，基础题丢分通常就在于细节把握不准。例如，文言文翻译的要求是字字落实。因此做句子翻译题时，考生可以先给句子更精细化地分层断句，再圈出关键得分点（通假字、古今异义词、词类活用、特殊句式等，每句至少找四个得分点），这样就不容易丢词落句。如"余/立/侍/左右，援疑/质理，俯身/倾耳/以请"，"青树/翠蔓，蒙/络/摇/缀，参差/披拂"，分层断句后，句子理解起来更容易；标出关键得分点后，更有把握做到答题全面。又例如病句修改，是基础题型中的易错题，考生往往在两个选项中拿不准，在貌似正确的病症处"看走眼"。考生同样可以先精细分层断句，先圈出句子主干，这样病症就显而易见了。如"远远/望去，大渡河畔/人声鼎沸"，"荷塘冲菜的栽培历史/已有 200 多年，是/传统出口商品/之一"。分层断句找到主干后，病症判断就更精准了。

5. 分析考点求突破

考生在考场上一旦遇到新题型，不要被它"吓"住，要结合考点分析题干，寻找最佳突破口。例如 2020 年中考题《与母亲相守 50 天》中第 18 题"某文学刊物《腾飞》设有'人间亲情''山水游踪''人生感悟''古今论坛'等栏目。你会向哪个栏目推荐本文？请分别从选材和主题的角度说明理由"。如果考生能从题干的"选材"和"主题"两个词语中分析考点，就不难看清新题型的背后考查的还是对本文内容及主旨的把握。又如，2020 年中考题《北斗，国之重器》中第 12 题"选文思路清晰，按照逻辑顺序依次介绍了____、____和____"。这一题考查了新题型填空题，考生失分非常严重，几乎没有满分。考生按平时整体感知、圈画关键词句的阅读方法逐层分析，不难把握本题考查的还是信息筛选这一考点。

新题型的变化也许只是换了个马甲、披了层面纱，走不出知识能力考点的圈子。只要考生冷静思考、回顾考点，找到恰当的切入口，就可以顺利进入正确的思维模式。

6. 快速立意巧作文

古人说："文以意为先，意高则文胜。"要在紧张的考场上，用 50 分钟完成一篇优秀习作不容易。除了平时多阅读多动笔，具备扎实的语言功底，还要掌握几种快速构思、多向立意的作文技巧。首先是常见的正向立意，就是按照题目所给的指向和引导立意，平稳不易出错。其次是能让作文脱颖而出的逆向立意，就是从命题的对立面思考立意。最后是辩证思维立意。事物常具有两面性，考生如果能一分为二地辩证审察题目中的问题，将文章写出深度，往往就能获得高分。当然，考生不能一味追求标新立异，为创新而创新，必须在全面、准确理解题目的基础上创新。另外，为避免慌乱造成写作思维紊乱，可先在草稿纸上拟写关键词简要构思文章内容结构，初步列出作文提纲。

（四）查卷

考生完成整套试卷作答后，就要细心查卷。首先，检查是否有漏题，特别是客观题有无漏填涂，前面"暂放"的题目和因为答题顺序安排而可能错过的题目有无补答。其次，检查作答与题号是否匹配。客观题有无按题号顺序填涂，主观题作答区域是否与题号一致。最后，检查验证答案正确与否。在验证过程中，应该改变思维模式，采用新的方法来证明答案。同时，要保持自信，不要轻易怀疑自己的判断，而是要谨慎地重新审视问题。

（五）出场

走出考场，考生心底可能有成功或失利的感觉，也会想就不确定的作答核实求证。此时，不要立刻与同学对答案或上网搜答案。万一因发现自己错了或因轻信"伪答案"以为自己错了而加重思想负担，干扰到下面几科的考试情绪，就得不偿失了。所以，考完一科忘记一科，走出考场，一切就成为"过去式"，此时最重要的是全力投入到下一场考试的复习中去。

中考是一场战斗，既斗勇又斗智，既比心态又讲技巧。心态在左，技巧在右，衷心希望每位考生带着良好的心态、专业的技巧走进考场，冷静应对，充分调动已有的知识储备，发挥出自己的最高水平！罗曼·罗兰说："成为伟大，而非显得伟大。"在中考这场跋涉中，只要不断突破自我、努力奔跑过，每一位考生都值得为之骄傲！

（本节发表于《广东教学报》，作者为江门市怡福中学 刘金仙）

第二十一节　以知行合一为引，探究学教评一体化

知行合一是王阳明先生提出的哲学思想，阳明心学也是广为人知、影响深远。教师在日常教学活动中，如何实现学教评一体化，亦是值得探讨的课题。本文以王阳明先生提出的知行合一为引，探究学教评一体化的具体运用。

从王阳明先生的哲学理论来看，知行合一就是认识事物的道理与实行其事。王阳明先生指出，如何实现知行合一呢？知中有行，行中有知；以知为行，知决定行。

在新一轮语文课改的推动下，核心素养对"教学评一体化"提出了新的要求。广东省语文教研员冯善亮老师曾在讲座中谈到，教学评往往是另外加上目标，学教评则是在学内涵盖目标。从语文学科角度看，学是关键；从单元教学角度看，学是核心。在教学过程中，教师要将"学"这个核心放在前面，学教评一体化，以学定评定教，以评导学导教，以教优学优评。

课标指出，语文学科核心素养是学生在积极的语言实践活动中积累与构建起来的，并在真实的语言运用情境中表现出来的语言能力及其品质。学生通过积极学习语文，在实践生活中能更好地运用语文。正如王阳明先生提出的知行合一，学习不能止于学习，应以学习所获指导实践，在实践运用中发现问题，进一步提升认知。学教评一体化亦是如此，将学、教、评三者融为一体。学为核心，根据学情设计相应的教学活动与评价内容，同时，及时纠正在学习中发现的问题，为教与学引导方向。

一、知行合一，情慧语文

周华章老师提出"情慧语文"的教学理念，"情"重在情感、态度与价值观的培养，"慧"注重在掌握知识、形成能力的过程中逐渐积累学用语文的智慧。情慧语文讲究过程训练，将行动的过程训练与思想道德的提升融为一体，与王阳明先生提出的知行合一理念相合；同时，情慧语文的"情"更是很好地融合了王阳明先生对于"德"的思考。

在实践运用中，"情慧语文"重视理性反思，将学教评融为一体。教学评价贯穿于整个教学过程之中，针对学生的表现，及时反馈，最大限度地发

挥"以评促学，以评优学"的功能。"情慧语文"追求语言文字理解和运用的真实语境的创设，让学生在实践运用中提升语文能力。学习不是脱离现实的纯粹文字活动，是为了让学习者更好地在工作与生活中运用。情慧语文就很注重真实语境的创设，实现知行合一。

在探究学教评一体化的过程中，知行合一指明了方向，而情慧语文更是提供了探索的理论基础。

二、教学相长，评价共生

学教评一体化，很好地拉近了教、学、评之间的距离。

《礼记》里谈到"是故学然后知不足，教然后知困。知不足然后能自反也，知困然后能自强也。故曰'教学相长'也"。在教学相长的过程中，以知行合一为引，情慧语文为基，评价与之共生，更好地促进语文学习。

对学生的评价方式有很多，如考试、测验、作业评语等，教师通过检测发现问题，并反馈到教学活动中，以此来调整教学活动。这样的评价方式，在反馈信息方面存在滞后性。

以《边城》为例，我们来看看什么是评价共生。

（一）评价量表

从单元整体教学设计来看，本单元将进行中国现当代文学的学习，第七课是两篇小说，将《阿Q正传》和《边城》进行比较阅读。本课学习目标如下：①阅读两篇文章，分析阿Q、翠翠等人物形象的特点。②赏析《阿Q正传》（节选）的悲剧意味，探究阿Q超越时代、民族的意义和价值。③分析《边城》（节选）所描述的"世外桃源"式的乡村社会，探究作者的社会理想。④比较阅读两篇文章，分析它们的特色。

小说鉴赏对学生来讲并不陌生，进入高中阶段，小说学习不再是简单地了解故事内容，而是有了一些高阶思维的需求，如对主题、艺术特色的探索，对阅读体验的创新见解等。

情慧语文讲究过程训练，在教学活动中依托过程化训练落实情感熏陶和智慧培养。在《阿Q正传》的学习过程中，教师带学生复习小说鉴赏的方法。到学习《边城》的时候，教师再根据学情设计主问题，在小组内开展研学活动。

主问题示例：

阅读课文，找出文中描写"鱼"的片段，说说作者是如何通过"鱼"

来表现翠翠的心理活动和人物形象的?

先展示评价量表（见表 2 - 37），让学生明白通过阅读要完成什么任务，在完成任务的过程中，能达到什么层级。

表 2 - 37　评价量表（1）

能力层级	层级描述	我的层级
4	能准确分析主问题，有清晰的思路。找出文中描写"鱼"的片段，并分析翠翠的心理活动和人物形象	
3	能准确分析主问题，有清晰的思路。找出文中描写"鱼"的片段，并分析翠翠的人物形象	
2	基本能分析主问题，有一定的思路。能找出文中描写"鱼"的片段，并谈出自己的看法	
1	基本能分析主问题，找出文中描写"鱼"的片段	

（二）阅读鉴赏

学生在评价量表的引导下，开展阅读活动。在鉴赏过程中，学生能找到关于"鱼"的描写片段，谈出自己的看法，并结合文章对翠翠的人物形象进行简单分析，多数同学能达到三级或四级水平。但是，在进一步分析的过程中，学生对人物的心理活动分析较为薄弱，能更进一步的学生不多。

（三）小结

教学相长，评价不是独立的个体，应是共生关系。教师不必等到阅读结束之后，通过检测等形式展开评价，通过评价量表的使用，可以实现评价与教学共生。在过程化训练中，学是核心，以学定评定教，以评导学导教。

三、学情视角，评价相随

郭思乐教授在生本教育理念中提出，以生为本。从教师的角度出发，很容易去思考我的教学任务完成没有，我今天应该教什么。每个班有不同的学情，甚至细化到每个小组、每个同学都应有不同的学情。

情慧语文依托和服务于学情。周华章老师在提到学情视角的时候，做了生动形象的介绍，教学设计不是为了机械地完成教学任务，而是应从学生的角度去思考，我们在学习中如何帮助学生，恰到好处是最好的状态。

站在教师视角、课本视角，我们在完成教学任务，或是课本任务。但学习的主体是学生，针对学生的实际情况，教师应去思考学生应该学什么，可以教给学生什么，能帮到学生什么。所以，学教评一体化实践过程的出发点，应是学情视角。

以作文教学为例，探讨学情视角，评价相随。

（一）作文原题

阅读下面的材料，根据要求写作。（60分）

林黛玉笑道："共记得多少首？"香菱笑道："凡红圈选的我尽读了。"黛玉道："可领略了些滋味没有？"香菱笑道："领略了些滋味，不知可是不是，说与你听听。"黛玉笑道："正要讲究讨论，方能长进。"

上面的文字选自《红楼梦》中"香菱学诗"的相关内容。林黛玉强调学习诗歌要"记忆""领略"和"讨论"。以上文字也能在更广泛的领域给人以启示，引发深入思考。你对此有何认识？请写一篇文章。

要求：结合材料，选好角度，确定立意，明确文体，自拟标题；不要套作，不得抄袭；不得泄露个人信息；不少于800字。

（二）把握学情，评价相随

在学生第一次写作的基础上，为更好地了解学情，教师应整理学生习作，选出具有典型性的例文，师生共同修改。展示评价量表（见表2-38），让学生清楚知道三元关系型作文的能力星级。

以评导教导学，用典型例文和学生一起进行星级提升。学生在示例的引导下，先进行小组互评，再自评，通过教师点拨，找到提升星级的方法，运用到写作中，提升写作能力。

表2-38　评价量表（2）

星级描述	星级	互评	自评
切合题意。能准确把握三者关系，明确三者的概念、重要性、意义等。精准立意，观点明确，思路清楚，见解有新意。结合材料很好	5★		
切合题意。能准确把握三者关系，明确三者的概念、重要性、意义等。精准立意，观点明确，思路清楚。结合材料好	4★		

续表2-38

星级描述	星级	互评	自评
符合题意。能把握三者关系，观点明确，思路清楚。结合材料较好	3★		
符合题意。能把握三者关系，有自己的观点。结合材料一般	2★		

（三）小结

从学情视角出发，结合评价量表，及时发现问题，并指导我们的教学。以知践行，以评导学导教，在知行合一的指引下，探究学教评一体化的具体运用。

普通列车，动力系统主要集中在火车头，火车在前行的过程中，需要火车头带动多节车厢前行，火车头用尽全力，速度还不一定理想。动车比普通列车跑得快，有一个重要因素，每节车厢都有动力。我们的学习也是如此，把握学情，以生为本，每个学生都有学习的动力，不正是我们一直在追求的学习状态吗？

学教评一体化，就是在改变普通列车的问题，为每一位学生装上前进的动力，为每一个课堂装上前进的动力，学习的"小火车"何愁不快。

（本节内容作者为江门市开平市开侨中学　王东）

第二十二节　初中语文"教学评一体化"教学初探

在核心素养导向下，"教学评一体化"以更加灵动、合理的方式将学生们的自主学习、老师的传道授业解惑和多元化的教学评价相结合。通过创新教学模式，更新学生的学习理念，以培养自主性、主动性、智慧型的学生为目的，师生联手，默契配合，聚成巨大的能量，形成良好的循环，达到优质的教学效果，这才是"教学评"开展的要义所在。

一、"教学评一体化"存在的不足

（一）虽然学教评一体化的教学模式已开始运行，但是课堂评价随意，为了评价而评价，没有针对教学目标而设定

学教评在实际教学中没有真正落地，教学评价与教学的目标存在脱节，课堂的评价差强人意，整个教学评价流于表面，不深入。这就需要老师在教学中根据班级的实际情况，切合教学目标的要求进行中肯、有效的评价，使得评价能够起到实效。

（二）学生在设定学习目标时没有充分考虑自身的情况和学习的实际情况，而是盲目地设定，造成学习目标过大而很难实现，没有起到激发学生学习热情、督促学生学习的目的

有的学生在设定学习目标时随意性大，没有考虑实际的情况和可实现的程度，可量化度不高，导致目标没法指导和鞭策学生学习，老师要根据这一情况对学生进行指导和监督，制定具体可行的学习目标。

二、"教学评一体化"教学的意义

（一）老师以创新的理念去运行课堂，利用情境教学法，调动多方面的教学元素，发挥教学巧妙优化组合的最大作用，提高教学质量

"教学评一体化"教学要求老师改变陈旧的教学模式和教学思维，做好"教""学""评"三者的平衡，用学生们喜欢和乐意接受的方式激活课堂，激发出学生自主学习的热情，让学生参与到老师设置的情境中来，和老师相互配合，达到最佳的教学效果。

（二）让教学目标发挥主导作用，使得教学活动紧扣主题，有的放矢，不跑偏

教学目标决定着学习活动的开展。教学目标明确，课堂学习紧扣主题开展，大家齐心协力，各自实现自己的目标，使得整个课堂在制定目标、实现目标、检验目标达成程度的过程中高效、有序运行，从而提高课堂的整体学

习效率和质量。

（三）"教学评一体化"教学的意义在于激发学生的学习积极性，培养善学习、会学习、善思考的智慧型、能力型学生

老师通过探讨创新的学习方法，创设情境、巧妙运用多种方式启慧益智，打开学生的兴趣密码，让学生在良好的学习氛围中发挥自己的主观能动性，不是主要靠老师的"投喂"，而是主动"进食"，这也是新时代对于学生的要求。

三、构建"教学评一体化"的课堂格局

（一）以学习目标为导向，制定可行性高的操作步骤，使得目标可量化、可追溯、可执行，目标张弛有度，指引学生树立清晰的认知，规划正确的方向，向着目标发展

如在写作课上，学习巧学自然环境的描写。首先老师在上课之前先布置了预习清单，根据学生提交的作业，发现学生对于自然环境描写欠缺，没有意识到自然环境描写的重要性，在环境描写的表达上词语匮乏，不会描写。教师根据这一情况导入明确的目标：老师在课上先让学生朗读《孤独之旅》中删除环境描写后的文字，然后再读《孤独之旅》中没有删除环境描写的课文。通过对比，学生们明白了环境描写对于烘托文章气氛起到的重要作用。然后老师导入本节课的主题——巧学自然环境的描写，并且让学生思考回答环境描写的作用。经过了对比，学生们很明确地体会到了环境描写的妙用，很快概括出了环境描写的作用。老师通过巧妙地代入和引导，让学生把握了这节课的学习目标和重点。然后老师借助列表格这一有效的支架，让学生默读文章，总结出自然描写的基本策略：运用有色彩的词语和多种修辞手法。老师再通过进一步的引导，让学生从多种感官描写的角度进行理解，然后得出结论：自然环境的描写必须符合实际情境和人物的心境。

通过深入的理解，老师引导学生进行练笔，并通过小组评价打分选出优秀者进行分享，将评价和学习融合在一起，让学生的练笔和分享讨论、老师的跟踪点评联系在一起，让教学质量得到提高。

（二）制定教学策略，老师根据不同学生的学习能力，分层设计作业，引导学生自觉学习，带动"效力"的提升

学习是一个不断积累不断努力的过程，不同学生基础不同，学习和接受问题的能力也不同。我根据不同的教学目标和教学要求，因材施教，巧妙设计作业，满足不同层次学生的学习需求。

老师在布置作业时，先在心里理清三件事：第一，理一理学生学习得怎么样，不同层次的学生应该达到什么不同的层次目标；第二，理一理今天应该怎么布置作业，基础题、提高题、发展题分别怎么设计；第三，理一理今天准备选择什么或应该引导学生选择什么。我对学生进行"量体裁衣"，既起到主导作用，又发挥学生的自主性，体现了"满足不同层次学生的不同要求"的分层作业理念。

如在学习《回忆我的母亲》这篇文章时，我根据基础比较困难、学习成绩比较稳定和学有余力三种不同类型的学生设计了三个层次的作业。对于抓基础的学生，我设计了"抄写词语、会默写，背诵必背的课文"的作业；对于成绩稳定的同学，我设计了"搜集关于母亲的言行举止的描写，理解体现了母亲的品德的哪几个方面"的作业，引导学生进行拓展练习；对于学习能力很强的学生，我设计了"通过文章细节的描写，体会细节和修辞手法在文中起到的作用"的拔高作业，引导学生开动脑筋，激发创造性思维。

我在设计课程时，充分考虑学生们的兴趣爱好和性格特点，鼓励学生根据自己的能力和实际情况自主选择作业题，别出心裁地展示自己的能力，培养独立思考、独立创造的能力。

（三）建立多元化、多维度教学评价方案，促进"教学评一体化"教学

合理、有效的评价方案是实现一体化的有效策略和手段。评价方案可以分为面向学生的评价和面向老师的评价。老师在进行评价时要通过学生在学习过程中的综合表现和能力进行充分的测评，定期填写学习评价，激励学生不断向前进步、努力；老师可以通过教学评价表让学生提出建议和要求，为课堂的改进与提高建言献策。通过互评等方式，让学生和老师之间建立起良性的沟通渠道，实现一体化教学。

如学习《白杨礼赞》这篇文章时，老师先根据教学目标让学生把握文章的中心，品味语言的特点，结合作者所在的时代感受作者隐藏在文中的思想情感。老师在进行评价时，可以先让学生根据量化表中的项目展开自评，然

后老师根据量化表的内容对学生进行评价，评估学生的学习效果。通过有效的评价策略，鞭策学生的学习行为，提高他们的学习效率和学习积极性。最后再让学生对学习这篇文章的过程和对老师提出建议和意见，达到有效的沟通和互动，促进师生间更加紧密融合在一起。

四、结语

在培养核心素养的背景下，初中语文教学要求做到教、学、评统一，形成一个完美的闭合，让老师通过创设情境、活动开展、高效组织和强化学习展开高质量的教；学生在目标的带动下产生问题，在参与活动和互动中解惑答疑，将知识转化为自身的能力和综合素养；老师根据目标确定评价内容和标准，通过自评、互评等多重评价活动，靶向集中，有针对性地反馈学与教的效果。以"学"促"教"，以"教"促"学"，使得教与学完美结合，带动整体语文教与学水平的提高。

（本节发表于《向导》杂志 2023 年第 12 期，作者为江门市恩平市鳌峰中学　吴琼花）

第二十三节　学教评一体化的跨学科学习例谈

《义务教育课程方案和课程标准（2022 年版）》明确提出了义务教育课程应遵循的基本原则："加强课程内容与学生经验、社会生活的联系，强化学科内在知识整合，统筹设计综合课程和跨学科主题学习。加强综合课程建设，完善综合课程科目设置，注重培养学生在真实情境中综合运用知识解决问题的能力。开展跨学科主题教学，强化课程协同育人功能。"《义务教育语文课程标准（2022 年版）》（以下简称"新课标"）在课程内容部分首次提出六大学习任务群的说法，其中，跨学科学习任务群位列拓展型学习任务群，要求第四学段占据不少于 10% 的课时。为探索学教评一体化的跨学科学习策略，我们特做如下探索。

一、新课标背景的跨学科主题学习

（一）跨学科主题学习的内涵

华东师范大学安桂清教授认为，跨学科主题学习主要是指基于学生的素养发展需求，围绕某一研究主题，以本学科课程内容为主干，运用并整合其他学科的知识与方法，开展综合学习的一种方式。

北京师范大学董艳教授则主张，跨学科主题学习强调个人在参与群体活动中，能够利用两个或两个以上学科领域的知识、信息、理论、方法等来探究具有真实意义的、具有难度和挑战的、与学科知识应用相关的问题，并能够整合相应的观点和思维，提出可行的解决方案，以促进学生对知识的深度理解。

因此，跨学科学习主要有三大特点：一是指向本学科应该培育的核心素养，二是综合运用了两个以上学科的知识与方法，三是围绕一定的主题展开一系列学习活动。

跨学科学习不同于传统的语文综合性学习，因为后者虽然综合运用了听说读写思等学习活动方式，但仍局限于语文学科领域之内。

跨学科学习也不同于多学科学习，因为后者虽然从物理、化学、数学、地理、历史等多个角度研究同一个研究对象，但不要求指向同一个主题。

（二）跨学科学习的意义

（1）跨学科学习是培养学生综合素质的必要途径。跨学科学习是真实世界里学习的方式和本质，如日常买菜这一简单的行为，其实就综合运用了地理、数学、生物、化学、语文等多门学科的知识。现实生活中基本上找不到只需要一门学科就可以处理好的事情，学生的生活是综合性整体，必须掌握跨学科思维。

（2）跨学科学习能帮助学生在各学科概念之间建立有意义的联系。学生运用广泛的跨学科技能解决真实问题，能更好地适应未来的工作与学习。

（3）跨学科学习能显著提高学生的记忆力和理解力。跨学科课程已被证明能产生许多积极的学习成果，如可以换位思考，以多种思维方式看待一个问题；能更深入地解释现实世界问题的本质；会灵活运用学科概念和技能；提出更具创造性和创新性的解决方案。

（三）跨学科主题学习的原则

新课标就语文课程的内容组织与呈现方式指出，跨学科学习"旨在引导学生在语文实践活动中，联结课堂内外、学校内外，拓展语文学习和运用领域；围绕学科学习、社会生活中有意义的话题，开展阅读、梳理、探究、交流等活动，在综合运用多学科知识发现问题、分析问题、解决问题的过程中，提高语言文字运用能力"。由此可知语文学科跨学科学习应遵循如下基本原则。

1. 必须紧扣学习语言文字运用这一核心

新课标就第四学段教学提示指出："充分发挥跨学科学习的整体育人优势，增强跨学科学习的计划性和目标意识……要引导学生在广阔的学习和生活情境中学语文、用语文，提高交流沟通、团队协作和实践创新能力。注意引导学生掌握问题探究的基本步骤和方法，学会提炼、表达、呈现学习成果，着重培养学生综合运用多学科知识解决实际问题的能力。"跨学科学习是语文课程的重要内容，当然要紧扣"学习国家通用语言文字运用"这一课程性质。

2. 必须有利于培养语文学科应当培育的学生核心素养

新课标指出，"语文课程围绕核心素养，体现课程性质，反映课程理念，确立课程目标"，其中，核心素养包括文化自信、语言运用、思维能力和审美创造。

3. 必须基于指向真实教育目的的情境，从"先学后教"转向"做中学"

跨学科学习不同于传统的语文教学，讲究让学生在亲身参与实践活动中获得直接体验，经历知识的发现、反思、提升等一系列过程，在获得感性经验基础上积淀、凝练为理性认识。

4. 应当围绕丰富的学习主题，在日常生活中开展

跨学科学习活动的主题应当契合初中生的年龄特点和认知水平，能激发他们参与活动的积极性、主动性和创造性，贴近他们的日常生活，寓教于乐，从而获得多样的文化体验。

5. 应当关注社会热点问题，借助多种资料和媒介深入研讨

语文学习的外延与生活的外延相等。社会热点问题能引起高关注度，往往是初中生们遇到的新问题，如果能指导他们积极参与探讨研究，可以搭建校园与社会的桥梁，真正实现学以致用，让学生在社会参与中进一步领悟语文学习的价值。

6. 应积极与其他学科教师多方合作，建构教学共同体，形成跨学科育人机制

各学科都有跨学科学习任务，都需要各学科教师精诚合作。语文教师应当积极主动地争取其他学科教师支持，借助身边的有用资源，更好地实施新课标背景下的语文教学活动。

二、学教评一体化的跨学科学习实践路径

UbD 逆向教学设计理论由美国课程专家格兰特·威金斯与杰伊·迈克泰格首创，主张教学设计应遵循三个阶段：预设学习结果—确定评估方法—规划教学过程。该理论强调学教评一体化，注重以目标导引整个学习过程。基于此，我们设计了如下跨学科学习的一般路径。

（一）选定主题

跨学科学习又称为跨学科主题学习，因为跨学科学习必须围绕一定的主题展开。选定主题一般要注意四点：一是适切性，即符合学段学生的认知水平与年龄特点，不做过高或过低的要求；二是挑战性，即跨学科学习任务并非轻易就能完成的，需要经过一番努力才能达成；三是综合性，即必须灵活运用多个学科的知识储备、思维方式和专业技能才能顺利完成；四是实践性，即不能随便翻翻资料，轻松做做交流就能以闭门造车的方式完成，必须深入社会，亲身到现场参与，在感性体验的基础上加以理性思考才能如愿。

（二）明确目标

写文章强调"意在笔先"，要根据表情达意的需要选材组材和安排详略。与此类似，跨学科学习首先要考虑学习目标，并以此为要旨，设计评价标准和系列学习任务。撰写学习目标的要领有以下两个。

1. 陈述对象须为学生

因为学生才是语文学习活动的主体，每次学习活动都是针对班级学生量身定制的，即便不出现"学生"二字，也应默认着眼于促使学生实现活动前后的提升。

2. 关键动词须清晰准确

尽量使用易于观察与测量、界限分明的动词，如"指出、详述、选择、合并、使用、阐述、介绍"等行为动词，"辨别、区分、分析、比较、归类、综合"等内心活动动词，避免使用"认识、理解、掌握、领会"等抽象笼

统的词语。

（三）制定量规

传统教学之所以因"少慢差费"而遭人诟病，往往是因为缺乏相应的评价标准的引领、矫正和反馈。教师如果根据跨学科学习活动的主题和目标，开发操作性强的评价量规，常常能在不同程度上改进教学活动。"量规就像一把尺子，能比较公平、公正地测量学生的发展水平。量规一般包括维度、指标、等级（水平）、权重（赋分）等元素。"

如根据跨学科学习主题"设计将校园角落闲置土地开发为劳动教育基地的方案"和学习目标"能在实地勘察基础上，综合运用多学科知识，根据需要撰写规范的设计方案，并增强沟通协调能力"，我们设计了如下评价量表（见表2-39）。

表2-39 跨学科学习评价量表（1）

评价指标	4☆	3☆	2☆	1☆
1. 能合理规划相关闲置土地，改造方案投入小，可操作性强，改造后能满足学校劳动教育实际需要				
2. 能根据校园相关闲置土地特点，合理设计种植作物类型				
3. 能根据团队分工，为撰写方案提出合理化建议，并能按质按量完成设计方案撰写的相关工作				
4. 设计方案能体现多学科融合特点，展示清晰简明				

再如根据"发掘蔡李佛文化内涵，提升校园文化品质，培育学生学科核心素养"这个目标，可以设计如下评价量表（见表2-40）。

表2-40 跨学科学习评价量表（2）

等级	具体指标及特点
4☆	所开发的蔡李佛拳校园文化非常适应"五育并举"要求，完全契合学校发展的现状，有显著的可操作性，能促进学校取得突破性发展，提升学校的办学水平，并形成鲜明特色
3☆	所开发的蔡李佛拳校园文化符合"五育并举"要求，适应学校发展的现状，有较强的可操作性，能明显促进学校发展，并丰富学校的文化内涵

续表2-40

等级	具体指标及特点
2☆	所开发的蔡李佛拳校园文化基本符合"五育并举"要求，基本上适应学校发展的现状，有一定的可操作性，能促进学校发展
1☆	所开发的蔡李佛拳校园文化不符合"五育并举"要求，不适应学校发展的现状，可操作性较差，不能促进学校发展

表2-39侧重分指标描述，表2-40侧重分层级描述，二者各有特色。

（四）设计任务

正如上课前要充分备课一样，展开跨学科学习实践之前，教师要在通盘考虑基础上预设好跨学科学习的整个流程和相应的各类任务，为学习活动的顺利展开奠定基础。任务的设计要确保与活动主题和学习目标的一致。

如根据上述跨学科学习主题"设计将校园角落闲置土地开发为劳动教育基地的方案"，我们设计了如下一系列学习任务：①在班级内根据自愿原则，组建每组6人左右的学习共同体，初步分工；②实地勘察劳动教育相关用地，绘制直观示意图；③根据本地区地理和植物分布特点，设计相应的劳动作物区域分布；④研读设计方案范文，撰写相关改造方案；⑤展示设计方案，请老师和同学们评议，根据合理化建议进一步完善；⑥在班主任支持下，与学校领导沟通，争取提交并实施设计方案；⑦反思个人参与本次跨学科学习活动的收获与亟待改进之处。

（五）实施学习

兵法讲究"将在外，君命有所不受"。教师上课时既要大致遵循备课设计，又要根据学生的表现灵活变通。与此类似，在具体实施跨学科学习时，教师不仅要原则上落实预设的教学任务，还要根据实际情况相机调整和改进。

（六）评估反思

学教评一体化强调以评促教、促学。每次跨学科学习活动务必依据活动前设计好的评价标准，教师要引导学生对照标准自评、互评，既评价跨学科学习活动最终成果的品质，又评价学习过程中自己的表现，从而达到改进的目的。从评价反思方式看，既可以是口头进行，也可以诉诸笔端；既可以当众进行，也可以个别实施。

三、学教评一体化的跨学科学习案例

(一) 小区配套幼儿园门口设置警示牌的提案撰写

1. 确立学习主题

撰写小区配套幼儿园门口设置特定时段限行牌的提案。

2. 明晰学习目标

(1) 能在调查研究基础上，根据需要撰写规范的提案。

(2) 能在撰写提案过程中积极参与，并增强沟通协调能力。

3. 提出评价要求

活动伊始，教师就出示如下评价量表，统一此次跨学科学习活动的评价标准，用以全程指导、调整和评估自己和他人的学习活动。(见表 2 - 41)

表 2 - 41　跨学科学习评价量表 (3)

评价指标	4☆	3☆	2☆	1☆
(1) 能积极参与团队合作，根据分工要求，主动与有助于完成提案撰写的相关人员沟通，寻求必要的帮助				
(2) 能根据团队分工，有条理地收集、整理撰写提案所需的各种素材				
(3) 能根据团队分工，为撰写提案提出合理化建议，并能按质按量完成提案撰写的相关工作				

4. 安排学习任务

(1) 根据自愿原则，组建每组 6 人左右的学习共同体，初步分工。

(2) 利用周六上午幼儿园照常上学时间，完成现场拍照、家长采访、幼儿园领导与门卫访谈、居民采访、出入车辆统计等任务。

(3) 联系小区物业管理处，拷贝小区配套幼儿园及周边布局图，设计特定时段限行方案。

(4) 研读提案范文，撰写相关提案。

(5) 联系区政协委员，争取提交立项。

5. 展开学习过程

根据学习任务规划，各学习共同体分头开展此次提案撰写的跨学科学习活动。

6. 促进学习小结

展示各组撰写的提案内容，运用评价量表，自评与互评学习表现，并反思学习收获。

7. 活动反思

此次跨学科学习活动涉及语文、地理、数学、交通、法律等学科，具体表现为：

语文——提案阅读与撰写、思维能力与口语交际。

地理——小区配套幼儿园及周边建筑分布图。

数学——通行车辆的统计、限行时段的设计。

交通——小区配套幼儿园及周边交通图、车流通行标识。

法律——小区配套幼儿园及居民权利的维护。

学习价值明显，不仅能培育参与者跨学科综合素养、运用多学科知识分析与解决生活中新问题的能力，还能锻炼其社会参与、热心公益的意识。

（二）校园劳动基地开发方案设计

1. 确立学习主题

设计将校园角落闲置土地开发为劳动教育基地的方案。

2. 明晰学习目标

能在实地勘察基础上，综合运用多学科知识，根据需要撰写规范的设计方案，并增强沟通协调能力。

3. 提出评价要求

提出评价要求如表 2-39 所示。

4. 安排学习任务

（1）在班级内根据自愿原则，组建每组 6 人左右的学习共同体，初步分工。

（2）实地勘察劳动教育相关用地，绘制直观示意图。

（3）根据本地区地理和植物分布特点，设计相应的劳动作物区域分布。

（4）研读设计方案范文，撰写相关改造方案。

（5）展示设计方案，请老师和同学们评议，根据合理化建议进一步完善。

（6）在班主任支持下，与学校领导沟通，争取提交并实施设计方案。

5. 展开学习过程

根据学习任务安排，各学习共同体分头展开相关学习活动。

6. 促进学习小结

结合先前制定的评价量表，对跨学科学习活动中各组员的表现进行自评和互评，教师组织对各学习共同体的最终成果进行互评和教师评议。

7. 活动反思

此次跨学科学习活动涉及语文、地理、数学、生物、劳动等学科，具体表现为：

语文——设计方案阅读与撰写、思维能力与口语交际。

地理——闲置土地及周边建筑分布图、本区域气候特点。

数学——土地丈量、面积计算与统筹划分、经费预算。

生物——本区域作物分布、作物种植知识。

劳动——劳动意识、劳动技能、分工协作。

学习价值明显，不仅能培育参与者跨学科综合素养、运用知识分析与解决问题，还能培养其社会参与、耕耘与收获、土地与生命意识。

（三）荷塘鲮鱼干的制作与宣传

1. 确立学习主题

荷塘鲮鱼干的制作与宣传。

2. 明晰学习目标

能综合运用多学科知识，亲手制作合乎要求的荷塘鲮鱼干，并为产品设计恰当的宣传语。

3. 提出评价要求

评价要求如表 2-42 所示。

表 2-42 跨学科学习评价量表（4）

评价指标	4☆	3☆	2☆	1☆
（1）能按照荷塘鲮鱼干的传统工艺，在教师指导下制作正宗鲮鱼干				
（2）能全程参与荷塘鲮鱼干的制作，掌握其中的工艺要领，懂得制作原理，传承制作工艺				
（3）能根据荷塘鲮鱼干的特点，设计恰当的宣传语				
（4）设计方案能体现多学科融合特点，展示清晰简明				

4. 安排学习任务

（1）组建学习共同体，初步分工。

（2）查阅资料，实地察看，了解荷塘鲮鱼干的历史沿革及其实际应用。

（3）通过请教有相关经验的老师、家长或亲友，弄清荷塘鲮鱼干制作的传统工艺，拍摄相关视频、图片，撰写鲮鱼干制作介绍性文章。

（4）在多方调查请教基础上，撰写荷塘鲮鱼干制作方案。

（5）根据制作方案分工协作，采购鲮鱼、制作工具及相关用品。

（6）在家长、亲友或教师指导下，完成鲮鱼干制作，撰写推广宣传语。

（7）邀请指导者品尝鲮鱼干，点评得失，提出改进意见。

5. 展开学习过程

根据上述学习任务安排，组织各学习共同体开展相关研究活动。

6. 促进学习小结

（1）比较分析语文跨学科学习与同主题的其他学科跨学科学习的异同。

广东省江门市荷塘中学岑江华老师的生物跨学科学习主题是"学习制作鲮鱼干，传承水乡传统文化"。该学习项目整合了生物学、劳动、数学、信息技术、化学、地理等学科，各学科承担的任务如表2-43所示。

表2-43　跨学科学习各学科承担的任务

学科	学科任务
生物学	动物"鱼"、微生物"细菌"与食品制作
劳动	学习解剖鱼技巧，认识和应用食品调味料
数学	设计表格，统计数据，建构数学模型
信息技术	利用电脑处理信息，建构数学模型
化学	学会亚硝酸盐测试原理及应用亚硝酸盐速测盒
地理	调查不同地区的鲮鱼干制作差异

课程学习目标有两点：①利用有关鱼和细菌的知识制作食品；②探究鲮鱼干中亚硝酸盐的浓度，通过绘制"不同盐浓度鱼干匀浆中亚硝酸盐含量的变化曲线"学会建构模型的方法。

可见，语文学科跨学科学习与生物学科跨学科学习出发点和侧重点各异，都需要指向各自学科新课标所规定的核心素养，都要凸显学科课程内容。

（2）借助评价量表总结梳理此次跨学科学习活动的收获。

7. 活动反思

此次跨学科学习活动涉及语文、历史、数学、生物、劳动、传媒等学科，具体表现为：

语文——设计制作方案、撰写介绍性文章和宣传语、思维能力与口语交际。

历史——荷塘鲮鱼干的历史、在当地民众生活中的价值、传统文化。

数学——工序规划、人员分工、经费预算。

生物——鲮鱼相关知识、鲮鱼干制作原理。

劳动——劳动意识、劳动技能、分工协作。

传媒——短视频制作、图片拍摄、宣传推广。

学习价值明显，不仅能培育参与者跨学科综合素养、运用多学科知识分析与解决生活中新问题的能力，还能锻炼其社会参与、耕耘与收获、土地与生命意识。

（四）文武兼修，全面发展

1. 确立学习主题

江门市新会区××中学蔡李佛校园文化开发。

2. 明晰学习目标

发掘蔡李佛文化内涵，提升校园文化品质，培育学生学科核心素养。

3. 提出评价要求

评价要求如表2-40所示。

4. 安排学习任务

（1）查阅地方志等资料，了解蔡李佛拳创始人的传奇人生，及深远影响。

（2）到蔡李佛拳发源地，观摩蔡李佛拳表演，走访了解相关情况。

（3）查阅校史室相关资料，联系学校相关老师，了解蔡李佛校园文化现状。

（4）召开小组讨论会，商议系统开发蔡李佛校园文化事宜。

（5）撰写打造蔡李佛校园文化品牌可行性报告，请教师完善，提交给学校。

（6）展示蔡李佛校园文化成果，对活动进行自评与他评。

5. 展开学习过程

根据学习任务安排，组织学习共同体开展系列活动。

6. 促进学习小结

随着研究的深入，各学习共同体综合开发了如下五育并举的相关课程体系，如表2-44所示。

表2-44　五育并举的相关课程体系

角度	具体内涵
德	（1）保家卫国的侠义情怀；（2）练武先修德的祖训；（3）除暴安良、匡扶正义的武德；（4）开放包容的胸襟；（5）以武会友的优良传统；（6）文化自信的民族自尊心；（7）文化自信与集体荣誉感……
智	（1）博采众长、继承创新的智慧；（2）武术套路与自由搏击；（3）习武强身与开发智力……
体	（1）习武强身；（2）继承传统、普及基本动作与特长培养；（3）技巧力量与信念……
美	（1）武术套路的形式美；（2）武术思想的内蕴美；（3）形意气一体的和谐美；（4）武术、美术与音乐配合的动态美；（5）单人、多人与团体表演的形态美……
劳	（1）体能与耐力；（2）付出与收获；（3）荣誉与奋斗……

引导各学习共同体依据评价量表评估各自蔡李佛校园文化体系的等次，并反思在活动中各位参与者的表现及收获。

7. 活动反思

此次跨学科学习活动涵盖语文、历史、思政、体育、音乐、美术等学科，是综合运用多个学科知识、能力解决真实问题的典型案例，具体表现为：

语文——设计蔡李佛校园文化方案、撰写介绍性文章与宣传语。

历史——蔡李佛拳派的历史、在当地民众生活中的价值、传统文化。

思政——博采众长、家国情怀、文化自信、继承与创新。

体育——强身健体、套路与应变、基本功与变式应用。

音乐——武术表演配乐、音乐的作用。

美术——武术表演的服饰、短视频制作、图片拍摄、宣传推广。

本次跨学科学习活动学习价值明显，不仅能培育参与者跨学科综合素养、传承与发展，还能实现五育并举，锻炼其展示与改进、奋斗与荣誉、运用知识分析与解决问题等方面的素养。

综上所述，新课标之所以要开展跨学科学习，是因为在现实中一个问题常常涉及多方面的因素，只有从多个视角来看问题才能看清问题的实质。跨学科学习有助于改变学生被动接受的学习局面，形成学生积极主动的学习形态。万事开头难，小步走，不停步，总会有进步。

（本节作者为江门市蓬江区教师发展中心　周华章）

第二十四节　用"情"与"慧"激活现代诗歌教学

我有幸看了江门市陈白沙中学潘蔚老师的书《学情视角的"生命作文"教学》，其中九年级上册"创作新诗"课例展示中，包括了"诗心悟世界 诗意抒人生"的写前指导课、"用心感悟　诗意表达"的创作新诗修改升格课。这些课例引导学生体悟诗的情感，并升华这种情感，让之成为源头活水，找到生活中能触发情感的人、事、物，进而用诗的语言表达出来。正是通过学习诗的"情"，创作诗的智"慧"，学生用所学来悟世界，诗意书写人生中的人、事、物。

我在教学九年级上、下册第一单元现代诗歌的时候，也有用"情""慧"激活学生创作现代诗歌的兴趣，现以九下第一单元《短诗五首》的教学为例，谈如何用"情慧"来激活现代诗歌教学。

一、朗读呈现，感悟诗意

对沈尹默的《月夜》，近代诗人康白情认为这首诗"只可意会不可言传"，教学中如何引导学生审美语言的"只可意会"之美？

朗读，是最直接最有效的感知诗歌语言美的方法。"读书百遍，其义自见"，通过朗读，我以"我读《月夜》，读出了……"为支架，引导学生谈感受。学生的答案很多，有"我读出了呼啸的寒风、清冷的月光""我读出了霜风凛冽的月夜""我读出了参天耸立的屹立的树""我读出了月亮的皎洁""读出了高高的树和孤独的我"等。接着，我引导学生根据联想和想象，绘制出诗歌的画面，呈现语言的"绘画美"，让班里宣传委员上来展示真切的"独立不依"的"我"与"树""并排立着"的画面，让人不由自主就想到"独立"！画面就让人读懂了诗意中的"独立"的呼声！

二、了解背景，知人论世

如教学戴望舒的《萧红墓畔口占》，我预先布置学生搜集关于萧红、戴望舒的资料，"知人论世"，才能了解文字背后的凄切忧伤。民国才女萧红，漂泊凄苦的一生，在年轻的岁月中结束了！让人扼腕叹息！同样是四处漂泊、几陷困境的戴望舒，直到三年后，才终于来到香港浅水湾——萧红墓畔，祭祀友人。想到朋友的英年早逝，想到朋友的巾帼肝胆，想到朋友的才情笑貌，诗人说我"走六小时寂寞的长途"。还没有来到萧红的墓，诗人就带着"寂寞"的心，走了"六小时长途"，这"六小时"，是"寂寞"的，这"六小时"，想到了什么？

三、想象联想，补充留白

从知人论世到理解内容，这就需要引导学生结合资料进行联想和想象。学生能答出的答案大致有"想到了诗人和萧红的交往""想到了萧红生前的经历""想到了如果萧红没有死，那将会怎么样"等。插上想象的翅膀，让学生读出了诗句的无限外延。然后理解这一句蕴含着怎样的情感，很多学生都能理解戴望舒和萧红的情谊深厚，这六小时的长途，蕴含着一种哀切和怀念。

在讲授芦荻的《风雨吟》时，我从题目入手，让学生感受"风雨"的形状。"风从大地卷来"，"卷"就是"风"的姿态；"雨从大地奔来"，"奔"就是"雨"的姿态。接着，写如"海"般广袤的"郊原"，写如"舟"般林立的"房舍"，这是写大地上的风景，我就是立于"郊原""房舍"中的人，"风雨"来了，"我"用"年轻舵手"的心，掌着舵，航行在"大地风雨的海上"。从诗中的比喻来了解"年轻舵手"的心是怎样的，学生就能回答出"无惧风雨，在海上航行"的思想。

想象，在诗歌理解中十分重要。我让学生讲"读《风雨吟》，当大地的风雨来了，诗人说……"补充诗歌中"空白"处的内容。

引申出去，大地的风雨来了，"我"站在大地郊原上，无惧风雨；人生的风雨来了，"我"也用"年轻舵手"的心，面对风雨，抗击风雨。从具体的自然风雨到抽象的人生风雨，学生的理解也就水到渠成。学生的答案有"诗人说'让风雨来得更猛烈些吧'"，有"诗人说，'我不怕'"，有"诗人说'我准备好了，何惧风雨'"。理解的方向都那么一致——"无惧风雨"。

四、语言组合，意蕴无穷

《萧红墓畔口占》中，没有什么拜祭的话语，诗人在墓畔，放一束红山茶，就"等待着，长夜漫漫"，为什么不说"长夜漫漫，我等待着"？引导学生，这两个表述分别强调的是什么？诗人想突出强调"我等待着"这个动作，静静地站立在墓畔，诗人"等待着"，他在等什么？学生能想到的有"他觉得萧红只是睡着了，他等待萧红的睡醒，这样写，照应前面的'头边'"，有"等待长夜的消逝，黎明的到来"，更有人敏感地想到了诗的意象的象征义，马上想到"等待的是光明的到来"，这句诗强调了墓畔"我"的形象——"我等待着"，包含着无穷的"等待"可能，突出了诗歌言有尽而意无穷之美。"长夜漫漫"，放在"等待着"的后面，隐含了一种淡淡的遗憾：有生之年，诗人和萧红都一直向往着光明，等待着光明，现在天人相隔，萧红不用"等待"了，剩下的只有诗人的"等待"。这，既是萧红的不幸，也是萧红的解脱，在另一个世界，她漂泊的灵魂，终于安息在这里，没有"长夜漫漫"的"黑暗"的纠缠，却可以沉睡在浅水湾的一隅，"卧听着海涛闲话"！

生者，受着"长夜漫漫"的煎熬；死者，享着"海涛闲话"的悠闲。这，又到底是生的不幸？还是死的幸运？引发读者对生与死的思考。情致恳切又意味深长。通过句式表述的对比效果，学生感受到语言情致之美。

又如聂鲁达的《统一》，全诗没有"统一"一词，却每一句都在讲"统一"的哲学观点。我让学生解题，什么是"统一"？"统一"是对世界万物的共性的描述。就好像我们都是"人"，这就是"统一"，是我们的共性。"统一"，就是一样结构原理的事物。"所有的叶是这一片"，"树叶"，就是叶子的共性，当然，没有一片叶子是一样的；"所有的花是这一朵"，"花"就是共性，当然，世界上有很多不同的花。这是"叶"，那是"花"，就是对一类事物的统称，这就是哲学上的"统一"。学生们对"哲学"这个深奥而高尚的名称马上有了很大的兴趣。我问学生，你还可以想出哪些内容来仿写？学生说"所有的人是这一个""所有的树是这一棵""所有的题是这一道"等。

怎样理解"繁多是个谎言"？万物各有特点，就有"繁多"的表象，这些不同的表象，会影响我们认识事物的本质，实际上，所有的叶子、花朵、果实、树木都是相同的一种事物，人也是相同的、平等的、统一的，世界人人平等统一，"繁多是个谎言"，人和人没有高低之分。

从意象叶、花、果、树引申出去，"大地"可以看成"一朵花"，根据"统一"原理，"大地"可以是"这一片"，也可以是"这一朵"，是美的存在。用美的眼光看大地，大地就是"花"。

语言有神奇的力量，几句简短的诗行，就让我们认识了世界：统一的共性，美的统一。

五、以"情"激"慧"，创作升格

在深入走进诗的深处，触摸了诗的意象、诗的节奏，诗的意境、诗的语言等方面后，笔者就趁热打铁，以"情"激"慧"，引导学生以课文诗歌为范例，总结出写诗的方法：有意象，有分行，有节奏，有主题，有美感。然后创设真实的生活情境"鹤山古劳水乡的荷花，每年夏天吸引了无数的游客。请自选角度（可以咏赞荷花之美、可以以花喻人，赞美水乡人的淳朴，可以为鹤山的水乡旅游写首诗宣传），写一首诗现代诗"。学生完成创作后，我也设计了评价升格课例，让学生分享作品，互相点评，设计出好诗作的评价量表，升格初稿。

通过此课例的活动，学生在现代诗歌的学习和创作中培养了情感价值和审美创造能力，在用诗的语言来书写生活的过程，培养了学生的"情""趣""慧"，提高了学生语言运用的能力。

（本节作者为江门市鹤山市沙坪中学　吕瑞红）

第二十五节　把脉问诊开良方　出谋划策助复习

汉字，不仅是一种文字、一种语言，更代表着我们中华民族的独特文化与智慧。我们在学习、积累汉字时其实是在揭开每一个汉字背后隐藏的思维、智慧、哲理、艺术，开启汉字思维与汉字智慧！

九年级的我们不知不觉已经完成了第四学段的识字学习。我们能根据语境，借助工具书，认清字形、读准字音、正确理解汉字的意思。在学习与生活中，累计认识 3500 个左右常用汉字，能规范、端正、整洁地书写常用汉字；我们在日常记录中使用规范、通行的行楷字，书写速度有所提高。在社会生活中我们能根据字音、字形、字义三者的关系准确认读、正确理解遇到的生字新词；发现并积累不同语境下具有个性化特征的词句和段落，还能根据自己的表达需要和习惯选择使用。

2023 年 6 月，我们将进行初中学业水平考试——中考。《义务教育语文课程标准（2022 年版）》中明确初中语文的命题原则，坚持素养立意。关于词语积累与运用的复习与迎考，我们一起开启以下的探讨。

一、字词积累，稳中求实

（一）真题展示，考情分析

真题如表 2-45 所示。

表 2-45　真题展示（1）

年份	真题回顾	答案
2022 年	2. 根据拼音写出相应的词语。（4 分） （1）全桥结构匀称，和四周景色配合得十分和谐；桥上的石栏石板也雕刻得 gǔ pǔ（　　）美观。 （2）静下心来——不要 fú zào（　　）——他们虽已扬尘远去，可不久就会消失在我们身后的。 （3）一条突然出现的小溪，一阵 bù qī ér zhì（　　）的微风，都会令她激动不已…… （4）北京冬奥会开幕式上，倒计时短片中的古诗词与二十四节气画面 xiāng dé yì zhāng（　　）	（1）古朴 （2）浮躁 （3）不期而至 （4）相得益彰

1. 评价形式

广东省卷近 9 年均以"根据拼音写出相应的词语"的形式进行考查，形式比较稳定，共 4 小题，每年均考查 2 个二字词语和 2 个四字词语，共 4 分。该题的评分要求为每小题 1 分，错 1 个字该小题不给分。同学们要注意正确书写，写规范、工整的字。复习要扎实地掌握课文中的生字词，还要特别注意课文后面的"读读写写"的词语和课文注解中的词语。

2. 考查范围

命题以课标为依据。句子来源，近 3 年共考查了 12 个词语，其中 11 个出自课后"读读写写"，1 个（2021 年的"咬文嚼字"）出自教材课文。涉及热点信息。每年考查的 4 个词语涵盖了初中七、八、九三个年级的教学范围。

3. 重点失分

各年的考题 4 个词语中均有难写易错字，容易造成失分。（见表 2-46）

表2-46 失分统计

年份	答案	易错字	易错原因
2020	嘹亮 褶皱 鸠占鹊巢 藏污纳垢	嘹 褶 鸠 巢 藏 垢	形近字 同音字 字形复杂 难写字
2021	愧怍 迁徙 因地制宜 咬文嚼字	怍 徙 宜 嚼	
2022	古朴 浮躁 不期而至 相得益彰	朴 躁 至 相 彰	

（二）解题策略，复习要诀

1. 准确拼读

正确拼读是写对词语的第一步，在复习、训练中一定要在每字拼读之后再整个词语连读，不可以随意拼读、全凭印象、急于书写，否则很可能犯如下错误：cí shàn（慈善）写成 cí xiáng（慈祥）；shēn wù tòng jué（深恶痛绝）写成 shēn wù tòng jí（深恶痛疾）；bù yǐ wéi rán（不以为然）写成 bù yǐ wéi yì（不以为意）。

2. 强化记忆

（1）读写法："不动笔墨不读书"。复习字词时，要以课本内容为主，结合字词的音、形、义，多读、多写，养成边读边写的习惯。尤其对于容易写错的字要进一步强化记忆，多写几遍；或者设立一个笔记本，把初中六册书的易错字分篇按册整理在笔记本上。在二次复习时对"易错难点"进行特训，不仅能强化记忆，更能实现重点突破。

【例】

七上易错字：储蓄、分歧、徘徊、虐待、滑稽、拈轻怕重、鞠躬尽瘁……

八下易错字：羁绊、怅惘、缄默、狡辩、驰骋、虔诚、戛然而止、销声匿迹、袖手旁观、震耳欲聋……

（2）拆分法。教材的"读读写写"中有不少字形复杂的字，对于这些字我们可以通过拆分再组合的方法来进行识记，不仅记得牢，也可避免写错。

【例】

赢（拆分为五个独体字，亡口月羊凡）

塾（拆分为三个独体字，享丸土）

稽（拆分为三个独体字，禾尤旨）

翼（拆分为三个独体字，羽田共）

3. 正确书写

常用字表中收录的 3500 个常用汉字及教材的"读读写写"中的独体字、合体字，其中有不少形声字。我们可以根据字音、字形进行强化识记。①形近致错。如："侍弄"容易误写为"待弄"；"怂恿"容易误写为"怂勇"；"拈轻怕重"容易误写为"粘轻怕重"。对于形近字，我们可以根据其不同的偏旁来辨别字音、字形。如："诗、侍、待、持"，这四个字形旁不同，读音也不同，可以根据其形旁来辨别。其次，我们还可以把读音和意义联系起来记忆。如："孺"字的形旁是"子"，与孩子有关；而"蠕"字的形旁是"虫"，与虫子有关。此外，我们还可以找出词语之间的不同之处加以辨别识记。如"己 jǐ、已 yǐ、巳 sì""戊 wù、戌 xū、戍 shù"可以概况为顺口溜"开口己半口已闭口巳""横戌点戍戊中空"；最后我们还可以凭借词语之间的细微区别进行识记和区分。"候"与"侯""兔"与"免""昧"与"味"，它们的区别只是少一笔与多一笔、多一点与少一点，多一横与少一横，虽差别细微，确实是两个完全不同的字，表意也相去甚远。对于此类形体形近的字，要注意比较，把握细微差别，记准其字形。②同音致误。如："狼藉"误写为"狼籍"，"忧心忡忡"误写为"忧心冲冲"，"入木三分"误写为"入目三分"，"不省人事"误写为"不醒人事"。汉字是表意文字，因此准确把握汉字的基本意义是正确辨识字形的关键。对于这些同音或近音导致错误的字，首先我们可以把字形与意义联系起来记忆。如"入木三分"原本用来形容王羲之在木板上写字，木工刻字，发现字迹透入木板三分深。所以是"木"而不是"目"。许多音同或音近的形近字都有共同的声旁，区别只在形旁，所以可以抓住形旁进行辨析。如一个人心情烦闷时，一般会加快行走速度或跺脚，所以"烦躁"的"躁"与"足"有关，不能写作"燥"；"燥"表示太阳晒过或火烤过后，水分少了，如"干燥"。

4. 回归文本

近年的词语考查全部放置在课本的原句或具体的语境中。复习要回归课本，熟悉课文语句，注重平时的积累；解题要"词不离句"，注意结合语境来拼写，这是确保得分的关键。

二、词语运用，稳中求质

（一）真题探究、命题导航

真题如表 2－47 所示。

表2－47　真题展示（2）

年份	真题回顾	答案
2022年	3. 下列句子中加点的词语使用不恰当的一项是（3分） A. 岁月可能会模糊记忆，但英雄的名字永远镌刻在历史的丰碑上，铭记于人们心中。 B. 对于网络词语的使用，有人极力排斥，有人欣然接受，更多的人保持着谨慎的态度。 C. 无数科技工作者默默奉献，殚精竭虑，无怨无悔，创造了我国航天事业的辉煌。 D. 电视连续剧《人世间》的演员把角色演绎得真实可信，栩栩如生，深受观众好评	D

1. 考查要求

对于词语运用，广东省中考语文的考查要求是正确理解和运用常见词语（包括两字词语、成语、俗语、关联词语、敬辞、谦辞、雅辞等）。

2. 命题形式

从近三年的考题可以看到词语运用题型为单项选择题。主要命题形式：一是判断词语运用的对错。二是正确辨析、选用词语或关联词语。三是判断语境中用语是否得体。词语运用共1小题，分值为3分，选错、漏选、多选均不得分。

3. 把握动向

注意以下三点：一是题型复习要全面。近几年，广东中考考查的是"句子中加点的词语使用不恰当的一项"这种题型，但复习时另外两种题型也需重视，尤其是近年新增的"用语（不）得体"考查。二是注意词语出处。近年，所考词语大多出自教材现代文的课文注释和课后"读读写写"。句子内容涉及热点话题、校园生活等信息。三是考查的错误点有望文生义、褒贬不当、用错对象、搭配不当、语义重复、形近或义近误用、敬谦误用等。

4. 核心分析

命题分析如表2－48所示。

表2-48 命题分析

年份	考查词语	出处追踪	命题分析
2020年	A. 凝聚	—	B、C两个选项的句子不是课文原句，但考查的词语却来自课文。命题点"首当其冲"（望文生义）
	B. 修葺	《驿路梨花》（七下）	
	C. 首当其冲	《俗世奇人》（旧版八下）	
	D. 目不暇接	—	
2021年	A. 厚重	—	A选项的句子不是课文原句，但考查的词语来自课文。命题点"厚重"（搭配不当）
	B. 彰显	《国行公祭，为佑世界和平》（八上）	
	C. 入木三分	《列夫托尔斯泰》（八上）	
	D. 信手拈来	《无言之美》（九下）	
2022年	A. 镌刻	《一着惊海天》（八上）	B选项的句子不是课文原句，但考查的词语来自课文。命题点"殚精竭虑"（用错对象）
	B. 谨慎	—	
	C. 殚精竭虑	《一着惊海天》（八上）	
	D. 栩栩如生	《无言之美》（九下）	
核心分析	（1）常用词语、课文词语（成语）（2）六册课本均衡分布（3）命题点以成语为主，但也不能忽视两字词语（4）主要考查类型：望文生义、用错对象、搭配不当、褒贬不当等		

（二）积累词语、辨析运用

1. 积累词语

从近几年广东省中考命题指向来看，词语运用的考查形式不再单纯地回归教材，开始注重教材内知识的实际运用与教材外的能力，也就是"得法于课内，得益于课外"。因此，我们对课文中的词语进行复习时不仅要理解其含义，更要了解它的使用习惯。同时复习课内词语应该注意积累（音、形、义），扩大词汇量，把握词语意思的理解和运用，特别需要注意的是：要加强能体现中国优秀传统文化的敬辞、谦辞、雅辞之类的学习和积累。词汇量的丰富可以增加语感，也能较好地理解词义和辨析词语之间的细微差别。

2. 辨析运用

①辨析词语的使用范围。有些词语指称同一事物或现象，但所使用的范围大小不同。如"战术"与"战略""边疆"与"边境"。②辨析词义的轻

重。有些词语表达的内容基本相同，但在表现程度上有轻重、深浅之别。如"毁坏"与"破坏""相信"与"信任"等。③辨析词语的感情色彩。从感情色彩的角度来划分，词语可以分为褒义词、贬义词和中性词。在使用过程中容易因忽略目的、场合、对象等因素导致褒义词和贬义词混淆。如"趋之若鹜""处心积虑""夸夸其谈"都含贬义。④辨析词语的适用对象。某些词语或成语只适用于描述特定的人或事，如果不了解其特定的使用对象，就会出现错误。如"花枝招展"（只形容女性），"老当益壮"（只限用于老人），"萍水相逢"（仅用于向来不认识的人相遇），"巧夺天工"（仅指人工技艺，不用于自然事物）。⑤辨析词语的确切含义。有些成语本身已经含有某种意义，而当句中某些词语也含有类似的意思时，这就会造成词义上的重复。如"忍俊不禁"（不能跟"笑"连用）；"潜而默化"（不与"不知不觉"连用）。此外对于成语我们应追根溯源探究其源头，理解本意，关注引申义、比喻义。⑥辨析词语的实际语境。词语的适用对象往往有一定的限制。如"抚养"和"赡养"，"抚养"是长辈对晚辈，"赡养"是晚辈对长辈。同时在使用谦辞和敬辞时应"三注意"：一是注意适用场合，二是注意使用身份，三是注意使用对象。当我们结合实际语境进行辨析，答案便能一目了然。

三、关联词语，记牢善思

关联词语首先必须侧重记牢复句的集中类型及所对应的关联词语。其次是理解句子内容，明辨分句间的关系。关联词语基本都是成双成对地进行使用，只要我们能明辨复句中各分句之间的逻辑关系，就不会出现误用的情况。接着我们还可以纵观句群，把握全段内容，理清句子的结构层次。再而我们可以进行逆向思维，利用已知推断未知。已知条件是指语段提供的个别关联词语或选项中提供的词语。我们可以利用关联词语固定搭配这一特质，通过已知"套路"出未知。最后我们还可充分发挥选择题这一题型的优势，利用排除法，先确定有把握的词语，有时排除两三个词语便可获得准确答案。

【例】2022年辽宁省抚顺市、本溪市、辽阳市中考考题

2. 选出依次填入下面横线处的词语最恰当的一项（2分）

巍巍华夏，五千年的文明闪耀星空。博大精深的中华传统文化让我们引以为傲。数千年的历史，_____，从未中断。那是因为我们_____了文化之根，没有忽略农耕文明之美。农耕文明带给我们的_____是物质上的

满足，_____是一种精神上的慰藉。

A. 奔流不息　守卫　不仅　更　　　　B. 浩浩荡荡　守住　尽管　也

C. 奔流不息　守住　不仅　更　　　　D. 浩浩荡荡　守卫　尽管　也

同学们，学习如春起之苗，没有见其增，日有所长。中考复习之路不遥，只要我们一步一个脚印，勤勤恳恳地读、踏踏实实地记、扎扎实实地练，相信同学们一定能"积跬步，至千里"，笑傲六月，鲲鹏展翅！

（本节作者为江门市鹤山市古劳中学　黄梅贞）

后 记

在一次青年教师培训活动中，一位稚气未脱的年轻女教师好奇地问我这样一个问题："每次我见到您，都感觉您热情洋溢，好像有使不完的劲儿，没什么烦恼一样。您有什么秘诀吗？"

迎着这些朝气蓬勃的面孔，我脱口而出："因为我不仅是一名教师，还是一名共产党员。"

是啊！我并不是没有遭遇麻烦，甚至我遇到的难题超过许多人，但共产党人应有的党性如同无坚不摧的利剑，助我一路披荆斩棘，迎难而上。

1998 年 2 月，我从故乡湖北省黄冈市调入广东省江门市郊区的一所农村学校。一开始，一些学生肆意"欺生"。只有三分之一的学生在听课，其他人要么睡觉，要么不断捣乱：肆意喧哗，故意干扰他人，随意进出教室，用粉笔头砸转身在黑板上板书的我……

我声色俱厉，我各个击破，我苦口婆心……在故乡 7 年半的工作经验用尽了，学生们不仅没有转变，还有每况愈下之势，期末考试的平均分竟然比初出茅庐的同事任教的隔壁班整整差了 5 分！我深深地体验到"黔驴技穷"这个成语的苦涩，整整一个月彻夜辗转难眠，甚至后悔当初调动之草率……

在我最迷惘彷徨的时候，学校党支部书记陈国治校长的一句话让我如梦方醒："无论遇到怎样的挫折，都不能退缩，因为我们是共产党员！"

我 1996 年就是一名光荣的共产党员了，怎么能在教育这项本职工作上输给一般同事呢？于是，基于冷静分析，我终于发现了问题所在——黄冈的学生自觉性极高，根本无须组织教学；眼前的学生却不够自觉，因此要将大部分精力放在吸引他们学习上，尤其要跟他们建立亲密信任的关系。

同事们惊奇地发现，我不再怨天尤人了，而是常常主动约请班主任一起对学生逐个进行家访，安排学生分批轮流面谈，根据学情分层期待，一有空就钻进图书馆阅读，或跟学生打球、聊天……慢慢地，上课捣蛋的学生少了，主动向我询问作业的同学多了，我们班的成绩不仅赶上了隔壁班，在一年后的中考中平均分还超出隔壁班 6 分！由于业绩突出，我先后被评为"蓬江区教坛新秀"和"江门市教坛新秀"。

这段坎坷艰难的人生经历对我意义重大。我尝到了教育科研的甜头，开始如饥似渴地阅读，经常尝试将书刊上的先进经验运用于实践之中，并先后有多篇论文获奖或发表。

2004 年 6 月，主管人事的杨莎莉主任鼓励我申报高级职称。我犹豫不决，因为当时学校每年仅有一两位老师申报，且不一定能通过。比我资历高的前辈有一批，我的条件行吗？杨主任语重心长地说："你是党员，难道不应该带头拼一拼吗？这是校党支部的意见。"

这位优秀老党员的一席话点燃了我奋力一搏的激情，我夜以继日地奋斗了整整一周，终于办好了所有申报资料。上交材料的一刹那，我在心底默念道：即便失利，我也无愧于党组织的信任了。

当年 12 月，我成了全校最年轻的高级教师。很多同事在艳羡的同时，都称赞我"运气真好"。但我深知，是党性不允许我懈怠，是身边的优秀党员催促我力争上游。

从 2005 年起，全校每年积极申报高级职称的教师不少于 8 位，杨主任不用再为动员大家申报高级职评工作而发愁了！

我渐渐被视为学校的骨干并被委以重任：申报"广东省一级学校"，我被抽调整理材料；学校"青蓝工程"启动，我被聘为导师；学校开展心理教育、安全教育两次市级现场会，我执教研讨课；市教研室在学校开设全市专题展示活动，我执教示范课……被一些教师视为负担的教研工作，我却干得很起劲，因为我时刻提醒自己，身为共产党员，就应该比一般同事乐意干、干得多、干得好。

2008 年 8 月，蓬江区教研室需要一名语文教研员。当获悉这一信息时，我心里纠结不已：能成为中心城区学科带头人意味着有更多提升的机会，但我的实力够吗？校长和几位同事的孩子都在我的班上，还有半年就毕业了，他们支持我去争取吗？

时任学校党支部书记的彭宏校长得知我的想法后，热情洋溢地说："论私，我们都舍不得你离开；但你能在更大的平台上为蓬江教育发挥作用，我们当然支持你！"

就这样，我成了蓬江区中学语文教研员。

不料第一次听课视导，我就遇到了挫折。听完城区一所历史悠久的学校的科组长的研讨课后，我开诚布公地提出了"精讲多练"的建议。她竟然不以为然地当场反驳："你说的这一套对我校的学生是不适合的，要不然你来试试？"我分明地看到有几位教师跟她一样的神情。

我当时一愣，确实没想到科组长会有这样的反应。随即明白，虽然我的教学业绩不错，还获得过全省现场教学一等奖，但作为教研员，还不能服众。于是，我制止了校长对她的严厉批评，当场承诺一周后就在她们选定的最差的班级上一节示范课。

一周后，听完我"精讲多练"的示范课后，没有人再怀疑我的建议了。但我深知，要想不负众望，我还有很长的路要走，尤其我是一名理应身先士卒的共产党员！

区教师发展中心苏振旋主任告诫我们：教研员的基本职能是"研究、指导、服务"，向上要有扎实系统的教育教学理论储备，向下要有行之有效的教学实践功底。于是，我采取了"三年一盘棋"的专业发展思路，一方面恶补理论，系统阅读国内外语文教育专著，订阅主要学术期刊紧跟学科研究热点，研读语文名师的经典课例、论文和著作；另一方面，努力做好科研实践，在摸清区域教情和学情的基础上，对症下药地申报省市级课题，以课题带动全区语文教师积极参与课程改革。

针对作文教学无序、低效的情况，我提出了"以过程化训练优化初中作文教学"的主张，宏观上设计好初中三年的写作教学规划，中观维度规范一次写作教学的完整过程，微观视角制定一节写作课的教学流程。为了调动实验教师们的积极性，促使科研成果在全区各初中生根发芽，我将省级课题分解为18个子课题，研究成员遍布每一所初中。2017年，我出版了第一本学术专著《初中作文教学中的过程化训练研究》；2018年，我的写作教学成果荣获广东省普通教育教学成果一等奖；2020年，我们出版了第二本学术专著《学情视角的初中写作教学之过程化训练》。

由于业绩突出，我成为核心期刊《语文教学通讯》2015年第3期的封面人物，2015年被选拔成为广东省"百千万名师工程"名教师培养对象；2016年被评为广东省特级教师；2017年晋升为中学正高级教师；2018年被评为江门市教育专家、蓬江区首届拔尖人才，并被聘为江门市教育专家工作室主持人；2019年当选为广东省中语会理事和学术委员，成为广东省基础教育初中校本教研基地建设项目主持人；2022年被聘为华南师范大学兼职教授；2023年个人成长案例发表于全国中文核心期刊《语文学习》"名师"栏目……

2018年，热情宣传粤派教育的方观生先生拟编辑《岭南名师之光——岭南名师教学主张》一书，约请我提出自己的语文教育教学主张。盛情之下，其实难却。虽然深知创立派别容易树大招风，也明白博大精深的语文教育用任何词都难以囊括。但在深思熟虑之后，我还是按要求提出了"情慧语文"的主张，这也是我一直追求而从未系统提出的。其时的想法是语文教育应培养既有正确的情意态度价值观，又有活用语文知识能力以分析与解决生活中各类问题的智慧。为了实现"情慧语文"，基本路径就是坚持"学教评一体化"，这既是宏观的学段要求，也是中观的单元教学准则，更是微观的课时原则。只有真正落实"一课一得，得得相连""课内得法，课外得益"，才能日积月累地培育语文学科应该培育的核心素养。

2018 年，我被聘为江门市教育专家工作室主持人，带领两批入室学员共29 人开展为期三年的研修活动。2021 年，由于参加广东省新一轮第二批"百千万人才培养工程"初中文科名教师培养对象研训活动三年考核都是优秀等级，我被认定为广东省名教师工作室（2021—2023 年）主持人，招收了 23 名入室学员。6 年里，我们始终坚持"勇立潮头，成己达人"的工作室研修理念，带领团队坚持"学教评一体化"的"情慧语文"实践，在自我提升的同时，想方设法地带动更多志同道合的同行们加速专业发展，培养了正高级教师 3 人，广东省特级教师 4 人，市级以上名师工作室主持人 4人，所有学员都成长为当地的教学领军人物。本书中所选录的学员们的作品不足他们心血凝聚成果的十分之一，无奈篇幅所限，难以一一尽举。

这本书能顺利出版，首先要感谢广东省教育厅为培养名师所提供的专项经费，江门市蓬江区教育局党组尤其是张怀业局长和吴锋林副局长的倾力支持，蓬江区教师发展中心苏振旋主任的悉心鞭策，广东省周华章名教师工作室全体入室学员及蓬江区名师团队的大力支持。"独行速，众行远"这句话高度概括了我想表达的心意。

当然，还要特别感谢极具奉献美德的我的人生伴侣周望菊女士，正因为她日复一日地辛勤操劳，我才能够心无旁骛、后顾无忧地潜心于语文教育研究和本书的设计、写作、组稿、校对等系列烦琐、费神的工作。

本书第一章由笔者独自完成，第二章由笔者带领广东省周华章名教师工作室成员合力完成。

回望 33 年的教育生涯，我深切体会到：人生路上布满荆棘和坎坷，专业成长永远在路上，唯有坚持共产党人应有的党性，才能不惧任何艰难险阻，谱写更精彩的生命篇章！